JN411621

돌봄노동자는 누가 돌봐주나?

건강한 돌봄노동을 위하여

| 정진주 외 지음

Who care for care workers?

한울

아카데미

이 도서의 국립중앙도서관 출판시도서목록(CIP)은 e-CIP홈페이지(http://www.nl.go.kr/ecip)와 국가자료공동목록시스템(http://www.nl.go.kr/kolisnet)에서 이용하실 수 있습니다.(CIP제어번호 : CIP2012000602)

돌봄노동자는 누가 돌봐주나?

건강한 돌봄노동을 위하여

돌봄노동자의 삶의 질 개선을 위한 논의의 발화점이 되기를 기대하며……

인간은 태어나서 죽음을 맞이할 때까지 다양한 종류의 돌봄이 필요하다. 태어나자마자 부모나 양육자에게 전적으로 의존해야 하는 상황에 처하며, 다른 사람과의 관계 속에서 서로간의 정서적 돌봄을 필요로 하기도 한다. 경제적 빈곤, 불의의 사고나 장애, 그 밖의 급작스러운 위기상황에 맞닥뜨리거나 또는 다양한 관계(?)에서 배제될 때 사회적 차원의 적극적인 돌봄도 필요하다. 더욱이 일본학자 우에노 치즈코(上野千鶴子)가 『혼자 맞이하는 노후』(우리말 책 제목은 『화려한 싱글, 돌아온 싱글, 언젠가 싱글』이다)에서 밝힌 것처럼 급속한 고령화를 경험하고 있는 한국인의 노후는 다른 사람 간의 상호 돌봄과 국가의 정책적인 돌봄에 의해 이루어질 수밖에 없다. 즉, 돌봄이라는 것은 특정한 사람에게만 해당되는 사안이 아니라 우리 모두에게 일생 동안 필요한 것이다.

한 사회를 지속시키기 위해서 사회 내 대다수의 구성원이 일정 정도 돌봄의 역할을 수행하고 있지만 누가, 왜 돌봄의 역할을 보다 많이 수행하게 되었는가는 되짚어볼 문제이다. 또한 우리 모두에게 필요한 돌봄이 국가정책의 차원에서 어떻게 다루어지고 있으며 미래는 어떤 모습이 되어야 할 것인지에 대한 대안적 모색이 절실한 때이다.

서구와 한국사회 모두에서 고전적 의미의 가사노동이나 가족구성원을 돌보는 역할은 대부분 여성의 몫이었다. 이러한 돌봄의 역할은 자본주의사회에서 가치가 부여되는 노동이 아니었다. 따라서 여성주의자들은 돌봄노동(care work)의 가치를 부각시키기 위해 화폐단위로 그 노동의 비용을 계산하려는 시도를 하기도 했다. 또한 돌봄 그 자체는 여성의 부드러움과 감수성, 타인의 욕구를 감지하는 탁월한 능력 등으로 인하여 칭송되어야 하는 소중한 자산으로 평가받기도 했다. 그런데 여성취업의 증가, 가족구조와 사회적 인식의 변화 등으로 인해 과거처럼 돌봄노동을 기꺼이(또는 비자발적으로나마) 받아들이고자 하는 여성이 감소하고 있다. 이러한 상황에서 돌봄은 다른 사람의 노동을 통해, 또는 국가정책을 통해 제공되어야 한다는 공감대가 확산되고 있으며 이에 따라 제도적 뒷받침이 갖춰지고 있다.

한국사회의 돌봄은 가족 내에서 주로 여성들의 돌봄에 의해 이루어지다가 국가의 사회서비스 체계와 개인적인 돌봄노동자의 고용으로 변화해가고 있다. 복지국가에 대한 요구가 증가하면서 가족 이외의 돌봄제공자도 증가할 것으로 추정된다. 이러한 흐름에서 중요한 것은 돌봄제공의 환경이다. 돌봄을 제공받는 입장에서는 돌봄노동자가 행복하지 않을 경우 제대로 된 돌봄, 보살핌을 받기 어렵고 돌봄노동자의 입장에서는 자신들이 처한 노동조건에 대한 기본적인 권리가 보장되어야 하기 때문이다. 즉, 돌봄의 제공자나 수혜자 모두에게 돌봄제공자의 노동조건은 매우 중요한 사항이 된다. 최근 복지국가와 보편적 복지에 대한 논의가 그 어느 때보다도 확산되고 있다. 따라서 생애 전반에 걸쳐 모든 사회구성원에게 필요한 돌봄이 어떻게 제공되어야 하는지에 대한 논의의 첫 단추를 이 책을 통해서 시작해보고자 한다.

이 책은 크게 세 부분으로 나뉜다. 제1부에서는 돌봄노동에 대한 이해와 사회적 돌봄서비스 공급체계 현황에 대해 알아보고자 한다. 제2부에서는 돌봄노동의 구체적 사례로 의료기관 간병인, 재가 요양보호사, 장애인 활동보조노동자, 지자체 가정도우미, 이주여성의 가사돌봄노동의 현실을 짚

어본다. 제3부에서는 건강한 돌봄노동을 위한 제언으로 돌봄노동자의 노동권 보장방안과 향후 돌봄에 관한 논의를 확장시키기 위한 돌봄의 철학적·사상적 논의를 전개한다.

제1부의 「글로벌 사회변화와 젠더화된 돌봄노동의 이해」는 돌봄노동에 어떤 내용들이 포함되는가? 돌봄노동을 하는 사람들은 누구인가? 라는 질문으로 시작한다. 비교적 최근까지 집안에서 '여성'들이 무임금으로 담당하던 다양한 노동을 포괄하는 개념인 돌봄노동이 이분화되어 가족 내 무임금과 사회의 유임금체계 속에서 '노동'으로 정착하지 못한 현황과 이유를 제시한다. 또 한편, 다양한 돌봄노동 부분이 세계화의 진행과 더불어 급속하게 상품화·임금화되고 있다. 이에 따라 기존에 가족 내에서 무임금 노동으로 제대로 된 가치평가를 받지 못하던 간병, 가사, 양육 같은 돌봄노동이 저임금의, 주변화된 여성의 노동으로 머물게 된 상황을 설명한다. 그리고 이런 배경에 세계화와 더불어 진행되는 국가 간 불균등한 경제성장 속에서 나타나는 '이주'가 중요한 쟁점으로 부상하고 있음을 보여주고, 가족/사회, 젠더, 글로벌 이주 쟁점이 복합·교차되는 돌봄노동의 특성을 살펴본다.

「사회적 돌봄서비스 공급체계 현황과 특징」은 앞에서 살펴본 돌봄노동의 특성과 지구화의 맥락하에서 최근 한국의 사회적 돌봄서비스의 공급체계 및 공공재원 지원방식 등이 크게 변화하고 있다는 데에 주목한다. 이 장에서는 우리나라의 사회적 돌봄서비스 공급체계가 어떻게 변화해야만 하는가에 대한 답을 찾는 준비과정으로, 현재 한국의 사회적 돌봄서비스 공급체계의 현황과 주요 특징을 간략히 고찰한다. 이를 위해 사회적 돌봄서비스 공급이 1950년대 이후 어떻게 전개되어왔는지를 검토하고, 현재의 공급체계의 특징과 변화의 주요 방향을 분석한다. 그리고 향후 바람직한 사회적 돌봄서비스 공급방향을 논의하기 위해 영국, 미국, 스웨덴을 중심으로 주요 복지국가의 돌봄서비스 정책의 특징과 공급현황, 변화의 방향 또한 간략히 살펴본다.

제2부는 돌봄노동의 유형별로 돌봄제공자의 구체적 노동현실을 살펴보기 위한 사례가 등장한다. 총 다섯 분야의 돌봄노동의 현실을 특히 노동권과 건강권에 초점을 맞추어 그 실태를 알아본다. 「의료기관 간병인 노동」은 고령화, 만성질환자의 증가, 핵가족화 등의 영향으로 환자 돌봄이 가족보다는 병원의 간병인으로 옮겨가는 경향이 증가하는 현실을 짚는 것에서 시작한다. 정부는 병원간병서비스의 필요성을 인정하고 이를 제도화하기 위해 2010년 5월부터 관련 시범사업을 실시하고 있지만 간병서비스에 종사하는 노동자는 '특수고용' 형태여서 노동법적 보호를 받지 못하고 있다. 간병인은 환자 치료 및 회복에 필수적인 역할을 하고 있음에도 정당한 대우를 못 받고 있는 것이다. 이 글에서는 이렇게 열악한 노동조건 속에서 근무하고 있는 병원 내 간병노동자의 현실을 살펴보고, 인간으로서 최소한의 먹고 쉴 수 있는 공간의 마련부터 노동자로 대우받을 수 있는 법적 인정 등 그들의 노동조건을 향상시키는 대안을 모색한다.

「재가 요양보호사」에서는 노인장기요양보험제도의 도입과 함께 증가하고 있는 재가 요양보호사에 관해 살펴본다. 요양시설이 아닌 집에서 노인환자를 돌보는 재가 요양보호사의 현실을 들여다보면 저임금, 불안정한 노동시간과 고용불안, 요양보호사·환자·보호자와의 관계에서 나타나는 감정노동, 모호한 업무경계, 성 관련 위험, 건강문제 등 많이 생각해보아야 할 문제점을 안고 있다는 것을 알 수 있다. 게다가 재가 요양보호사는 자신의 일에 대해 돌봄과 봉사라는 중요한 의미를 둠에도 부정적인 사회적 시선과 적절하지 못한 노동조건에 직면하고 있다. 노동이 수행되는 장소가 사적 공간이라는 점, 요양보호사의 공급과 수요 간의 불균형, 요양보호사를 고용하는 기관과의 관계 등으로 인해 그들의 권리 보장이 어려운 현실을 살펴보고 그 대안을 찾아본다.

「장애인 활동보조노동자」는 2007년부터 본격적으로 시행된 중증장애인 대상 지원사업인 장애인 활동보조 서비스 사업을 시행하고 있는 노동자에 대한 이야기이다. 2009년 현재 1만 8,000여 명의 장애인 활동보조노동자들이 전국에서 근무하고 있는데 그 가운데 85% 이상이 여성이며, 이들은 불안정한 고용, 저임금, 사회보험 미가입, 불규칙한 업무시간, 적절한 수당 미지급 등이 복합된 노동환경에 놓여 있다. 또한 업무의 특성상 사고와 질병의 위험에 상시 노출되어 있으며, 해야 할 업무가 명확하지 않아 마찰과 스트레스 발생의 소지가 높다. 이 장에서는 장애인 활동보조노동자들이 처해 있는 노동환경을 고찰해보고, 그들이 수행하는 노동의 권리를 신장시킬 수 있는 방법을 모색해본다.

「지자체 가정도우미」에서는 서울시에서 기초생활수급권자와 장애인을 대상으로 실시하고 있는 돌봄사업인 서울 가정도우미들의 노동조건을 조사한 결과를 중심으로 실태를 파악하고 대안을 찾아본다. 집안일, 간병, 재활보조와 생활지원 등 다양한 활동을 하는 가정도우미들은 '희생과 봉사'라는 이름 아래에서 저임금과 열악한 노동조건을 감내하고 있다. 최저임금 수준의 임금을 받고, 밥 먹을 시간도 없이 수혜자들의 집을 돌아다니며, 열악한 노동조건 때문에 절반 이상이 업무 중 사고를 당한 경험이 있고, 40%가 성희롱의 경험이 있으며 대부분이 골병에 시달린다. 그렇지만 여전히 이들은 자신들의 방문을 기다리고 반겨주는 할머니, 할아버지와 장애인을 보면서 보람을 느끼기도 한다. 힘든 일이지만 보람 있는 일이기 때문에 노동자로서 최소한의 대우와 권리가 보장되었으면 좋겠다는 자그마한 바람을 갖고 있다. 최근 지자체 단위의 사회서비스가 증가하고 있는 상황에서 가정도우미는 단지 하나의 사례일 뿐이다. 지자체의 사회서비스를 통해 고용된 노동자의 노동조건은 매우 비슷할 것으로 추정되며 이들에 대한 적절한 대안이 모색되어야 할 시점이라는 점을 강조하고 있다.

「입주가사노동자: 조선족 사례」에서는 1990년대 이후 새로운 돌봄노동자로 등장한 조선족 가사노동자의 노동경험을 통해 가사노동이주의 경로와 돌봄노동의 현실에 대해 밝히고 있다. 2000년 이후 일부 대중매체가 '이모', '할머니' 등 '제3의 혈족'으로 호명하면서 맞벌이 가족과 '열쇠아동'들에게 없어서는 안 될 고마운 존재로 이주여성 가사노동자들을 소개하기 시작했다. 그러나 이들에 대한 많은 사회적 관심에도 대다수 이주여성들이 어떻게, 그리고 어떤 노동조건에서 일하고 있는지는 잘 알지 못한다. 가사노동자를 노동자로 간주하지 않는 국내 노동법의 한계로 인해 이주여성들 또한 노동법 제도의 보호를 받지 못한 채 불안정한 고용, 저임금, 그리고 강도 높은 육체노동과 감정노동을 수행하고 있다. 필자는 이주여성 10명과의 심층면접을 통해 그들이 그동안 어떤 조건에서 일을 해왔으며 어떤 문제를 경험했는지 살펴보고, 그들이 원하는 대안을 제시한다. 물론 돌봄노동의 문제는 돌봄노동자와 돌봄의존자의 관계적인 맥락까지 포괄적으로 고려해야 하지만, 이 글에서는 이주여성 돌봄노동자의 입장을 중심으로 노동현실의 문제점과 그 대안을 살펴보는 데 초점을 두었다.

제3부의 '건강한 돌봄노동을 위한 제언'에서는 돌봄노동자의 노동권 보장방안과 돌봄에 대한 우리의 이해를 높이기 위한 윤리적·여성주의적 논의를 소개한다. 「돌봄노동 종사자의 노동권 보장방안: 간병노동자를 중심으로」에서는 여러 실태조사에 의해 이미 드러난 바와 같이 돌봄노동자의 임금 등 근로조건이 매우 열악하고 고용이 불안정한 현실을 보여준다. 돌봄노동자는 개인 가정에 고용되어 가사업무에 종사하거나 간접고용의 형

태로 고용관계를 지속하기 때문에 「근로기준법」의 적용에서 배제되거나 부분적으로 적용됨으로써 법적 보호의 사각지대에 존재하고 있다. 따라서 이 장에서는 돌봄노동자의 근로조건과 노동환경 개선을 위해 현행 법적 구조를 비판적으로 검토함으로써 돌봄노동자가 노동자로서의 권리를 보장받을 수 있는 방안에 대해 고찰한다. 돌봄노동자의 권리를 보장할 수 있는 미래를 꿈꾸기 위한 논의의 시작으로서 충분한 가치가 있다.

「돌봄의 윤리와 페미니즘」은 타인의 욕구를 충족시켜주는 돌봄의 윤리가 비판 없이 받아들여지는 것에 대한 여성주의자들의 당혹감에서 출발한다. 돌봄행위가 기존 권력관계의 중심에서 주변화되어온 여성들의 입장을 더욱 악화시켜 여성의 자립을 방해하는 것은 아닐까? 돌봄의 윤리란 가부장적인 젠더 질서를 긍정하여 사적인 영역으로 여성을 가두는 것을 의미하지는 않을까? 필자는 비대칭적인 관계, 타자의 개별적·구체적 요구에의 주시(注視), 타자에 대한 헌신이 돌봄행위의 특징인데, 이로 인해 돌봄을 담당하는 자들이 공적인 영역에서 배제되어왔다고 지적한다. 돌봄이란 '수선(repairing)에 다름 아니다'라고 선언하며, 사람들과 같이 생활하며 사회의 규칙을 정하고 그 속에서 역할을 담당하는 세상에 사는 한 모두에게 필요한 것이라 보고 있다. 그리고 이러한 돌봄의 행위는 사적으로만 그치는 것이 아니라 공적인 도덕과 권리가 요구되므로 돌봄노동에 대한 논의는 돌봄제공자의 행복을 위해, 권리를 보장하기 위해 나아가야 함을 사상적·철학적 차원에서 검토하고 있다.

이 책의 발간을 위해 저자들이 정기적인 모임을 가지며 돌봄노동에 대한 논의를 진행시키는 과정에서 주목한 사실은 다양한 돌봄노동에 종사하고 있는 노동자의 현실이 그 형태가 다양함에도 매우 비슷한 양상을 띠고 있다는 점이다. 대부분의 돌봄노동자는 여성이며, 고용관계의 불안정성, 낮은 임금, 업무시간의 불규칙성 혹은 장시간 노동, 돌봄대상자와의 관계에서 발생하는 폭력, 감정적 소진, 성적 경험 등의 문제를 안고 있다. 그러나 노동조건의 부정적 측면에도 돌봄노동자는 누군가를 돌본다는 스스로의 직무에 대한 가치의 중요성을 높이 느끼고 있다. 따라서 모든 사람에게 필요한 돌봄이 제대로 수행되기 위해서, 또 돌봄제공자의 권리를 위해 돌봄노동이 '괜찮은 일자리'로 전환되어 돌봄노동자 스스로 소중하게 생각하는 돌봄이라는 가치가 보전·확산될 수 있기를 기대한다.

이 책이 발간되기 전까지 연구자들은 일정 기간 만나면서 주제별 발표와 토론을 거쳤다. 한국연구재단의 소규모연구회모임 지원사업(H00016)의 지원으로 이러한 기회를 갖는 것이 가능했다. 사회학, 사회복지학, 여성학, 의학, 보건학, 법학 등 연구자의 전문분야가 서로 달랐기 때문에 같은 문제를 다른 각도에서 살펴볼 수 있었다. 또한 돌봄이라는 주제는 연구의 차원을 넘어서 이 모임에 참여하는 연구자 상호 간의 돌봄의 시간도 되었다.

돌봄노동이 궁극적으로 어떤 방향으로 나아가야 할지에 대해서는 한 목소리를 내기 어려웠다. 그러나 각 장마다 제시된 여러 가지 대안들을 통해 이 책이 돌봄노동자의 삶의 질 개선을 위한 논의의 발화점이 되기를 기대한다.

정진주

··· 차례

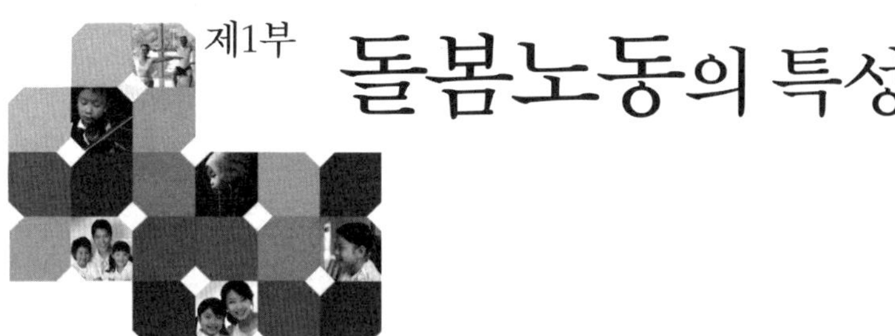

제1부 돌봄노동의 특성

글로벌 사회변화 속 젠더화된 돌봄노동의 이해 · 문현아

글로벌 사회를 언급하면서 돌봄노동에 대한 현 상황을 접근해보고자 한 것은 돌봄노동이 전 지구적으로 영향을 미치고 있기 때문이다. 동시에 근대 산업사회와 더불어 공고하게 자리하던 공·사 영역에 대한 성별분업을 뿌리부터 뒤흔드는 것과 맞물리기 때문이기도 하다. 이 글은 이런 측면을 주로 설명해보려고 했다. 이는 더 나아가 가족과 가족 아님의 경계, 결혼과 노동의 경계를 되묻는 지점으로 연결되기도 한다.

사회적 돌봄서비스 공급체계 현황과 특징 · 김은정

사회적 돌봄서비스를 '서비스 공급'이라는 관점에서 현황과 특성을 중심으로 간략히 검토해보았다. 논의를 위해 사회적 돌봄서비스를 사회서비스, 사회복지 서비스 등의 개념과 관련지어 개념적 정의를 시도했으며, 이를 바탕으로 한국의 사회적 돌봄서비스 제공의 역사와 특징, 변화방향을 살펴보았다. 또한 우리보다 앞서 사회적 돌봄서비스를 체계화하고 있는 주요 복지선진국들의 돌봄서비스 공급 특성도 요약해보았다. 그리고 사회적 돌봄서비스 공급과 관련하여 중요하게 대두되고 있는 정책적 쟁점들을 서비스 제공인력 관리 측면, 서비스 이용자 사례관리 측면, 서비스 공급의 기획자 및 품질관리자로서 공공부문의 역할 측면을 중심으로 살펴보았다.

▸▸▸ 문현아

글로벌 사회변화 속 젠더화된 돌봄노동의 이해

21세기를 글로벌 사회로 부르는 데 주저하는 사람은 없을 것이다. 글로벌한 움직임을 젠더라는 렌즈를 통해 보면 어떤 현실이 드러날까? 신자유주의 세계화를 젠더 렌즈로 조망하면 두 가지의 중요한 키워드가 가시화된다. '노동의 여성화(feminization of labor)'와 '이주의 여성화(feminization of migration)'가 주요 장면으로 포착되는 것이다. 노동의 여성화는 말 그대로 여성들이 노동시장에 진출하는 비율의 증가를 의미한다. 한국사회도 시대의 흐름에 발맞춰 1960년대 30% 정도밖에 되지 않던 여성노동시장 참가율이 현재는 50% 내외에 이르고 있다. 현실에서의 노동시장 참가율은 절반을 넘지 못하고 있지만 노동시장 참가를 바라는 여성들의 '기대' 비율은 훨씬 높다. 자본주의사회에서는 '돈'을 벌어야 살 수 있다는 현실적인 사실이 명백하게 존재하기 때문일 것이다. 이런 맥락에서 '노동의 여성화'는 이전 시기에 비해 보다 많은 여성이 사회에서 노동의 영역에 진출하여 살아가는 현실이 두드러지고 있다는 표현과 마찬가지다.

그러나 노동의 여성화는 단순히 여성들이 사회에서 노동하고 있다는 데 그치지 않는다. 여성들이 사회에서 노동하기 전에 무엇을 했는지 떠올려보면 무엇이 변화하고 있는지를 살펴볼 수 있다. 여성은 이전 시기에 주로 집안에서 생활하는 존재로 여겨져 왔다. 특히 근대 산업사회의 등장과 더불어 남녀 간 성별분업(gender division of labor)의 틀 속에서 '여성은 집안에 있는 존재, 남성은 사회에서 일하는 존재'로 자리매김하게 되었다.

그렇다면 여성의 일자리가 증가함에 따라, 먼저 집안에서는 어떤 변화가 생겼을까? 동시에 여성이 진출한 '사회'에는 어떤 변화가 생기고 있을까? 노동의 여성화는 이처럼 두 영역 모두를 고려해야 하는 쟁점이다. 이 글에서는 여성이 집안에서 집밖으로 나와 사회로 진출함으로써 가족과 사회라는 두 영역 모두에 영향을 미치게 된 맥락에 자리하는 돌봄노동을 통해 노동의 여성화가 드러내는 일면을 짚어보려고 한다.

한편, 노동의 여성화는 '이주의 여성화'와 맞물려 새로운 글로벌 상황으로 이어지고 있다. 국제이주기구(IOM)의 통계에 따르면 전체 이주인구 중 여성이 차지하는 비중은 49%에 달하고 있다. 이주의 여성화는 이주하는 인구 중 여성의 비중이 증가하는 현실에 대한 설명으로 특히 독립적이고 주체적으로 이주하는 여성의 증가를 강조하는 표현이다. 즉, 기존에는 여성이 남성을 따라 이주하는 형태였다면 지금은 여성이 노동이나 결혼 등을 위해 단독적·개인적으로 이주를 선택하는 경향이 증가하고 있음을 뜻한다. 왜 이런 현상이 벌어지는 것일까? 노동의 여성화는 이주의 여성화와 맞물려 제3세계 여성들이 더 나은 일자리, 더 나은 경제적 여건, 더 나은 삶의 기회를 향해 이주하는 것으로 연결된다. 그리고 이를 향해 이주를 택하는 여성들이 대체로 종사하는 분야는 특히 '돌봄노동' 분야가 중심이 되고 있다.

이 글에서는 이런 배경 속에서 젠더화된 돌봄노동의 기본 틀을 설명해보려고 한다. 글로벌 사회에서 여성의 노동과 여성이주의 핵심을 교집합으로 묶고 있는 돌봄노동을 둘러싼 현실의 변화를 통해 글로벌 사회에서 진정 변화하고 있는 지점이 무엇인지에 대한 밑그림을 그려보자.

젠더화된 돌봄노동: 의미와 변화

돌봄노동이라는 '개념'의 등장

돌봄노동은 비교적 최근에 현실에서 등장하기 시작한 개념이다. 영어로 'care work'라고 표기되는 이 단어는 한국에서 돌봄노동, 보살핌노동 등으로 번역되어 쓰이고 있다. '돌봄'이라는 행위는 사전에 '정성을 기울여 보호하고 돕는 일'로 나온다. 누군가를 누군가가 정성을 다해 보호하고 돕는 행위인 것이다.[1)] 오랫동안 이 일은 주로 어머니가 자녀들에게, 혹은 아프지 않은 사람이 아픈 사람을 돌보고 보살펴주는 행위로 간주되었다. 그런데 돌봄노동은 아직 백과사전이나 국어사전에 제대로 정리되어 있지 않다. 아마도 사전에 없는 이유는 '돌봄'이라는 단어가 '노동'과 결합되어 등장하기 시작한 것이 최근이기 때문일 것이다. 즉, 그동안에는 '돌봄'이나 '보살핌'이 '노동'과 결합되어 생각된 적

1) 돌봄노동이라는 개념 자체를 둘러싼 문제제기도 귀 기울여 볼만하다. 돌봄이라는 단어 자체가 돌봄을 주는 사람을 보다 우월한 존재로, 돌봄을 받는 사람을 다소 열세에 있는 위치로 간주하게 한다거나 돌봄행위가 진행되는 과정이 '의존성'의 인정 혹은 강화로 받아들여질 수 있다는 문제제기이다. 이런 맥락에서 이 용어가 함의할 수 있는 불평등성에 주의를 기울이면서도 이 글에서는 돌봄노동이 '노동'의 현실로서 제공되는 측면에 보다 초점을 맞추고 있음을 밝히고자 한다.

이 없었다. 그럼에도 이 용어는 사회에서 돌봄노동, 돌봄일자리, 돌봄 도우미 등으로 불리며 매우 익숙하고 친숙하게 사용되고 있다. 거기에는 이 노동에 대한 가치평가나 사회적 인정이 담겨 있다기보다 이 일이 그동안 매우 익숙하고 친숙한 분야로 여겨져 왔기 때문이다.

이런 경향은 돌봄노동에만 국한되지 않는다. 노동과 결합되지 않았던 많은 분야의 일들이 현대사회에서는 '노동'의 영역으로 새롭게 재편되어가고 있으며, 돌봄노동도 그 과정에 놓여 있다. 한편에서는 이를 보다 포괄적인 개념으로 접근하면서 비물질노동(immaterial labor), 정동(情動)노동(affection labour), 감정(감성)노동(emotional labor), 친밀성 노동(intimate labor) 등의 개념을 사용하고 있기도 하다. 이 개념들은 아직 세밀하게 정의되지 못하고 있다. 현실에서 다양한 측면의 '비물질'적인 노동이 등장하고 있지만 이에 대한 설명은 이제 막 시작되고 있기 때문일 것이다. 이 중 정동노동을 강조하는 안토니오 네그리(Antonio Negri)는 비물질노동에서 특히 '인간적 접촉과 상호작용'이라는 측면을 강조하면서 "돌봄노동은 분명하고 온전하게 육체적인 것(육신적인 것) 속에 몰입되어 있지만 그럼에도 불구하고 그 생산물인 정동은 비물질적이다"(네그리 외, 2005: 150)라고 표현했다. 여기에서 주의 깊게 살펴보아야 할 점은 인간의 노동에서 '인간적 접촉과 상호작용'을 강조하는 노동이 새롭게 부각되고 있는 점이다. 이런 측면에서 낸시 폴브레(Nancy Folbre)는 "의도하지 않게 사람 사이에 놀랍고도 복잡한 방식으로 전달"되는 특성으로 돌봄노동을 설명하기도 한다(폴브레, 2007: 57).

이처럼 인간적 접촉이나 인간 사이의 상호작용이 두드러지는 맥락에서 돌봄노동은 기존의 노동과 다른, 매우 특수한 형태의 노동이라고 할 수 있다. 그렇기 때문에 이 노동의 결과물은 하나의 상품이나 생산물처럼 뚜렷하게 눈에 보이는 구체적인 물질적 형태를 띠지 않을 수도 있다.[2)] 그래서 돌봄노동은 "질을 측정하거나 그 효과를 계측하기가 어려운데, 이 일이 신체적 부분만이 아니라 중요한 감정적 속성이 있기 때문"(폴브레, 2007: 57)이다.

이런 맥락에서 돌봄노동 분야에 대한 기존의 연구들은 돌봄노동을 "사적이고 감정적인 측면이 강한 성격의 노동으로서 가정, 시장, 지역 공동체, 국가 안에서 인간서비스의 제공을 위한 경제활동"(김경희, 2009: 149 재인용)으로 설명한다. 즉, 돌봄노동은 인간관계적인 성격을 바탕으로 사적이고 감정적인 측면이 강한 노동인 것이다. 이러한 측면은 또 다른 한편으로 과거 집안에서 하던 일이라는 특성과 연결되어 있다. 그래서 돌봄노동의 범주는 아동 돌봄, 노인 돌봄, 집안 청소, 가족 유지 및 여성들의 가사업무의 하청화로도 이야기된다(Cameron and Moss, 2007: 10). 니콜라 예이츠(Nicola Yeats)도 돌봄노동을 사회적 재생산노동의 유형에 포함시킨다. 인간의 생명을 창조하고 유지하는 노동으로서 사물에 대한 상품이나 생산과 구분된다고 바라보는 것이다(Yeats, 2009: 5). 이렇게 보면 돌봄은 인간과 인간의 상호작용을 전제로 하여 한 사람이 다른 사람의 욕구와 필요에 진정으로 부응하여 배려하고 보살피는 개념으로 이해될 수 있다. 따라서 돌봄이 '노동'으로 자리잡을 때, 그 속에

---

2) 일부에서는 기존의 서비스직 노동을 떠올리기도 한다. 이 책의 다음 장에서 구체적으로 다루겠지만, 돌봄노동은 사회서비스 일자리와 일정 부분 겹치는 것으로 이해되기도 한다. 이렇게 보면 돌봄노동은 기존의 서비스직에서 직접적으로 인간과 대면하는 측면을 보다 강조하는 분야로 이해할 수도 있다. 이를 테면 전화교환원 같은 경우 '서비스'직임에는 분명하지만 전화라는 매개체를 통해 인간과 접촉하기 때문에 '돌봄'노동 분야로 포함되지 않는다. 따라서 구체적인 물질적 형태를 매개로 하지 않고 인간과 인간이 직접적으로 대면, 접촉하여 이루어지는 관계이지만 그로 인한 결과물이 분명하게 가시화되지 않는 노동 분야로 생각할 수 있다.

는 육체적인 것과 동시에 정서적인 요소가 포함된다.

이렇게 보면 돌봄노동은 인간 사이의 관계를 기본으로 하고 구체적이고 가시화된 형태의 결과물을 갖지 않으면서 인간관계에서의 '정서적' 측면도 함께 고려되는 것으로 볼 수 있다. 동시에 이 행위는 기본적으로 두 사람 이상의 관계를 통해 진행된다. 철학적인 차원으로까지는 말하지 않는다 해도 사람 '인(人)'이라는 글자 자체가 두 사람이 서로 기대는 형상을 본 따 만들어졌음을 생각해보면, 돌보는 행위는 인간사회의 일상에서 매우 근본적인 것임을 짐작할 수 있다. 이런 행위가 돌봄노동이라는 개념으로 등장함으로서 이 사회는 감정이 사람들 사이의 상호작용에 연결되고 긴밀하게 부착되어 있는 특이한 형태의 노동을 새롭게 목도하고 있는 셈이다.

그러나 개념이 새롭다고 해서 이 일 자체가 새롭게 등장한 것은 아니다. 즉, 돌봄이라는 일은 인간의 역사 속에서 꾸준히 지속되어왔다. 인간과 인간 사이의 관계를 중심으로, 특히 가족 간의 관계를 연결하고 지속하면서 강화하는 일은 인간사회에서 기본적으로 행해지고 있었다. 특히 앤서니 기든스(Anthony Giddens)는 여성들이 "낭만적 사랑과 모성의 융합을 통해 '친밀성'의 영역을 발견"(기든스, 1995: 89)하면서 이런 관계적 속성을 더욱 강화시켜 왔다고 했다. 즉, 돌봄을 행하며 실천하는 삶은 사실 많은 여성에게 새삼스럽게 '노동'으로 불리지 않아도 될 그런 일상이라는 것이다.

마찬가지의 맥락하에 돌봄은 젠더 분업의 측면에서도 여성이 하는 일, 여성적인 일, 여성적 감수성으로만 할 수 있는 일로 인식되어온 측면이 있다. 그런데 돌봄이라는 용어에 대해 무의식적으로 떠올리는 이러한 이미지들이 사회에서 여성을 억압하는 구조와 더불어 유지되면서 이 개념이 노동과 결합되기 시작했다. 동시에 일상적으로 늘, 특히 '집안'에서 해왔던 일을 '노동'으로 부르기 시작하면서 무임금의 일이 '사람이 생활에 필요한 물자를 얻기 위하여 육체적 노력이나 정신적 노력을 들이는 행위'인 사전적 노동으로 변화되어가고 있는 것이다. 그렇다면 노동으로 변화됨에 따라 여성에 대한 사회적 억압이라는 요소들도 사라져가고 있을까? 여성적 일의 맥락은 바뀌어가고 있을까? 아니면 오히려 여성들이 주로 담당하던 돌봄이라는 용어 자체에 노정된 제약들이 노동과 결합되면서 더욱 강화되고 있는 것일까?

노동과 연결된 돌봄의 의미

노동으로의 재평가

왜 돌봄은 노동이라는 단어와 연결되지 않았을까? 인간사회에서 매우 기본적이고 당연한 것으로 받아들여졌기 때문일 수도 있다. 사람이 살아가는 세상에서 서로 돌보고 돌봐주는 관계는 지극히 당연한 인간관계인 듯싶다. 노동과 연결되지 않았던 이유는 인간관계에 대한 이 같은 접근이 최근까지 시장의 영역 안으로 포섭되지 않았기 때문일 것이다. 돌봄노동이라는 개념이 등장하기까지의 배경에는 페미니스트들의 노력이 자리하고 있다. 페미니스트 진영에서는 1970년대 가사노동논쟁을 통해 집안에서 행해지는 여성의 일을 '노동'으로 가시화하기 위한 노력을 기울여왔다. 지금은 가사노동에 대해 사람들이 어느 정도 '노동'임을 받아들이지만 그 이전까지 집안일은 '노동'이 아니었다. 모성을 지니고 있다고 전제되는 어머니가 가족을 위해 해야만 하는, 마치 '자연스러운' 일처럼 여겨졌기 때문이다.

가족 내에서 어머니가 하는 일이 '노동'으로 비춰지지는 않았지만 가사를 '노동'으로 하던 존재들은 역사 속에서 꾸준히 있어 왔다. 이런 시각으로 한국사회를 보면 식민지 시기뿐 아니라 1970년대의 '식모', 1980년대부터 지금까지의 '파출부'를 '노동'의 측면에서 새롭게 조망할 수도 있을 것이다. 특히 1910년 당시 조선인 가사서비스 노동자인 가사사용인(家事使用人)[3]이 공장여성노동자의 수인 3~4만 명에 비해 약 2~3배가량 많은 9만 명에 이르며, 「조선국세조사보고서」의 기준에 주요 직업집단으로 분류되어 있었다는 설명(강이수, 2009: 222)을 보면 돌봄과 노동의 결합이 과연 매우 최근의 현실인가에 대해서 의구심이 든다. 그러나 1970년대에 '가정부' 혹은 '식모'라 불리던 이들은 집안일을 '노동'으로 했지만 그에 상응하는 임금을 제대로 받지 못했다.[4] 노동으로도 평가받지 못했을 뿐 아니라 사회에서도 주요한 일자리로 자리매김하지 못했다. 그러나 이제 이들은 가사노동자(domestic worker)로 자리잡아 가면서 돌봄노동의 한 영역을 차지하는 존재가 되고 있다. 가사노동과 더불어 양육노동 역시 '노동'으로 자리잡아 가기 시작하고 있으며, 더 많은 집안일이 세분화되면서 각각 '노동'의 영역과 맞물리고 있다.

이처럼 돌봄노동은 비교적 최근까지 집안에서 '여성'이 무임으로 담

3) 이 용어는 일제시대에 일본으로부터 들어왔는데 지금까지도 일본은 가사노동자를 가사사용인이라고 부른다. 한국에서도 이와 같은 어색한 단어가 아직까지 '법'적 표현에서 등장하는 것을 보면 이 노동에 대한 사회적 평가와 인식이 여전히 변모되지 않은 측면을 살펴볼 수 있다. 자세한 내용은 이 책의 8장을 참고하라.

4) 당시 '가정부'나 '식모'라는 존재는 노동에 대한 대가로서 임금을 받기보다 일을 봐주는 사람 정도로 받아들여져 학비를 지원받거나 입주하면서 생활비를 보조받았다.

당하던 다양한 일들이 새롭게 '노동'으로 변화했음을 나타내는 개념이다. 여성은 집안에서 아이를 돌보고, 노인을 보살피고, 식사를 만들고, 청소를 하는 등의 다양한 일을 그저 해왔을 뿐인데 이에 대해 사회가 '노동'이라는 단어를 붙이게 된 것이다. 이렇게 본다면 돌봄노동은 일상에서 볼 수 있는, 보통 집안에서 여성이 중심적으로 해오던 다양한 범주의 노동을 포괄하는 개념으로 이해할 수 있다. 그 내용을 범주화하자면 아이를 낳고 키우거나 돌보는 양육·보육노동, 집안 청소에서부터 식사 준비, 빨래에 이르는 가사노동, 그리고 아픈 사람이나 장애를 겪는 사람, 노인을 돌보는 간병노동 등이 포함될 수 있다. 이 모든 일이 새롭게 등장한 것이 아니라 여태까지 존재해왔음에도 '노동'으로 이름붙여지지 못했다가 이제야 노동으로 명명되고 있는 것이다.

젠더화된 노동으로서의 돌봄노동

페미니즘 운동을 통해 돌봄노동 분야에서 무엇보다 먼저 가사노동이 '노동'으로서 가치를 부여받게 되었다. 가사노동은 단순한 집안일로서 사회적 노동과 별개의 것으로 간주되어왔었는데 페미니즘 진영에서 가족 내 가부장제의 성별분업을 문제 삼으며 여성이 가족 내에서 일하는 것이 자연스러운 일이 아니라 일종의 '노동'임을 강조하기 시작했다. 가사노동논쟁을 통해 여성이 집안에서 행하는 노동이 직접적으로 사회적 임금처럼 대가를 지불받게 되지는 않았지만, 사회적 노동으로서의 가치를 평가받게 되기까지는 여성의 노동에 대해 끊임없이 의미를 부여하려고 노력했던 여성학자들의 노력이 있었다.

이처럼 노동과 연결되면서 돌봄은 어떻게 평가받고 있을까? 평가되지 않았던, 혹은 평가할 수 없다고 여겨지던 부문이 자본주의사회에서 평가되면서 어떤 변화가 일어나고 있는 것일까? 집안에서 아무런 보상이나 대가를 기대하지 않고 진행하던 일을 사회는 어떤 식으로 평가하고 있을까? 이 질문은 향후 복지사회로의 변화와 더불어 '탈가족화', '탈사회화'의 틀에서 근본적으로 문제 삼는 중요한 쟁점이 될 것이다. 과연 이 노동에 어떤 가치를 부여하고 어떻게 평가해야 하는가?

돌봄이 노동이 되기 전부터 이 일은 지난 사회에서 주도적으로 '여성'이 담당하고 계속해왔다. 이런 관념은 돌봄이 노동과 결합되는 현실 속에서 지금도 여전히 지속되고 있다. 미국사회에서도 "남자보다 여자가 아이와 노인, 환자들을 돌보는 일을 할 것이라는 문화적 규범이 존재"(폴브레, 2007: 32)하며, 유럽에서도 대부분의 비공식 돌봄노동, 특히 어머니와 노인 친지들을 위한 돌봄노동자가 여성임이 밝혀졌다(Cameron and Moss, 2007: 3). 한국사회에서도 돌봄노동 분야의 일, 이를 테면 보육, 가사, 간병 등이 여성지배적인 직종임은 분명하다(김경희, 2009: 151). 이렇게 보면 기존에 존재했던 돌봄이나 보살핌이라는 일이 노동이 되면서 변한 것은 돌봄노동 자체에서는 크게 없어 보이기도 한다. 동시에 여성들이 주로 전담하고 있다는 측면에서도 변화가 없어 보인다.

그러나 조금 더 자세히 들여다보면 여성이 하는 노동이지만 모든 여성이 하고 있지 않음을 깨닫게 된다. 앞에서 언급했지만 현실에서 파출부, 간병노동자 등 돌봄노동의 영역에서 일하는 여성들은 아이러니하게도 모든 여성이 아니다. 여성 사이에서 돌봄노동을 둘러싼 새로운 분화가 진행되고 있는 것이다.

글로벌 여성이주와 노동의 결합 : 돌봄노동의 현주소

여성노동의 양극화

기존의 연구는 돌봄노동이 최근 등장하게 된 배경을 설명하기 위해 돌봄노동을 둘러싼 '수요'와 '공급'의 측면을 조사했다. 수요와 공급을 살펴봄으로써 사회적으로 진출하는 여성의 고용률 증가, 즉 여성노동의 확대가 어떻게 돌봄노동과 맞물리는지 살펴볼 수 있는 것이다. 캐머런과 모스는 돌봄노동의 수요 측면을 세 가지로 설명한다(Cameron and Moss, 2007: 5~7).

첫째, 여성은 여전히 집안에서 대부분의 돌봄을 제공하는 책임을 지고 있다. 그런데 더 많은 여성들이 고용되고 남성들 역시 높은 수준의 고용을 유지함에 따라, 비록 아직 상당 부분이 주변의 친척이나 친구들의 네트워크를 활용하는 비공식 돌봄으로 흡수되기는 하지만 돌봄노동은 비공식부문에서 공식부문으로 이동하고 있다. 즉, 여성의 노동시장 참가율이 증가함에 따라 기존에 여성이 담당했던 영역, 비공식으로 남아 있던 돌봄노동 분야로 다른 여성들이 진출할 필요성이 제기되었다. 이로 인해 돌봄노동을 담당해야 할 새로운 돌봄 분야의 노동원이 필요하게 되어 수요가 발생했다는 것이다.

둘째, 한국사회에서도 최근 주요한 유인책으로 알려진 고령화 사회로의 진입이다. 80세 이상 인구, 즉 돌봄에 대한 요구가 특별히 높은 인구의 급증이 수요를 증가시켰다는 설명이다. 동시에 평균 수명이 연장되면서 장애를 가진 중장년층도 증가했고 이로 인해 돌봄노동의 수요가 더욱 급증하게 되는 것이다.

셋째, 크게 주목받지 못하고 있는 측면이기는 하지만 중요하게 고려해야 할 점은 무급으로 '부모가 아닌 보호자(non-parental)' 역할을 했던 사람이나 친척 네트워크를 활용한 돌봄제공자를 확보하기가 어려워졌다는 것이다. 출산율의 하락과 더불어 가족의 수와 규모가 빠르게 변화하면서 동원 가능한 '친척'이 줄어들었으며, 동시에 취업 중인 고령 여성인구층의 증가 추세도 수요 증가에 역할을 하고 있다고 분석한다.

캐머런과 모스의 설명에서 둘째 이유는 '여성화'와 직접 연관되지 않을 수도 있지만 첫째와 셋째 이유는 노동의 여성화와 맞물리며, 특히 노동의 양극화와 직결된다. 먼저 여성의 노동시장 진출이 일차적으로 주요한 측면이 된다. 노동의 여성화, 즉 여성의 노동시장 진출이 활발해진 것이 기본 축으로 존재한다. 특히 여성에 대한 교육기회의 증대와 더불어 많은 여성이 전문직, 사무직, 관리직으로 진출하는 특성이 우선적으로 돌봄노동의 '공식화', 돌봄의 '노동화'를 초래하게 된다. 여성이 직장, 사회로 진출하고 난 뒤에 남겨진 가족과 가정은 누가 유지하고 돌볼 것인가? 이런 추세에 맞물려 돌봄을 수행해야 하는 여성들이 진출한 뒤의 빈자리를 메울 또 다른 '노동력'이 필요하게 된다. 글로벌 사회에서 이 자리는 저임금 서비스직으로서 돌봄을 담당하는 여성노동인구가 대체하고 있다.

라셀 살라자르 파레냐스(Rhacel Salazar Parreñas)는 이것을 재생산노동의 3단계 이동으로 설명한다. 제1세계 백인 여성이 직장으로 진출하고, 그 여성이 나간 뒤 빈 집안의 노동을 부담하기 위해 제3세계 여성이 이주해서 들어가며, 제3세계 여성이 이주한 뒤 빈 집안의 노동을 부담하기 위해 더 저임금의 혹은 무임의 여성이나 친척들이 그 자리를 메운다는 것이다. 2단계에 있는 저임금 서비스직 (이주)여성노동인구는 상층부 노동시장으로 진출한 여성들의 집안 내 노동을 담당하기 위해 다른 사람의 '집'을 '직장'으로 삼아 노동하는 것이다. 이는 노동의 여성화와 더불어 '돌봄의 남성화'가 진행되지 않은, 혹실드의 표현대로 '지연된 혁명(stalled revolution)'으로 인한 현상이다. 즉, 여성들은 사회로 진출해서 노동하고 있는 데 비해 남성들은 집안으로 들어와 '돌봄' 영역으로 진입하지 않고 있는 것이다. 이 틈새에서 돌봄노동이 크게 가시화되며 중요한 노동의 영역으로 등장하고 있다.

이주의 여성화와 돌봄노동의 연계

글로벌 이주와 돌봄노동

한국사회 역시 최근 '다문화가정'이 사회적 이슈가 되고 있는 것에서 알 수 있듯 글로벌 지구촌 사회로 접근하는 중이다. 이주민, 외국인 인구가 100만 명을 넘어서면서 국민 100명당 2명이 외국인으로 구성되는 사회로 빠르게 변화하고 있다. 이러한 인구구성의 변화는 한국사회에만 국한되지 않는 전 세계적인 추세다.

이런 추세 속에서 이주인구는 지속적으로 증가하고 있다. 21세기가 시작된 지 10년이 지나고 있는 현재, 전 세계적으로 이주인구는 2억 1,400만 명에 달한다. 이주의 여성화에 걸맞게 이 중 49%를 여성이 차지하고 있다.[5] 2억 명이 조금 넘는 수치는 인구수로 볼 때 세계 5위를 차지하는 국가 수준의 규모이기도 하다. 지그문트 바우만(Zygmunt Bauman)이 "오늘날 우리는 모두 움직이고 있다"고 표현한 배경이 새삼 이

5) International Organization for Migration, "Global Estimates and Trends", http://www.iom.int/jahia/Jahia/lang/en/pid/241

해가 되는 맥락이다(바우만, 2003). 그야말로 거대한 규모의 인구가 전 세계적으로 이동하는 상황에서 그 방향은 소위 제3세계로부터 제1세계로 진행되고 있다. 여성이주인구의 대다수 역시 제1세계의 젊거나 고령이거나 장애를 느끼거나 어린 사람들을 돌보기 위해 제3세계로부터 이동하는 여성들이 차지하고 있다. 연구자들은 이러한 변화를 포착하여 "전 지구적 돌봄사슬(Global Care Chain: GCC)"(Yeates, 2009), "재생산노동의 국제적 분업(international division of reproductive labor)"(파레냐스, 2009), "보모사슬(nanny chain)"(Ehrenreich and Hochschild, 2003) 등으로 부르고 있다. 21세기 여성이주의 대다수를 차지하는 이 범주, 재생산노동 혹은 돌봄노동은 과연 무엇인가?

아시아 지역으로부터의 이주의 확대

글로벌 이주는 전 세계적으로 진행되고 있지만 그 흐름은 대체로 일정한 방향성을 보이고 있다. 〈그림 1〉에서 볼 수 있듯, 이주의 흐름은 주로 동유럽이나 아프리카로부터 영국이나 서유럽 지역으로, 남미나 중미로부터 미국이나 캐나다로, 필리핀이나 인도네시아를 비롯한 동남아시아 지역으로부터 서아시아, 미국, 유럽, 동아시아 지역으로 나타난다.

이런 흐름에서 가장 활발한 움직임을 보이는 곳이 아시아 지역이다. 세계은행의 2006년도 보고서에 의하면 이주를 통해 송금 받는 국가 중 상위 다섯 국가에 인도, 중국, 필리핀, 방글라데시가 포함되는데, 이는 이주의 주된 흐름이 아시아 지역에서 시작됨을 입증해준다. 한국사회로 진입하는 이주인구도 중국의 조선족을 비롯해 네팔, 파키스탄, 필리핀, 타이, 베트남 등 아시아 지역이 중심이 되고 있다.

아시아 지역을 중심으로 하는 이주는 특히 여성이주의 특성을 잘 드

〈그림 1〉 글로벌 이주의 흐름도

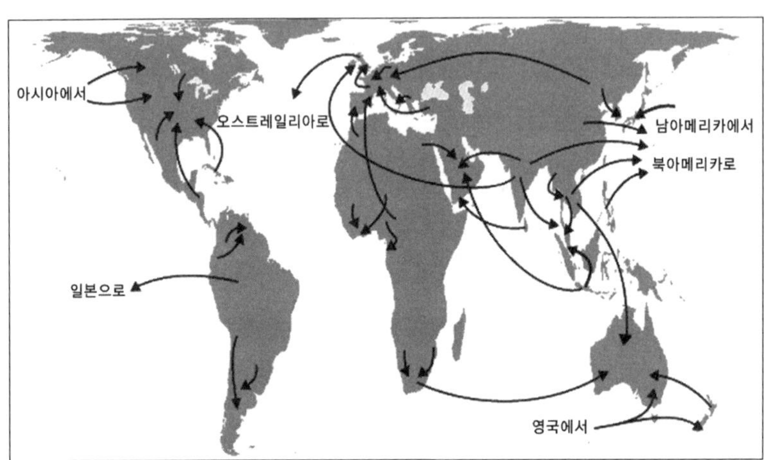

출처: http://www.pstalker.com/migration/mg_map.htm 참조.

러내준다. 이런 특징을 탄-담 트롱(Thanh-Dam Truong)은 다음의 몇 가지로 정리한다. 먼저 아시아 지역에서의 이주는 글로벌 시기 이전까지 남성이 중심이 된 흐름, 즉 생계 부양의 책임을 지는 임금노동자가 공식적인 임금체계와 보호를 받는 남성적 규범을 따랐다. 그러나 최근 들어 여성이 다수를 차지하면서 남성적 규범을 따르던 노동시장체계가 변화하고 있다. 특히 비공식, 비정규노동이 늘어나면서 여성이주는 임시직, 파트타임, 부분노동, 비정기노동에 국한되며 여성화된 노동의 규범을 만들어내고 있다. 동시에 여성화된 규범의 극단에 위치한, 성과 섹슈얼리티의 측면이 강조되는 엔터테인먼트나 매춘 등의 노동으로 여성의 이주가 집중되고 있다. 또한 여성들이 참여하게 되는 노동이 기존의 '집안일' 영역에서 진행됨으로써 유급노동의 보장성을 획득하지 못하고 있다(Young, 2003: 112 재인용).

이 같은 아시아 여성이주의 특성은 현재 아시아에서 노동시장으로 진출하는 여성노동력의 현주소를 보여준다. 여성들이 새롭게 진출하는 분야의 대부분은 비공식, 비정규노동 쪽이며, 특히 집안일과 연계되어 진행되고 있다. 집안일과 연계되어 있다는 것은 이들이 새롭게 글로벌 노동시장으로 재편되어 하고 있는 노동이 대체로 '여성화된 노동', 혹은 주로 여성이 담당하던 노동임을 말하며 이 속에서 돌봄노동이 주요한 축을 차지하고 있는 것이다.

여성이주의 새로운 경향 : 성별분업의 유지

여성이주의 경향에서 드러나는 이 같은 특징은 이주하는 여성이 수적으로 증가한 것에 국한되지 않는다. 이주여성은 증가했지만 여성들이 이주를 통해 종사하는 노동 분야는 남성과 여성에 대한 성별분업이 그대로 지속되거나 강화되는 지점에 자리하고 있다. 남성들은 대부분 중공업, 제조업 부문의 공장으로 취업하는 반면, 여성들은 엔터테인먼트 산업이나 서비스업으로 이동하고 있다.

기존 성별분업의 유지는 한국사회로 이주하는 인구집단에서도 뚜렷하게 이분화 경향으로 나타난다. 2005년 통계청 자료에 따르면 등록 외국인노동자 수는 23만 7,517명이며, 이 중 15만 8,304명은 남성, 7만 9,213명은 여성으로 여성은 남성의 절반 정도에 불과했다. 2008년 통계자료에는 외국인노동자 수가 급증하여 43만 7,727명에 이르지만 여전히 남성이 30만 1,556명으로 68.9%를 차지하고 있다. 이런 현실로 인해 한국에서는 주로 안산이나 경기도 지역의 제조업 부문에서 일하는 남성이주노동자들이 가시화된다. 여성의 경우는 단순노무직 종사자가 가장 많지만 엔터테인먼트 산업에서 일하거나 식당일 등 서비스직에 종사하는 노동자들이 차지하는 비중이 늘어나고 있다. 서비스직에서 일하는 여성은 다른 직종에 비해 여성인구(8,453명)가 남성인구(6,351명)보다 많은 분야이기도 하다. 이런 경향은 특히, 아직까지 한국사회의 서비스직 진출로가 중국계 조선족들을 제외하고는 다른 민족에게 봉쇄하고 있기 때문에 더 두드러진다. 여성노동자 중 조선족의 경우 서비스직 종사 인원이 5,352명으로 절대다수를 차지하고 있다.

전 세계적으로 여성노동인구가 50%에 육박하는 가운데 한국으로 유입되는 여성이주는 아직 그 정도 수준에 미치지 못하고 있다. 한국사회로 이주하는 남성들은 대부분 노동이주의 경로를 따르지만, 여성들은 노동이주보다 오히려 결혼이주의 경로를 따르기 때문이다. 2008년 10월 말 법무부 통계에 따르면 국제결혼 이주여성은 10만 6,576명, 남성은 1만 4,592명이다. 노동이주와 결혼이주의 성별 차이를 비교해보면 여성들은 노동의 영역보다 성별화된 '결혼'을 통한 이주경로를 따르고 있음을 알 수 있다. 따라서 노동이주는 주로 남성이 중심이 되고 국제결혼은 여성이 중심이 되는, 성별로 분화된 이주형태가 한국사회에서 나타나는 이주의 특성으로 자리잡고 있다고 말할 수 있다. 이는 한국에서 노동이주 영역이 여전히 전면 개방되거나 정책적으로 지원받지 못하고 있기 때문이기도 하다. 특히 돌봄노동이 포함되는 서비스직 분야 등은 2007년 방문취업제를 통해 조선족과 외국국적동포에게만 허용되고 있다.

그러나 이런 한국사회의 경향과는 조금 다르게 전 세계적으로는 가사노동을 중심으로 하는 돌봄노동 분야에서의 여성이주가 매우 두드러진다. 물론 이들이 노동만 하는 것이 아니라 노동을 통해 결혼하기도 하고 결혼을 통해 노동하기도 하기 때문에 궁극적으로 여성의 이주가 결혼과 노동으로 뚜렷하게 양분되지 않는다(Piper and Roces, 2003). 파이퍼와 로세스의 표현대로 현실에서 "아내(결혼)와 노동자(노동)"는 이주하는 여성에게 혼재되는 현실이다.[6)]

이렇게 볼 때 현실에서 여성이 이주를 통해 맡게 되는 일은 집안에서 하던 일의 연장선상에 놓여 있는 노동이다. 물론 별도의 추가 교육이나 특수한 훈련을 받아야 하는 경우도 있지만 대체로 특별한 직업 훈련 없이 이주를 진행한다. 이에 대해서는 대부분의 이주연구자가 질적 방법론으로 인터뷰를 진행하면서 이주를 위한 준비 절차나 별도의 '직업훈련을 했는지'에 대해 질문을 던지거나 자세히 묻지 않는 데서도 드러난다.

특별한 직업적 훈련 없이 진행하는, 집안일의 연장이라는 특성으로 인해 사실상 이것이 '노동'인지 아닌지에 대한 경계가 불분명해지기도 한다. 자신의 가족에게 베풀었던, 자신의 가족을 위해 했던 '일상적인 일'을 다른 가족을 위해 '노동'으로 하게 되는 것이다. 이 과정에서 일이 노동이 되기도 하고, 그러다가 그 가족이 '자신의' 가족이 되기도 하고, 다시 '유급노동'이 '무임'으로 바뀌기도 한다. 여기에서 성별분업이 유지된다는 것은 여성이 노동과 결혼을 병행하고 있는 데 비해 남성은 '노동' 일변도라는 점과 연결된다. 동시에 여성이 노동으로 하는 일이 기존의 여성적 일, 즉 재생산노동이나 돌봄노동이라는 틀을 크게 벗어나지 못하고 있으며 이것이 성별로 더 강화된다는 점을 시사해준다.

---

6) 여성의 이주가 노동과 결혼 사이에서 구별되지 않고 혼재된다는 측면은 '일-가정 양립'과 함께 복지국가에 대한 논의에서 보다 더 중요하게 다뤄져야 할 측면일 것이다. 여기서는 자세히 다루지 않고 다만 지속적으로 생각해야 할 문제의식만을 공유하고자 한다. 이 쟁점은 여성이 하는 일, 노동에 대한 사회적 재인식과 맞물려 있으며 사실상의 공/사 영역 구분에 대한 문제제기가 될 수도 있다. 남성과 여성이 공간적으로 노동과 결혼(가족)으로 더 이상 구분되지 않는다면 새롭게 변화하는 세상에서 남성과 여성은 노동과 가족 모두에 공존할 것인가? 역전될 것인가? 아니면 전혀 새로운 또 다른 범주가 등장할 것인가?

젠더화된 노동의 위계화 : 계층과 인종의 복합적 구성

상층회로와 생존회로

사스키아 사센은 백인이나 전문직 종사자가 집중적으로 살고 있는 글로벌 도시에 이들의 일상을 지원하기 위한 가사노동자, 청소노동자 등 서비스직 종사자들이 이주인구계층으로 밀집해 있는 것을 상층회로와 생존회로로 설명한다(Sassen, 2001). 즉, 글로벌 도시의 상층회로(upper circuits)를 금융, 전문직, 자본이 순환하고 있다면 하층회로 혹은 생존회로(survivial circuits)에는 서비스직 노동자들이 이주를 매개로 순환하고 있다는 설명이다. 상층회로로 접근하는 여성이 증가함에 따라 생존회로로 접근하는 여성이 증가하게 되고 이로 인해 노동의 여성화가 양극으로 진행되는 것이다. 대부분의 돌봄노동자들은 생존회로의 영역에서 순환하고 있다.

생존회로 영역과 돌봄노동의 연계는 수요보다 공급의 측면에서 더 잘 드러난다. 여성노동의 양극화에서 설명한 대로 여성의 노동시장 진출로 돌봄노동에 대한 수요가 증가함에 따라 공급이 진행되고 있는데, 이러한 공급은 인구의 특정집단에 의해 이루어지고 있다. 이 특정집단에는 고위직으로 진출할 수 있는 기회를 갖지 못한 집단의 여성이 집중되어 있으며, 특히 '이주'를 통해 이 집단이 새롭게 글로벌 세계에서 가시화되고 있다. 여기에서 '특정집단'에 주의를 기울일 필요가 있다.

한국사회는 비교적 동질적인 민족/에스닉 구성을 갖고 있기에 돌봄노동의 양극화 쟁점이 인종/에스닉 측면에서는 거의 언급된 적이 없다. 다만 앞에서 말했듯이 교육, 연령에서 새로운 '구분'들이 형성되고 있는 듯하다. 하지만 미국사회에서는 이미 노예제가 있었던 때부터 백인여성이 집안에서 담당하던 일을 흑인여성들이 맡아 했다는 사실이 포착되며, 젠더 구분이 계층과 인종의 구분선과 결합되고 있다(Glenn, 2006: 123). 그리고 이런 경향은 전 세계적인 글로벌 맥락에서 한층 복합적으로 위계화되고 있다.

방문취업제를 근간으로 동포가 아닌 외국인의 경우 서비스직으로의 노동이주가 법적으로 허용되지 않고 있는 한국의 상황에서 노동 분야의 인종, 계급적 위계화는 아직 뚜렷하게 가시화되지 않고 있다. 그러나 1980년대 후반부터 강남의 일부 상층계급 가정에서 젊은 대졸 필리핀 가사노동자들이 불법적으로 고용되기 시작했고, 1990년대 초반에 접어들면서 타이, 스리랑카 등으로부터 비공식적으로 한국에 들어오는 입주노동자가 늘어나고 있다(강이수, 2009: 235 재인용). 이런 경향은 한국 내에서도 이주를 통한 돌봄노동 분야가 확대될 것이라는 전망을 가능하게 한다.

동시에 국제결혼 이주여성들이 서서히 돌봄노동 부문으로 진입하고 있다. 2010년 2월 18일 연합뉴스의 보도에 따르면, 전북 임실군에 사는 결혼이주여성 25명이 '요양보호사 자격증'을 취득했다. 보도에 의하면, 이들은 "자격증을 취득함으로써, 노인요양실과 재가센터 등에 취업해 요양서비스를 제공하는 전문가로 거듭나게 됐으며 또한 거동이 불편한 시부모와 이웃 노인들도 마음 놓고 돌볼 수 있게 됐다"고 한다. 다문화 사회로 나아가고 있지만 아직까지 외국인 차별이 심각한 수준[7]인 한국에서 결혼이주여성의 돌봄노동 분야 진출은 돌봄노동에 대한 사회적

7) 한길리서치에서 조사한 '다문화사회에 대한 국민여론조사' 결과에 따르면, 응답자의 88.1%가 한국사회에 외국인에 대한 차별이 여전하다고 했다(http://blog.ohmynews.com/airon/237217)

이해의 부족과 맞물려 기존의 차별을 더 강화할 수도 있다. 동시에 결혼이주여성들에게 전문가가 되기 위한 자격증 취득이 고임금 전문직으로 연결되지 않을 경우 이주를 통한 젠더, 계층, 인종적 위계화는 돌봄노동의 맥락 속에서 강화될 가능성이 높아 보인다.

돌봄의 위기, 사회체계의 위기

돌봄이 노동과 연결되어 글로벌 사회에 자리잡아 가려고 하는 상황에서 돌봄은 새삼스럽게 '위기'라는 단어와 결합되고 있다. 돌봄의 위기는 돌봄노동의 공급이 이처럼 위계화되고 계층화된 특정 '집단'에 과잉 의존하고 있는 측면을 문제 삼는 데서 비롯된다(Cameron and Moss, 2007: 7). 돌봄을 둘러싼 사회체계에 의문을 가지며 이를 '돌봄의 위기(crises of care)'로 파악하는 것이다(Zimmerman, Litt and Bose, 2006: 10).

이들이 설명하는 돌봄의 위기는 네 가지로 설명된다. 첫째, 여성이 유급으로 돌봄노동을 수행함에 따라 가족과 친척들 사이에서 돌봄이 부족(care deficit)하게 되었다. 이는 이주를 통해 돌봄노동에 종사하는 사람들이 바로 가까이에서 고용주 가족을 위한 '돌봄'을 제공하지만, 먼 거리에 있는 자신의 원래 가족에 대한 돌봄은 제공하지 못하는 상황에 대한 설명이기도 하다. 이는 글로벌한 이주를 통한 돌봄노동이 제1세계의 돌봄에 대한 '과잉'과 제3세계의 돌봄에 대한 '결핍'이나 '부족'으로 연계될 수 있음을 고려하게 한다. 이주하는 여성은 다른 사람의 아이나 노인, 병든 사람을 보살피느라 자신의 가족, 주변 이웃을 보살필 수 없는 현실과 마주하게 되는 것이다.

아이들은 내가 떠나는 걸 슬퍼했어요. 지금까지도 애들은 집으로 돌아오라고 나를 설득하려고 해요. …… 내가 떠날 때 아이들이 화를 내지는 않았어요. 그때는 아이들이 아직 어렸던 때거든요. 남편도 화를 내지 않았어요. 왜냐하면 내가 아이를 키우는 데 진정 도움이 되는 유일한 길이 이것뿐이고 그렇게 해야만 아이들을 학교에 보낼 수 있다는 것을 남편도 알고 있었기 때문이에요.

…… 보수는 좋았지만 일의 무게에 눌려 허우적대는 느낌이었어요. …… 맥이 풀려버리잖아요. 할 수 있는 유일한 일이라고는 내 모든 사랑을 그 아이에게 쏟는 거였어요. 내 아이들에게는 내가 없는데 그 상황에서 내가 할 수 있는 최선이라는 것이 그 아이에게 온갖 사랑을 쏟아붓는 거라니.

이런 심정을 토로하는 위의 여성은 필리핀을 떠나 타이완에서 5년간 일하다 잠시 귀국한 후 다시 로스앤젤레스로 가서 가사노동에 종사한 지 5년이 넘어서고 있는 이주여성이다(파레냐스, 2009: 141~144). 누구의 자녀는 돌봄을 받는 데 비해 누구의 자녀는 돌봄으로부터 소외되는 현실이 돌봄노동이 등장하자마자 나타난 돌봄의 위기가 되고 있는 것이다. 이런 현상에 대해 이삭센 등은 북반구의 시장을 떠받치기 위해 남반구의 가족 내 유대관계가 심각하게 왜곡되고 잠식당하고 있다고 비판하기도 한다(Isaksen, Widding, Uma Devi and Hochschild, 2008: 419). 돌봄노동의 윤리적, 철학적 차원에서 이런 측면을 앞으로 어떻게 판단하고 대처할 것인지가 중요한 과제로 남게 된 것이다.

둘째, 돌봄의 상품화 문제다. 돌봄노동이 점차 시장에서 교환 가능한 하나의 '상품(product)'으로 규정되면서, 특히 착취적인 조건하에 사고팔리게 되면서 관계적 맥락에서 고립되고 있기 때문에 위기라는 설명이다. 이는 돌봄노동의 상품화가 저임금화와 맞물리는 현실에 대한 위기의식에서 나온 판단이다. 동시에 이는 상품화로 인한 양극단의 지점을 생각할 수 있게 한다. 제1세계의 여성이 자신의 가족을 위해 제3세계 여성의 돌봄을 고비용으로 구매하여 상품화하는 돌봄사슬의 맨 아래쪽에서 여성은 자신의 돌봄을 상품화하느라 가족에 대한 친밀감을 '돈'으로 대체할 수밖에 없는 현실에 놓인다(파레냐스, 2009: Chang, 2006). 상품화 맥락에서 고비용 상품화와 저비용 상품화 사이의 가치를 둘러싼 양극화가 진행되고 있는 것이다. 과연 친밀과 사랑의 상품화를 통해 친밀감이 강화될 것인가, 아니면 '차가운' 친밀감이 상품의 내용이 되어 사랑이 사라지는 그런 상품화가 될 것인가? 다른 한편으로 상품화가 진행된다면 그에 따른 비용의 격차를 고려할 수밖에 없다. 고비용 상품화와 저비용 상품화의 가치는 동일할 수 있을까? 돌봄의 위기를 둘러싼 이런 질문들에 대한 답변은 이제부터 꾸준히 논의되어야 할 쟁점이다.

셋째, 국내나 세계적 맥락에서 돌봄노동의 결정권을 둘러싼 다국적(초국적) 기구들 간의 구조조정정책 속에서 불균등하게 젠더화된 노동분업의 지속과 이로 인한 여성들의 영향력 감소에 관련된 문제점이다. 이를 테면 IMF와 같은 초국적 기구들의 구조조정 대상으로 여성이나 비정규직이 일차적인 타격을 입는 것처럼 젠더이분법적 기준이 더 강화되는 것과 연관되는 것이다. 돌봄노동이 매우 중요한 문제로 가시화되고, 이주노동과 맞물리면서 글로벌한 차원에서 이에 대한 정책이나 대책이 논의되고 있지만 전 세계적으로 복지국가로의 재편의 방향성이 제대로 자리잡아 가지 못함으로 인해 그 부정적 효과가 고스란히 여성의 부담으로 남게 된다는 지적이다.

한국사회에서도 의료의 민영화와 자유무역협정을 통한 국내 의료서비스의 민간부담 확대가 중요 쟁점으로 논의되고 있다. 민간부담의 중대는 결국 병원 이용의 양극화를 초래해 비용을 부담할 수 없는 사람들이 병원 대신 '집'에 머물 수밖에 없는 현실을 만들 것이다. 이렇게 되면 의료, 간병 등과 관련된 돌봄노동은 병원에서 다시 집안으로 되돌아가 여성의 부담을 가중시킬 것이다. 이처럼 전 지구적 경제 속에서 여성의 노동과 경제활동은 주요하게 기여했다고 평가받지만 이들에 대한 '보호'는 마련되지 않고 있으며, 이주와 노동을 통한 시민권획득 역시 거절당하면서 '주체'로서의 이들의 권리가 부정당하고 있다(Marchand and Runyan, 2002). 돌봄노동이 이주의 관점과 연결되면서 돌봄노동자에 대한 권리, 이주노동자에 대한 시민권 경계 등이 새로운 쟁점으로 부각되고 있다. 이는 이주의 차원에서 이들 노동자에 대한 권리문제가 다뤄져야 하는 것뿐 아니라 돌봄노동자들에 대한 전반적인 처우개선과 연관되는 사안이다.

넷째, 인종, 계급, 젠더에 기초한 글로벌 계층화(위계화)가 글로벌 돌봄노동으로 인해 더욱 심화되고 있으며 동시에 부국과 빈국 사이의 격차를 더 벌리는 데 기여하고 있기 때문에 돌봄이 위기라는 설명이다. 국가 간 경제적 불평등이라는 '격차'가 원인이 되어 이주를 시도하지만, 이주한 이후에 이 격차는 인종, 젠더, 계급과 맞물려 한층 더 심화된다는 것이다. 이에 대해 파레냐스는 이주 흐름의 양쪽 모두에서 여성이 가사노동을 분담하기 위해 파트너인 남성과 협상하지 못하고, 오히려 자신의 인종 그리고/혹은 계급 특권에 기대어 성별분업을 덜 특권화된 여성에게 초국적으로 이전(파레냐스, 2009: 3장)시킨다고 설명한다.

한국사회에서도 인종, 계급적 측면과 더불어 교육적 격차, 연령별 차이를 통해 돌봄노동 분야에 대한 위계화가 강화되어가는 것으로 보인다. 1980년대 이후 한국사회에서는 여성들의 교육기회가 확대됨에 따라 15~19세 연령층이 가사서비스 외의 취업 부문으로 진출하여 미혼 여성노동력은 더 이상 가사서비스 노동력으로 공급되지 않고 있다(강이수, 2009: 230 재인용). 한국여성정책연구원이 570개에 달하는 재가서비스 기관을 대상으로 실시한 돌봄노동자 현황조사를 보면 돌봄노동자들의 연령은 대부분 40대이고 학력은 고졸 이하였다(장혜경, 2007). 현재 한국사회에서 돌봄노동 부문을 담당하는 대다수가 중년, 저교육층 여성들이라는 점은 앞에서 언급한 특정집단화가 이미 진행되고 있음을 알려준다. 향후 이 분야에 대해 노동이주정책이 개방될 경우 이에 맞물려 계층, 인종, 젠더의 위계화가 더 심화될 수 있으며 이에 대한 대책 마련을 한국사회가 어떻게 해나갈 것인가 하는 점 역시 지속적인 관심이 필요한 부분이다.

돌봄노동의 평가를 둘러싸고 시작되는 문제들

돌봄노동의 평가를 둘러싼 현실

돌봄의 위기는 사회가 돌봄을 통해 유지되기 위한 맥락에서 불거져 나온 이슈였다. 그렇다면 돌봄노동을 제공하는 입장에서는 위기가 없을까? 돌봄이 노동이 되면서 사회적으로 평가받는 측면을 통해 이 지점을 살펴보자. 누가 하는 일인지도 모르던, 그저 '산소'같이 자연스러웠던 일이 주부의 일로 자리매김되고, '식모'의 일로 바뀌고, '파출부'의, '노동자'와 '관리사'의 일로 가시화되면서 돌봄노동으로 자리잡아 가는 현실 속에서 이 노동에 대한 사회적 평가는 어떻게 진행되고 있을까?

1980년대 파출부 업무를 통해 돌봄노동에 대한 평가의 현주소를 살펴보면 흥미롭다. 당시 파출부 업무는 일반적인 가사를 담당하며 집안 일을 맡아 하는 이, 환자가 있는 가정을 위해 병원이나 집에서 환자 간호에 전담하는 이, 산모와 신생아를 돌보는 이, 그리고 특별한 회식 등을 위해 요리를 하는 데 임시로 고용되는 이 등으로 전문화(강이수, 2009: 232)되어 있었는데, 이는 현재 논의되는 돌봄노동의 범주화와 비슷하다고 볼 수 있다.

파출부의 일로 분담되었던 돌봄노동의 일은 현재 각종 '도우미' 형태 속에서 재범주화되고 있다. 한 예로 2008년 노인장기요양보험제도의 도입과 더불어 '요양보호사'가 새로운 직종으로 제도화되면서 다양한 '도우미' 관련 업종에 대한 명칭부터 개선을 시도하자는 논의가 진행되고 있는데, 요양보호사, 간병사(간병인이었다가 간병'사'로 새롭게 자격을 취득했다)에 뒤이어 산후도우미, 가사도우미, 베이비시터 등이 사회로부터 제대로 된 처우를 받기 위해 목소리를 내고 있다.[8] 돌봄노동에 포함되는 범주가 재구성, 확대되고 언어 사용의 맥락에서 '식모'에서 '파출부'로, 다시 '도우미'로 표현상 존중되며 변화하는 속에서 이 노동을 둘러싼 가치들도 높아져 가고 있을까? 사회적 평가도 변화하고 있을까?

가치평가를 둘러싼 이중적 기준

돌봄노동은 현재 사회에서 매우 필요한 분야이며 점점 더 근본적으로 중요한 영역이 되어가고 있다. 돌봄노동을 신청해야 하는 사람에게나 수행하는 사람에게나 모두 돌봄노동은 절박한 상황에서 진행된다.

---

8) "늘어나는 '돌봄노동' 제대로 대접하라", ≪한겨레≫, 2007년 8월 27일자.

돌봄노동을 둘러싸고 수요와 공급 양편에 있는 사람들의 입장은 동일할까? 돌봄노동을 신청하는 사람은 다른 일이나 사정으로 인해 돌봄을 할 시간이나 여력이 없어서 돌봄을 요청하게 된다. 그리고 돌봄을 수행하는 사람은 무엇보다 돈을 벌기 위해서 돌봄노동에 종사하게 된다. 이 양편에서 노동을 둘러싸고 소위 공정거래가 이뤄지고 있을까? 돌봄을 요청하는 사람으로서는 비용이 너무 비싸다는 생각을 하게 되고, 돌봄을 제공하는 사람으로서는 대가가 너무 적다는 생각을 하는 것이 현실이다. 이 절에서는 돌봄노동을 둘러싼 사회적 가치평가가 제대로 이루어지기 위해 고려되어야 할 측면들을 잠시 짚어보려고 한다.

젠더화된 노동에 대한 평가절하

사회적으로 돌봄노동에 대한 평가는 높은 편이 아니다. 돌봄노동에 종사하는 사람들의 임금은 다른 직업에 비해 낮게 평가되고 있다(김경희, 2009: 151). 한국고용정보원 자료에 따르면 2006년 사회서비스 관련 직업의 평균 수입에서 '가사도우미'가 가장 낮은 61.2만 원으로 나타났으며, 그 밖에 가사간병도우미, 장애인자치도우미, 보육사 등과 같은 직접 돌봄서비스를 제공하는 일자리가 상대적으로 수입이 낮았다(문순영, 2008: 222). 이처럼 돌봄노동에 대한 가치평가가 낮다는 측면은 이 노동이 여성이 하던 노동이라는 점과도 맞물려 있다. 폴브레(2007: 84)가 설명하는 미국의 사례를 인용하여 돌봄노동의 여성화 측면이 상품화 가치와 어떻게 연결되는지를 살펴보자.

갓난아이를 둔 한 여자가 13세와 15세의 자녀를 둔 어머니에게 이런 질문을 던졌다.

"당신 딸이 아이 보는 것을 좋아하나요?"

십대 자녀를 둔 어머니는 "물론 좋아하지요. 하지만 못 하게 말리고 싶네요. 그런 경험은 결국 그런 비슷한 직업을 택하도록 만들 테니까요"라고 정직한 대답을 했다.

갓난아이의 어머니는 다소 실망한 듯

"그럼 아들은 어때요? 애 돌보는 법을 배우게 하면 아들한테도 좋지 않을까요?" 하고 물었다.

그러자

"물론 좋겠죠. 근데 아마 한 시간에 25달러 정도는 줘야 일을 하려고 할 거고, 애 친구들한테는 비밀로 하겠다고 약속해야 할 걸요" 하고 그 어머니는 말했다.

위의 인용문은 돌봄노동의 두 가지 측면을 드러낸다. 첫째는 이 분야를 여성들이 주로 담당해왔으며 지금도 여성이 '자연'스럽게 하고 있다는 것이다. 그러나 여성들이 하고 있지만 평가절하받고 있으며, 제대로 자리매김되지 못함으로써 사회가 추구해야 할 바람직한 '직업'의 위치로부터 멀어지고 있다. 둘째는 함께 돌보는 사회에 대한 이야기가 나오고 있음에도 남성들은 이 노동에 무상으로는 결코 참여하지 않으며, 유급화된다면 고려해볼 수도 있다는 점에 대한 지적이다. 성별분업이 여전히 지배적인 기준으로 남아 있는 한, 이 노동에 남성이 참여하는 것을 현 사회가 호의적으로 받아들이지는 않을 것임을 암시하고 있다.

이런 현실 속에서 사실상 기존의 성별분업은 한편으로 더욱 강하게 자리잡아 가고 있다. 전문직이나 노동시장의 상층부로 여성이 진출하면서 상층부 여성과 남성의 차이는 줄어들고 있는 반면, 여성 내부의 분업화는 강화되고 있다. 영은 유럽사회를 통해 "중간계층 남성과 여성 간의 평등은 증진된 반면, 인종적·계급적·민족/국가적 입장에 따른 여성들 간의 불평등과 차이가 급증"(Young, 2001)하고 있다고 설명했다.

돌봄노동을 둘러싼 공급과 수요 사이의 권력관계

이처럼 돌봄노동을 둘러싼 가치평가는 일반 사회에서의 노동으로써 접근되지 못하고 남성집단과 별개로 떨어져 여성집단만의 문제로 진행되고 있다. 여성집단 내에서 돌봄을 둘러싸고 서로 다른 이해관계를 갖는 두 집단이 과연 여성으로서의 동일한 이해관계로 묶일 수 있을까? 돌봄노동에 대한 가치평가가 어려운 측면은 실제로 집안에서 고용주로서의 여성이라는 위치와 돌봄노동자로서 여성의 입장이 충돌하면서 더 가시화될 수도 있다. 창은 이런 측면에 주목하면서 엘살바도르로부터 옮겨와 로스엔젤레스에서 가사노동자로 일하는 아말리아의 사례를 인용한다. "아말리아는 세 명의 아이를 돌보고 있는데, 보통 새벽 6시부터 일어나서 아침을 준비하고 아이들을 위한 점심 도시락을 준비한다. 가장 큰 아이를 유치원에 데려다주고 와서 집안을 청소하고 빨래를 하고 저녁식사를 준비한다. 아말리아는 이렇게 자신이 일하는 동안 '안주인은 하루 종일 집에 있으면서 내가 앉기만 하면 화를 낸다'고 한다" (Chang, 2006: 41). 이 이야기는 돌봄노동을 둘러싼 수요와 공급 양편의 불공정거래와 더불어, 이 일에 대한 사회적 '판단' 혹은 '감정적 개입'이 포함되어 가치평가가 이루어지는 측면을 보여준다.

이 사례의 돌봄노동 제공자는 이 일이 힘들며, 이 힘든 일을 하는 동안 돌봄노동 요청자가 '쉬고 있는' 것에 불만을 표하고 있다. 이는 인종적·계급적인 측면에서 돌봄노동을 의뢰하는 사람과 제공하는 사람 사이의 위계화가 복합적으로 연결되기 때문에 나타나는 상황으로 볼 수도 있다. 전체적인 서비스직을 둘러싼 임금의 책정과 가치평가도 쉬운 문제는 아니겠지만 돌봄노동의 평가를 둘러싸고 이런 지점에 대해서도 살펴볼 필요가 있어 보인다.

한국에서 자폐아동 활동보조인으로 일하는 돌봄노동자의 사례는 또 다른 현실을 알려준다.

> 김 씨(49, 여)는 시급 6,000원을 받고 있지만 노동강도와 전문성에 비해 결코 많은 금액이 아니라고 했다. 주말이나 공휴일에 일을 하게 돼도 시급은 똑같고, 아무리 경력이 쌓여도 시급은 6,000원이라는 것이다. 김 씨는 "일은 보람이 있지만 열악한 노동조건 때문에 …… 문제의식을 가질 수밖에 없다"고 말했다.[9)]

이 경우에는 돌봄을 요청하는 측의 태도나 감정적 상황의 개입 없이, 일 자체의 노동강도나 전문성에 비해 임금을 받는 노동에 대한 사회적 평가가 낮음을 지적하고 있다. 그리고 오히려 노동자는 일이 보람차다고 생각한다는 것을 밝히고 있다. 보람 있는 일과 열악한 노동조건이 맞물린 상황에서 돌봄노동에 대한 가치평가는 쉬운 문제가 아니다.

한편, 랜은 아시아와 유럽처럼 언어, 인종적 구분이 뚜렷한 경우와 달리 아시아 내에서의 사례를 통해 이 모순의 새로운 측면을 제시한다. 그는 타이완의 고용주들에 대한 필리핀 가사노동자들의 경험을 제시하

9) "아무도 돌보지 않는 '돌봄노동자'", ≪경향신문≫, 2010년 3월 8일자.

면서 고용주가 필리핀 가사노동자보다 '영어'를 잘하지 못하기 때문에 고용주로서의 권력, 권위, 위계를 강화시키지 못한다고 분석한다(Lan, 2006: 10). 그렇다면 한국사회에서는 현재 이주노동자보다 국내인 중심으로 돌봄노동이 제공되고 있기 때문에 이런 문제가 적다고 판단할 수 있을까? 아니면 앞의 김 씨의 사례는 '자폐아동 활동보조인'으로서 돌봄노동을 요청하는 사람이 랜이 연구한 사례처럼 약자의 위치이기 때문에 가능한 것일까? 이주의 경로가 개방되어 한국사회 내에서도 인종, 계급의 선이 분명해지면 돌봄노동을 둘러싼 양측의 '공정'한 등가적 교환, 거래는 점점 더 어려워지게 될까? 돌봄노동의 양편이 지니는 권력관계는 이런 위계질서와 어떻게 맞물릴까?

돌봄노동을 둘러싼 현실은 그 과정이나 결과물 자체가 아닌 돌봄노동이 자리하고 있는 위치 자체에 불평등성이 내재해 있기 때문에 제대로 된 가치평가가 이루어지지 않고 있는 것은 아닌가 하는 생각이 든다. 노동의 질이나 의미와 모순되는 '저임금'이 억압된 노동의 왜곡을 강화하는 것이다. 즉, 돌봄이 노동과 맞물리기 전까지는 자연스럽게 이루어지며 이에 대해 사회가 좀 더 고차원적으로 의미부여했던 측면이 노동과 맞물리면서 일치하지 않고 있는 데서 이에 대한 가치평가의 어려움과 저임금이 자리하고 있어 보인다. 다음의 사례는 의미부여와 사회적 평가 사이에 놓인 괴리의 한 단면을 보여준다.

> 가난한 사람들이 세상의 부인이 되고 어머니가 되고 화장실을 청소하고 아이들을 양육하는 속에서 사적 세계는 저평가되는 상태로 남아 있다. 특정한 노동, 즉 양육 혹은 사적인 '가사'노동에 대한 평가절하는 계속되고 있다. 급료의 수준에서 보면 아이를 키우는 것은 화장실 청소하는 것과 대체

로 맞먹는다(파레냐스, 2009: 127 재인용).

인용문에서는 가사노동을 포함한 돌봄노동에 대한 평가절하를 다루고 있다. 아이를 키우는 것과 화장실 청소하는 것을 비교해보면 이 사회가 돌봄노동에 지불하는 비용이 매우 낮게 책정되고 있다는 것이다. 어머니가 일을 하는 경우에는 모성이 발휘되는 매우 '숭고한' 사랑처럼 인정함으로써 아무나 할 수 있는 일이 아닌 것으로 평가하는 반면, 동일한 행위가 노동으로 수행되면 저임금의, 비숙련 일로 간주한다. 따라서 비록 임금이 주어지는 노동으로 인정받고 있지만 노동시장의 가장 하층부를 차지하는 이 노동은 유급노동이 기본적으로 갖춰야 할 자율성이나 독립성, 선택의 측면보다 "품위가 없는 직종으로 여겨지거나 고귀하는 않은 직업으로 분류되거나 이런 이유로 종종 억압받는 일"(Barker, 2005 재인용)로 그려지고 있다. 어쨌든 현실에서 돌봄은 노동과 연결되면서 '재노동화'를 통해 저임금으로 '저노동화'[10]되고 있다(문현아, 2008: 77). 그러나 저임금화, 저노동화되었다고 해서 이 노동의 '질'도 같이 저하되고 있는지는 별도로 다뤄져야 할 또 다른 중요한 측면이다.

가족이 하는 돌봄과 '노동자'가 하는 노동 사이의 간극

지금까지 역사에서 시장과 가족은 두 개의 각각 분리된 장으로 이해되었다. 시장은 '돈'이 개입하여 화폐가 교환되는 공간이며, 가족은 이와 구분되어 경제적 행위가 개입할 여지가 없는 하나의 공간으로 여겨

10) 저노동화는 기존에 '노동'으로 인정받지 못하던 분야가 사회적으로 새롭게 노동으로 받아들여지면서(재노동화) 동시에 저임금화되는 현상을 설명하기 위해 고안해본 개념이다.

졌다. 비비아나 젤라이저는 이러한 구분을 문제 삼으며, 집안(household)이 경제활동으로 충만한 조직으로서 생산, 분배, 소비, 자산의 이전이 이루어지는 영역임을 강조한다(Zelizer, 2005). 젤라이저는 가족이나 가구 내 친밀성의 영역이 경제행위의 복합적인 거래(교환)관계망으로 연결되어 있음을 설명한다. 돌봄노동의 영역은 이와 더불어 시장과 가족의 교집합으로 얽혀 들어가고 있다.

돌봄노동 역시 노동이 된 맥락에서는 노동에 대한 사회의 일반적 규칙을 따라 대체로 시간을 중심으로 급료체계가 정해지는 양상을 따른다. 그러나 이 노동을 누가 하는가에 따라 책정 방식의 기준은 큰 변동을 보인다. 일단 이 노동을 '아내'나 '어머니' 혹은 '며느리'가 하는 경우에는 원칙적으로 임금이 책정되지 않는다. 생활시간조사라는 명목하에 돌봄노동 분야 중 집안에서의 가사노동에 대해서는 부가가치가 계산되고 있다. 2002년 자료에 의하면 한국사회에서 1999년 집계된 가사노동의 부가가치는 143~169조 원에 달한다. 1995년 미국의 개인 돌봄 관련 상품과 서비스에 대한 소비자지출액은 410억 달러로 집계되었는데, 이는 베트남 GDP의 두 배가 넘는 규모이며 방글라데시나 알제리의 GDP와 맞먹는 수준의 액수(폴브레, 2007: 106)라고 한다. 덧붙여 미국의 전국수발가족협회에서 행한 연구에 따르면 가족이 '공짜'로 제공하는 돌봄노동을 둘러싼 가치는 연간 1,960억 달러에 달한다(폴브레, 2007: 108). 가치평가를 둘러싸고 미국과 한국의 금융체계가 다르며 환율이 변동되는 현실을 고려한다면 정확하게 파악하기 어렵지만, 한국의 가사노동 부가가치 규모와 미국에서 가족이 공짜로 제공한 가치 규모는 대체로 비슷한 수준이다. 한국사회에서 150조 원은 연간 GDP 규모의 1/4 정도이며, 미국에서의 가치는 2008년 리먼 브라더스 파산에 들인 공적자금이 7,000억 달러임을 고려할 때 1/4에 달하는 상당한 규모이다. 또 다른 연구는 직접적으로 가족돌봄노동(아동양육, 가사노동, 다른 집안 노동)에 투여된 총시간이 그 자체로 유급노동에 투여된 총시간과 동일하다고 결론 내린다(Coltrane and Galt, 2000: 16 재인용). 이를 정리해보면 이미 가치의 규모도 상당한 정도인데, 심지어 투여된 시간까지 유급노동에 맞먹는다고 한다. 그런데도 현재까지 우리 사회는 이런 노동의 분야를 '저평가'하고 있다.

그러나 이 중에서도 또 상당한 범주를 차지하는, 가족 내에서 여성이 며느리, 아내, 딸, 어머니와 같은 가족구성원으로서의 '위치'를 통해 실천한 '무임'노동은 시간제의 규정을 받지 않으며 가치로 계산된다고 해도 실제로 지불되지 않고 있다. 즉, 경제적으로 계산할 수 있지만 어느 누구도 실제 임금으로 지불받을 생각은 하지 않는다(문현아, 2008: 81). 실제로 임금은 지불되지 않지만 사회적으로는 '모성' 이데올로기를 통해 매우 의미 있고 숭고한 사랑이자 희생으로, 결코 가치로 환산될 수 없는 의미를 지니는 것처럼 의미가 부여되고 있다. 그런데 이 노동이 가족 내에서 담당되지 않고 친척으로 넘겨지거나 혹은 혈연관계가 없는 사람, 즉 돌봄노동자에게 이전되면 그 순간부터 '시간제' 적용규칙과 맞물리는 사회의 임금체계에 속하게 된다. 시간제 규칙이 어떤 방식으로 적용되고 있는가에 대해서도 보다 면밀한 검토가 이루어져야 하겠지만 지금의 임금화체계가 무엇을 기준으로 적용되었는지를 되물어야 하는 것이 우선이다.

화장실과 아이양육의 가치를 비교한 로스먼의 설명대로 우리 사회는 "어머니가 이런 일을 하면 우리는 이것을 엄마 역할이라고 한다. 그런데 고용된 사람이 이 일을 하면 우리는 미숙련으로 부르"(파레냐스,

2009: 123)는 이중적 기준을 갖고 있다. 현실은 집안에서 진행되던 돌봄노동의 여러 분야가 일종의 아웃소싱 형태로 분배되고 있는 것으로 보인다. '집안일의 하청화', 돌봄노동의 하청화 경향으로 생각해볼 수도 있을 것이다. 하청화는 일단 이 업무가 비정규, 일용직에게 집중되는 것과 맥락을 같이한다. 특히 돌봄노동 일자리는 안정성이 보장되지 않는 대표적인 일자리로, 가사서비스 일자리에 대한 실태조사에서도 일용직이 74.4%, 상용직이 17.8%, 정규직이 7.5%로 나타났다(문순영, 2008: 227 재인용). 주로 하청 형식인 계약직은 대체로 불안정하며 일시적 노동의 형태를 띠고 임금도 낮다. 돌봄노동은 노동이 되면서 사회적으로 중요한 가치를 제대로 평가받지 못하는 형태로 시장과 맞물리고 있다.

왜 이런 상황이 진행되는가? 거시적으로는 글로벌 사회가 돌봄에 대한 부담을 현실적으로 감당하고 있지 않은 데서 일차적으로 비롯된다고 생각한다. 시장과 구분하여 가족 내 영역으로 몰아서, 그것도 여성의 일로 국한시켜 배제함으로써 임금으로 환산시키지 않았던 과거의 조건이 그대로 자리하고 있는 것이다. 무급의 일을 유급의 노동으로 전환시키려니 갑작스럽게 비용이 들 것이고, 이것을 개별 가족이 여전히 떠맡게끔 하는 상황 속에서 '하청' 형태로 주어진 돌봄노동은 고부가가치로서 감당되지 않는 구조가 된 것은 아닐까? 동시에 유급으로 진행되어도 기존에 무급으로 시행되었기 때문에 최소한의 선에서만 노동하는 것으로 간주되는 것은 아닐까?

이런 현실은 고용되어 돌봄노동자로 종사하는 여성에게만 국한되지 않는다. 가치 부여를 받지 못하면서 집안 내 돌봄을 감당하거나 전담하는 전업주부, 돌봄전담여성, 전업양육자의 현실도 마찬가지다. 한 예로 복지국가 틀에서의 혜택이나 국가로부터 받는 보험, 연금의 급여를 고려할 때 사회에서 전업양육자의 역할은 인정되지만 이들에게 직접적으로 지원되는 현금급여제도는 없다(마경희, 2005: 49). 돌봄노동은 '노동'으로 되어가고 있지만 여전히 무임과 저임 사이에 놓여 있으며, 아직은 사회적 변화의 근본을 뒤흔들 정도의 수준에 다가가지 못하고 있다.

이처럼 21세기에 돌봄이 노동과 결합되어 등장함으로써 가족과 사회의 구분이 희미해지고 있다. 가족은 시장과 무관한 영역으로 여겨지고 사회만 시장과 관계되는 영역이라는 기존의 구분선은 돌봄이 '노동'과 결합하면서 다양한 방식으로 균열을 내고 있다. 어머니나 아내가 하는 돌봄 일과 도우미나 노동자로 불리는 사람들이 하는 돌봄노동의 차이를 이 사회는 구분해내려는 것일까? 구분한다면 그것은 무엇을 위한 것일까? 그 구분의 기준은 어떻게 삼게 될 것인가? 구분하지 않는다면 왜 누구는 '임금'으로 그 대가를 지불받고 다른 누구는 대가를 지불받지 않을까? 이런 노동에 대한 평가가 여성이 하는 일, 젠더화된 노동과 얽혀 사회적으로 평가절하되고 있는 측면에 대해서는 어떤 변화를 만들어야 하는 것일까? 이런 질문들은 앞으로 탐구되어야 할 현실이다.

글로벌 사회를 언급하면서 돌봄노동에 대한 현 상황을 접근해보고자 한 것은 돌봄노동이 전 지구적으로 영향을 미치고 있기 때문이다. 동시에 근대 산업사회와 더불어 공고하게 자리하던 공·사 영역에 대한 성별분업을 뿌리부터 뒤흔드는 것과 맞물리기 때문이기도 하다. 이 글은 이런 측면을 주로 설명해보려고 했다. 이는 더 나아가 가족과 가족 아님의 경계, 결혼과 노동의 경계를 되묻는 지점으로 연결되기도 한다. 타이완의 가사노동자와 고용주를 연구한 책에서 랜은 돌봄노동자가 고용주의 "대리가족(surrogate family)이나 허구적인 친척"으로 봉사하고 있음을 지적한다(Lan, 2006: 3). 이런 측면은 가족과 가족 아님이라는 경계가 돌봄노동을 둘러싸고 어떻게 변화될 것인가에 대한 또 다른 문제 제기로 이어진다. 현실을 살펴보면 돌봄노동의 사슬 양극단 모두에서 점점 더 가족 아닌 존재들이 가족을 돌보고 있다. 그렇다면 이런 흐름은 궁극적으로 가족으로부터 돌봄을 분리시키게 될까? 오히려 가족이 아닌 존재가 보살피고 그들에게 친밀감을 더 느끼는 그런 세상이 될까? 그것이 비록 상품화와 '돈'을 바탕으로 하고 있을지라도 보살핌과 돌봄을 받는 입장에서는 현재, 현실적으로 제공하는 사람과 더 유대를 느끼며 친밀하게 되어갈 것이다. 그렇다면 대리가족과 더불어 돌봄노동은 궁극적으로 가족의 범위를 확장, 재구성하며 새로운 공동체를 만드는 것으로 이어질까?

이런 질문들에 대해 아직은 대답하기 어려운 것 같다. 대답을 위해 역사적으로 돌봄노동이 자리잡아온 흐름을 찾아보는 연구들도 진행되고 있다. 아벨은 성별분업화되고 사회적으로 평가받지 못하는 '돌봄노동'의 기원을 19세기 말과 20세기 초로 잡는다. 당시 세균 감염으로 인한 질환이 확산되면서 환자와의 '관계'로부터 거리를 두는 방식이 채택되자 돌봄의 무게중심이 돌봄제공자에서 의료진으로 옮겨지게 되었다(Abel, 2000: 11). 이로 인해 의료진, 의사들은 몇 가지 지식에 근거한 치료법을 알게 됨으로써 특권과 평판을 얻게 되었고, 그에 따라 가족 내에서 돌봄을 제공하던 사람들은 무지한 사람들로, 이들의 치료지식은 미신으로 취급되기 시작했다는 것이다(Abel, 2000: 13). 아벨은 이러한 경향이 진행된 이후 지금까지 돌봄은 어리석고(교육을 덜 받은) 낮은 계층(인종)의 사람들이 하는 일로 여겨지고 있다고 비판한다. 돌봄노동의 세계적 현실을 보면 이런 경향성이 21세기에도 지속되고 있는 것으로 보인다.

동시에 남성화된 돌봄, 남성적 돌봄이 과연 불가능한가? 과연 역사적으로 전혀 없었는가를 따져 묻는 연구들도 시작되고 있다. 계층과 인종 등을 고려할 때 다층화·다차원에서 접근되듯, 남성들의 경험도 '동질화'하지 않고 시대적·인종적·계급적·지리적 요소들을 고려해 다양한 차원에서 접근되어야 한다는 것이다(Coltrane and Galt, 2000: 21). 이를 통해 남성들도 돌봄을 제공했던 역사를 찾아 가능성을 부여하며 기대수준을 불필요하게 낮추지 말자는 이야기를 하고 있다. 여성에게 국한된 영역이 남성에게도 확장됨으로써 이 사회가 그야말로 성평등하게, 함께 '돌봄'을 부담하는 방향으로 변화될 수 있기를 희망하는 연구로 보인다.

폴브레(2007: 87)는 훌륭한 돌봄로봇을 만들지 않는 한 땀과 눈물을 실리콘으로 완벽하게 대체할 수 없으며, 돌봄로봇이 있다 해도 그 용어 자체가 모순이라고 했다. 인공지능과 로봇이 인간사회에서 점차 가시화되는 과정 속에서 돌봄로봇은 과연 나타날 수 있을까? 인간을 인간답게 하는 세상, 인간과 인간의 관계가 중요하게 평가되는 세상, 이러한 관계와 더불어 인간이 치유되고 살아가는 세상에서 21세기 글로벌 사회가 너무 멀어져온 것이 아니었으면 좋겠다. 돌봄로봇이 등장해도 돌봄노동에 대한 평가가 공정하게 이루어질 수 있는 길을, 아직은 찾고 있는 중이다.

[참고문헌]

강이수. 2009.「가사서비스 노동의 변화의 맥락과 실태」. ≪사회와 역사≫, 82집, 213~247쪽.

기든스, 앤소니. 1995.『현대사회의 성, 사랑, 에로티시즘: 친밀성의 구조변동』. 배은경·황정미 옮김. 새물결.

김경희. 2009.「성별화된 저임금 돌봄노동의 재생산과정 연구」. ≪아시아여성연구≫, 48권 2호, 147~184쪽.

네그리, 안토니오, 질 들뢰즈 외. 2005.『비물질노동과 다중』. 자율평론 기획. 갈무리.

마경희. 2005.「사회권으로서 돌봄의 제도화를 위한 대안적 패러다임의 모색」. ≪여성과 사회≫, 16호, 35~66쪽.

문순영. 2008.「돌봄노동 일자리의 일자리 질에 대한 탐색적 연구」. ≪사회복지정책≫, 33집, 207~237쪽.

문현아. 2008.「신자유주의 시대 노동과 가족의 재구조화」. ≪여/성이론≫, 19호, 59~85쪽.

바우만, 지그문트. 2003.『지구화, 야누스의 두 얼굴』. 김동택 옮김. 한겨레.

장혜경. 2007.『공식영역의 돌봄노동 실태조사』. 한국여성정책연구원.

캘리니코스, 알렉스. 2003.『반자본주의 선언』. 정성진 외 옮김. 책갈피.

파레냐스, 라셀 살라자르. 2009.『세계화의 하인들』. 문현아 옮김. 여이연.

폴브레, 낸시. 2007.『보이지 않는 가슴: 돌봄 경제학』. 윤자영 옮김. 또하나의문화.

Abel, Emily K. 2000. "A Historical Perspective on Care." in Madonna Harrington Meyer(ed.). *Care Work: Gender Labor and the Welfare State*. Routledge.

Barker, Drucilla K. 2005. "Beyond Women and Economics: Rereading "Women's Work"". *Signs: Journal of Women in Culture and Society*, Vol. 30, Issue 4. Summer, pp. 2189~2209.

Cameron, Claire and Peter Moss. 2007. *Care Work in Europe: Current Understanding and Future Directions*. Routledge.

Chang, Grace. 2006. "Disposable Domestics: Immigrant Women Workers in the Global Economy." in Zimmerman, Mary K., Jacquelyn S. Litt and Christine E. Bose(eds.). *Global Dimensions of Gender and Carework*. Stanford University Press.

Coltrane, Scott and Justin Galt. 2000. "The History of Men's caring." in Madonna Harrington Meyer(ed.). *Care Work: Gender Labor and the Welfare State*. Routledge.

Ehrenreich, Barbara and Arlie Russell Hochschild. 2003. *Global Woman: Nannies, Maids and Sex Workers in the New Economy*. Metropolitan Press.

Glenn, Evelyn Nakano. 2006. "From Unequal Freedom: How Race and Gender Shaped American Citizenship and Labor." in Mary Zimmerman, Jacquelyn S. Litt, Christine E. Bose(eds.). *Global Dimensions of Gender and Carework*. Stanford University Press.

Isaksen, Lise Widding, Sambasivan Uma Devi and Arlie Russell Hochschild. 2008. "Global Care Crisis: A Problem of Capital, Care Chain, or Commons?" *American Behavioral Scientist*, Vol. 52, No. 3(November), pp. 405~425.

Lan, Pei-Chia. 2006. *Global Cinderellas: Migrant Domestics and Newly Rich*

Employers in Taiwan. Duke University Press.

Marchand, Marianne and Anne Sisson Runyan. 2002. *Gender and Global Restructuring: Sightings, Sites and Resistance*. Routledge.

Piper, Nicola and Mina Roces. 2003. *Wife or Worker? Asian Women and Migration*. Rowman & Littlefield Pubslishers, Inc.

Sassen, Saskia. 2001. *The Global City: New York, London, Tokyo*. Princeton University Press.

World Bank. 2006. *Global Economic Prospects*. Washington. World Bank.

Yeates, Nicola. 2009. *Globalizing Care Economies and Migrant Workers: Explorations in Global Care Chains*. Palgrave Macmillan.

Young, Brigette. 2001. "Globalization and Gender: A European Perspective." in Rita Mae Kelly(eds.). *Gender and Globalization*. Lonon: Rowman & Littlefiled Publishers, Inc.

Young, Brigette. 2003. "Financial Crises and Social Reproduction: Asia, Argentina and Brazil." in Isabella Bakker and Stephen Gill(eds.). *Power, Production and Social Reproduction*. Palgrave Macmillan.

Zelizer, Viviana A. 2005. *The Purchase of Intimacy*. Princeton University Press (숙명여자대학교 아시아여성연구소 옮김. 2009. 『친밀성의 거래』. 에코리브르).

Zimmerman, Mary K., Jacquelyn S. Litt and Christine E. Bose. 2006. *Global Dimensions of Gender and Carework*. Stanford University Press.

▸▸▸ 김은정

사회적 돌봄서비스 공급체계 현황과 특징

최근 돌봄서비스에 대한 수요는 크게 증가하고 있는 데 반해, 지금까지 그러한 서비스를 제공해주었던 가족원들의 서비스 제공능력과 제공의사는 지속적으로 감소하고 있다. 이로 인해 돌봄서비스를 어떤 방식으로든 가족 외부에서 조달받아야 할 필요성이 커지고 있고, 이러한 필요성은 소득 수준이나 가족 유형과 관계없이 보편적인 인구집단에서 나타난다. 이에 돌봄 중심의 사회적 서비스(social services)에 대한 학문적·정책적 관심도 크게 증가하고 있다.

특히 노인과 장애인, 아동 등 주로 돌봄서비스를 필요로 하는 인구집단은 여러 가지 면에서 취약하기 때문에 서구 복지국가들은 대인돌봄서비스(personal care services)를 공공재원을 투여하여 사회적으로 관리해야 하는 공적 서비스로 규정하고 있다. 유럽연합은 대인돌봄 서비스로 구성되는 사회적 서비스를 '공익의 사회서비스(Social Services of General Interests: SSGI)' 범주에 포함시킨다.

이렇듯 사회적 돌봄서비스는 국가의 직간접적 개입을 필요로 하는 공적인 서비스이며, 이에 대한 수요가 보편적으로 나타나고 있기 때문에 이러한 서비스 수요에 어떻게 효과적으로 대응할 것인가는 복지국가의 중요한 정책적 과제가 되고 있다. 특히 증가하는 돌봄서비스 수요에 적절히 대응하기 위해 돌봄서비스의 공급주체들을 어떻게 다원화하고 이러한 주체들 간 관계를 어떠한 방향으로 형성시킬 것인가가 많은 국가의 주요 정책과제이다(박수지, 2009).

사회복지정책 내의 여타 소득보장정책들과 비교해볼 때, 돌봄서비스를 주된 내용으로 하는 '복지서비스' 정책은 적용 인구의 포괄성이나 예산 비중 등의 측면에서 항상 주변부에 머물러왔다.[1] 그러나 여성 경제활동인구의 증가, 노령화 등으로 인해 돌봄에 대한 사회적 욕구가 크게 증가하고 있을 뿐 아니라 이 분야의 일자리 창출에 대한 정책적 관심이 증가하면서 사회적 서비스에 관한 복지 분야의 관심이 점차 커지고 있다.

최근 들어서는 사회적 돌봄서비스정책의 내용과 형식에 과감한 변화도 발생하고 있다. 공공부조 수급자를 중심으로 선별적인 서비스만 제공하던 기존의 틀에서 벗어나 서비스 대상 인구를 확장하는 시도가 진행되고 있다. 또 서비스 대상자에게 서비스 이용권(voucher)[2]을 제공하거나 서비스 비용 중 일부를 본인이 부담하게 하는 방식도 나타나

1) 사회복지와 관련된 활동은 크게 소득을 지원해주는 영역과 서비스를 제공해주는 영역으로 구분할 수 있다. 소득보장영역은 소득자산조사를 통해 수급권이 있는 사람들에게 최저한의 소득을 보충해주는 공공부조와 보험료 기여를 전제로 노령, 질병, 재해, 실업 등의 사회적 위험에 대응하게 해주는 사회보험 등을 포괄한다. 그러나 공공부조와 사회보험이 소득보장영역을 의미하는 것은 아니며, 공공부조나 사회보험을 이용하여 소득이 아닌 서비스를 보장해줄 수도 있다. 복지서비스 지원은 서비스 대상자들의 기능 회복을 목표로 사람에 의해 직접적으로 제공되는 비물질적인 지원이라는 점에서, 주로 현금 위주의 소득보장지원과 뚜렷한 차이를 보인다.

2) 서비스 이용권이란 서비스 이용자가 일정한 용도 내에서 원하는 재화나 서비스를 선택할 수 있도록 선택권을 제공하는 급여를 의미한다(김태성, 2007).

고 있다. 이 과정에서 현재의 사회적 돌봄서비스 공급체계가 사회서비스 욕구에 부응할 수 있는 체계인지, 그렇지 못하다면 어떤 문제를 갖고 있는지, 문제가 있다면 어떻게 변화해야만 하는지 등도 논의되고 있다.[3)]

이 장에서는 이렇듯 학문적·정책적 중요성이 커지고 있는 사회적 돌봄서비스의 공급현황과 주요 변화방향을 검토하고자 한다.[4)] 사회적 돌봄서비스를 어떻게 정의하는가에 따라서 그러한 서비스의 공급현황과 변화방향에 대한 논의는 상당히 달라질 수 있다. 현재 돌봄서비스에 대한 논의는 증가하고 있으나 돌봄서비스가 무엇을 의미하는가에 대해서는 혼재된 의견들이 존재한다. 따라서 사회적 돌봄서비스의 공급체계에 대한 논의에 앞서, 이 장에서는 이러한 서비스에 대한 나름의 개념적 정의를 우선적으로 시도한다.

이러한 논의를 바탕으로 현재 이루어지고 있는 돌봄서비스의 현황과 그 특징을 개략적으로 살펴볼 것이다. 역사적 시기를 간략히 구분하여 돌봄서비스 공급의 주요 특징만을 간략히 검토할 것이며, 현재의 돌봄서비스 제공현황을 요약하여 제시할 것이다. 나아가 영국, 미국, 스웨덴과 같은 주요 복지선진국을 중심으로 사회적 돌봄서비스정책의 특징과 공급현황, 그리고 변화의 방향도 간략히 고찰한다. 마지막으로 사회적 돌봄서비스 공급과 관련하여 정책설계 시 고려해야 할 중요한 쟁점들을 검토하면서 논의를 마감한다.

---

3) 이 부분과 관련해서는 김종해(2008), 배화숙(2007), 남찬섭(2007) 등의 논의를 참고하라.

4) 이 책은 전반적으로 돌봄서비스를 제공하는 돌봄노동자의 관점에서 다양한 주제들을 다루고 있는데, 이 장에서는 주로 돌봄서비스의 공급주체인 공공부문의 역할이나 공공정책의 방향 등을 논의한다.

사회적 돌봄서비스의 개념

돌봄서비스에 대한 학문적·정책적 관심이 확대되면서 이에 대한 논의 역시 증가하고 있다. 그러나 정확히 돌봄서비스의 범주를 어떻게 규정할 것인가에 대해서는 여전히 합의되지 않은 다양한 의견들이 있다. 이러한 혼돈은 사실상 '돌봄'이라는 용어 자체의 모호성으로 인해 불가피하게 나타난다. '돌봄'의 한계를 어느 선까지로 할 것인가? 일상적이고 직접적인 신체적 접촉을 수반하는 서비스만을 포함시킬 것인가, 아니면 보다 넓은 의미에서 적절한 일상생활의 유지에 필요한 대부분의 서비스를 포함시킬 것인가? 그뿐만 아니라 의료적 서비스나 교육서비스와의 경계는 어떻게 설정할 것인가? 나아가 기존의 복지서비스와 최근 강조되는 돌봄서비스는 어떠한 관계로 규정될 수 있는가? 주로 소득보장을 중심으로 혜택을 제공해왔던 기존의 사회보장제도들과는 어떻게 관계를 설정할 것인가? 이상과 같은 질문들에 대해서 사실상 명확히 답을 내리기는 불가능하며, 관점에 따라 다양한 의견이 존재할 수밖에 없다.

그럼에도 돌봄서비스에 대한 논의를 위해서는 나름대로 사회적 돌봄서비스(social care services)를 정의할 필요가 있다. 이를 위해 우선 개념상 혼재되어 사용되고 있는 사회서비스(social services), 사회복지 서비스(social welfare services)의 정의를 검토할 필요가 있다. 먼저 최근 논의가 증가하고 있는 사회서비스의 개념을 살펴보자. 사회복지학계에서는 사회적 기능이 취약한 개인과 가족을 대상으로 일상생활의 유지와 재활, 자립을 지원하는 대인돌봄 서비스를 사회서비스로 개념정의(강혜규 외, 2007; 김용득, 2008 등)하는 경향이 강하다. 이렇게 대인돌봄 서비스를 사회서비스로 정의하게 되면 사회적 돌봄서비스와 사회서비스 간에는 경계가 거의 없다고 할 수 있다.

한편, 사회서비스이용권 관리법(안)(제2조1호)에서는 사회서비스를 "사회복지사업법 제2조4호에 따른 사회복지 서비스와 보건의료기본법 제3조2호에 따른 보건의료 서비스와 그 밖에 대통령령으로 정하는 서비스"라고 정의한다. 이는 사회서비스를 보건의료를 포함하는 보다 넓은 개념으로 규정하고 있음을 의미한다(보건복지부, 2009). 이에 앞서 2007년 제정된 「사회적기업육성법」(제2조3항)에서는 사회서비스를 더 넓게 규정하고 있다. 이 법에서는 "교육, 보건, 사회복지, 환경 및 문화 분야의 서비스와 그 밖에 이에 준하는 서비스"가 모두 사회서비스에 포함된다고 정의하고 있다. 이 법의 시행령은 보육, 관광 및 운동서비스, 예술, 산림보전 및 관리, 간병 및 가사지원 서비스 등을 모두 포함하는 매우 광범위한 서비스로 규정했다(윤영진 외, 2009). 이렇듯 사회서비스를 매우 넓게 정의하면 사회적 돌봄서비스는 사회서비스의 중요한 영역으로서 사회서비스에 포함되는 하나의 서비스가 된다.

반면, 사회서비스를 좁게 정의하려는 시도도 있다(박수지, 2009). 반드시 개인의 욕구에 개별적으로 대응하는 개별화된 서비스만을 사회서비스로 보아야 한다는 관점이 그것이다. 이렇게 내용적으로 사회서비스를 좁게 정의하게 되면 보육, 교육, 의료 등과 같이 표준화된 틀을 가지고 제공되는 서비스는 사회서비스가 아니며, 장애인이나 노인, 아동 가족 등을 대상으로 개별적으로 제공되는 상담, 돌봄, 재활 등의 서비스만이 사회서비스로 간주될 수 있다. 이렇게 사회서비스를 좁게 정의하는 경우에는 사회적 돌봄서비스가 사회서비스보다 오히려 더 큰 개념이 될 수 있다.

한편, 사회적 돌봄서비스에 대한 개념정의에서 고려해야 하는 또 다른 개념은 사회복지 서비스이다. 「사회보장기본법」 제3조와 「사회복지사업법」 제2조에 따르면 "사회복지 서비스란 국가, 지방자치단체 및 민간부문의 도움이 필요한 모든 국민에게 상담, 재활, 직업의 소개 및 지도, 사회복지시설의 이용 등을 제공하여 정상적인 사회생활이 가능하도록 제도적으로 지원하는 것"이라고 정의되어 있다. 복지서비스는 도움을 필요로 하는 모든 국민에게 제공되는 것을 원칙으로 하지만, 스스로 자신을 돌볼 수 없어서 외부로부터 도움을 필요로 하는 취약집단이 우선적인 대상이 되기 때문에 주로 노인, 아동, 장애인과 그 가족 등이 강조된다. 여기서 상담이나 재활, 직업 소개 등과 같은 서비스는 주로 서비스 대상자와 대면하여 이루어진다. 이러한 활동을 넓은 의미에서 돌봄이라고 본다면 사회복지 서비스의 주요 내용은 대인돌봄을 포괄한다고 볼 수 있다.

이상에서 사회서비스와 사회복지 서비스의 개념을 살펴보았는데, 그 차이를 뚜렷하게 구분하기는 어렵다. 그러나 대체로 사회서비스를 사회복지 서비스를 포함하여 보건의료 서비스나 교육서비스 등을 포괄하는 공적 서비스의 개념으로 더 넓게 정의하는 경향이 강하다. 예를 들어 보건복지부(2009)는 노인, 장애인, 아동보호 서비스와 보육서비스(사회복지 서비스), 간호 및 간병서비스(보건의료 서비스), 방과 후 활동이나 특수교육 서비스(교육서비스), 도서관이나 박물관 운영 등의 서비스(문화예술 서비스), 일반행정, 환경, 안전 등과 같은 공공서비스가 모두 사회서비스에 포함된다고 보고, 특히 이 중에서 사회복지 서비스와 보건의료 서비스를 핵심 분야로 간주하고 있다.[5)]

이렇듯 관련된 유사한 개념들에 대한 정의의 차이는 대개 그러한 서비스의 범위를 넓게 보느냐 좁게 보느냐에 따라서 발생한다. 마찬가지로 사회적 돌봄서비스의 경우도 '돌봄'의 의미를 넓게 볼 것인가 좁게 볼 것인가에 따라 개념이 달라지는 것이다. 상담이나 재활, 치료 등과 같이 도움을 필요로 하는 사람들에게 외부에서 제공하는 서비스를 모두 넓은 의미에서 돌봄활동이라고 규정하는 경우, 돌봄서비스와 사회복지 서비스는 거의 유사한 개념이다. 그러나 돌봄을 주로 신체적인 도움 제공이라고 좁게 규정하면 돌봄서비스는 복지서비스의 한 부분이라고 보는 것이 타당하다.

돌봄이라는 행위를 의료서비스나 교육서비스에까지 넓게 확장시키면 사실상 돌봄서비스와 사회서비스는 동일한 개념이 된다. 실제로 1990년대 말까지 유럽연합의 서비스 부문 취업률 관련 보고서에서는 '돌봄'영역에 의료서비스, 교육서비스, 사회서비스 영역을 포함시켰다. 그러나 교육이나 의료행위와 밀접히 관련은 되지만 그럼에도 돌봄은 이러한 서비스들과 구분되는 행위로 규정하는 경향이 더 우세하다(Cameron and Moss, 2007). 유럽에서 주요 '돌봄노동 영역(care work domain)'을 규정한 바에 따르면, 돌봄노동은 '정규적이고 빈번한 대면적 상호작용을 기반(regular and frequent face-to-face basis)'으로 한다. 이러한 돌봄노동은 크게 다음의 세 가지 영역으로 구분된다(Cameron and Moss, 2007). 첫째, 아동을 대상으로 하는 보육과 방과 후 돌봄 영역(의무교육 전 유아교육 영역도 사실상 여기에 포함된다고 보는 편이 타당), 둘째, 아동과 청소

5) 하지만 OECD 보고서와 같이 국제 비교적 목적으로 공공사회지출을 분류하는 경우, 소득보장 급여가 아닌 서비스 급여의 주요 3개 영역으로 보건서비스, 교육서비스, 그리고 사회서비스를 포함시키는 경향이 있다. 이런 경우 사회서비스는 위의 사회복지 서비스와 거의 동일한 개념으로 정의되는 것이라고 할 수 있다.

년을 대상으로 하는 시설보호 및 위탁보호 서비스, 셋째, 요양을 필요로 하는 노인을 포함하여 장애가 있는 성인에게 제공되는 재가돌봄 및 시설돌봄 서비스이다. 이 중에서 특히 첫째와 셋째 영역이 주를 이룬다고 보았다.[6)]

사회적 돌봄서비스의 범위를 명확히 규정하는 것은 상당히 어려운 작업이며 많은 논란의 여지가 있다. 여기에서는 주로 대면적 상호작용을 전제로 하는 돌봄서비스의 특성, 그리고 이러한 돌봄서비스를 필요로 하는 집단의 특성을 고려하여 사회적인 돌봄서비스를 '공공부문의 직간접 개입을 전제로 하는 서비스로서 대개 노인, 장애인, 아동과 그 가족을 대상으로 제공되는 대인돌봄 서비스'로 간략히 개념정의하고자 한다. 이렇게 사회적 돌봄서비스를 정의하면 주로 사회적 취약계층을 대상으로 대면하여 제공하는 사회복지 서비스나 협의의 사회서비스와 거의 유사한 개념이라고 할 수 있다.

사회적 돌봄서비스 공급체계 현황과 주요 특징

사회적 돌봄서비스의 공급[7)]은 공공부문(중앙정부, 지방정부 및 정부가

---

6) 한편, 유럽의 경우 돌봄서비스를 교육서비스에 포함시키는 경향도 증가하고 있다. 이는 기존에 사회서비스로 분류되던 서비스를 교육서비스로 재분류화하는 경향이 증가하는 것과도 관련되는데, 특히 덴마크의 경우 그러한 경향이 두드러진다(Cameron and Moss, 2007에서 재인용).

7) 서비스 공급과 서비스 생산을 분리하여 재정적 지원이나 정책기획 등의 역할을 담당하는 것을 서비스 공급주체(혹은 서비스 기획자)로, 직접 서비스를 제공해주는 역할을 담당하는 것을 서비스 생산주체(혹은 서비스 제공자)로 분리하여 논의하기도 한다(윤영진 외, 2009; 박수지, 2009).

위임한 공법인 등 포함) 직접제공방식과 민간부문 제공방식으로 대별될 수 있다. 또 민간부문의 경우 민간비영리부문, 민간영리부문, 그리고 가족이나 친척, 자원봉사자 등을 포함하는 비공식부문으로 구분된다. 한국의 경우 공공부문 직접제공은 다른 국가들과 비교해 상당히 미약한 편이다. 대체로 민간부문을 통해 사회적 돌봄서비스가 제공되어왔으며 특히 사회적인 돌봄서비스에 대한 제도화가 미미했던 2000년대 전까지는 비공식부문의 역할이 가장 컸다고 할 수 있다. 공식부문 내에서는 주로 사회복지법인을 중심으로 한 민간비영리부문의 역할이 두드러졌다(김영종, 2003; 강혜규 외, 2007; 이봉주 외, 2008; 김태일, 2009).

한편, 대인돌봄 서비스를 중심으로 하는 사회서비스는 대개 이용자들을 직접 수용하여 서비스를 제공하는 생활시설 서비스(residential services)와 지역사회 내에 거주하면서 서비스를 제공하는 지역사회 서비스(community services)로 구분할 수 있다. 지역사회 서비스의 경우 이용시설을 통한 서비스와 가정방문을 통한 재택서비스로 다시 구분된다. 최근에는 재택서비스가 확대되고 있는 경향이며 이에 대한 관심도 증가하고 있다.

사회적 돌봄서비스 공급의 전개과정과 현황[8)]

1950년대 한국의 사회적 돌봄서비스는 해외 원조단체와 민간의 토착 복지단체가 모자복지와 관련된 사업, 아동복리사업, 부랑아 보호사

8) 이 부분은 강혜규 외(2007), 이봉주 외(2008)의 내용을 참고로 작성했다. 선행연구들에서는 주로 대인돌봄 중심의 사회적 서비스를 사회서비스 혹은 사회복지 서비스로 명명하고 이러한 서비스의 공급과정을 분석했다. 이 글에서는 이러한 논의를 정리하면서 이 영역을 사회적 돌봄서비스라고 명명했다.

업 등을 실행하는 방식으로 제공했다. 이로 인해 사회적 차원의 돌봄서비스는 정부 바깥에서 제공되며, 정부는 이러한 기관에 대한 부분적인 지원만 담당하면 된다는 시각이 자리잡게 되었다. 해외 원조단체의 경우 본국으로부터 재원을 송금받았으며 토착 민간단체도 이러한 외원기관에서 재정지원을 받는 경우가 많았다. 당시 이러한 기관에 대한 한국정부의 지원은 총재정의 5% 미만이었다고 본다.

1960년대 말 외원기관들이 철수하고 1970년대에 「사회복지사업법」이 제정되면서 주로 사단, 재단법인이었던 기존의 토착 단체들이 많은 경우 사회복지법인으로서 법인격을 부여받았다. 그러나 국가의 전적인 재정지원을 받거나 국가의 사무를 전체적으로 위임받는 방식으로 서비스 제공계약 등이 이루어진 것이 아니기 때문에 대개 사회복지법인은 사재를 털어 마련한 사적기관이면서 사회에 도움이 되는 일을 하는 기관으로 인식되는 경향이 고착되었다.

이 과정에서 현재까지도 문제가 되고 있는 미인가 시설이 양산되었다. 이로 인해 지금도 공식적인 부문의 복지서비스 이용자 수, 서비스 제공인력의 수 등에 관한 정확한 집계가 어려운 실정이다. 정부가 미인가 시설을 과감하게 정리하지 못했던 것은 그 당시 이러한 기관들이 다수의 공공부조 수급자를 수용하고 있었기 때문이다. 이러한 기관을 정리하면 국가가 이들을 모두 책임지고 관리해야 할 상황이었던 것이다.

초기의 사회적 돌봄서비스는 거주시설을 중심으로 제공되었는데, 시설서비스의 경우 대개 사회복지법인 등의 민간법인체가 서비스 제공주체이면서 그 재원을 국가가 보조하는 방식이 가장 보편적이었다. 그리고 전체 사회복지시설 중 민간비영리법인이 운영하는 시설이 약 80%, 비영리법인이 아닌 개인운영시설이 전체의 약 20% 정도였으며 개인운영시설 중에는 미인가시설도 상당수였다(이봉주 외, 2008).

반면 시설 거주가 아니라 이용시설을 통한 서비스나 가정방문 서비스 같은 돌봄서비스는 1992년 「사회복지사업법」이 개정되면서 체계적인 전달구조를 갖추게 되었다. 지역사회의 돌봄서비스 욕구에 부분적으로 부응해왔던 사회복지관, 장애인복지관, 노인복지관 등 지역사회 내의 이용시설은 공공부문이 직접 시설을 설치하고 관리운영을 민간에 위탁하는 방식이 많이 활용되고 있다. 예를 들어, 서울시의 경우 비영리부문에 보조금을 지원하는 방식(약 30%)보다 지자체가 시설을 설치하고 관리운영을 민간에 맡기는 경우가 약 60%로 2배가량 높게 나타났다(이봉주 외, 2008에서 재인용).

최근에는 가정방문 서비스를 중심으로 서비스 이용자에게 재정을 직접 제공(주로 바우처를 중심으로)하는 방식 등을 도입했다. 이로 인해 서비스 제공 주체로 민간비영리부문뿐 아니라 영리부문의 참여가 촉진되고 있다. 최근의 자료에 따르면 이러한 바우처 제공사업의 경우 총 제공기관 3,277개 중 영리부문이 725개(약 22%), 민간비영리(사회복지관, 지역자활센터, 대학, 병원 등)부문이 2,404개이다(보건복지부, 2009). 서비스의 내용과 종류도 다양해져 노인돌봄 서비스, 장애인 활동보조 서비스, 산모신생아 도우미서비스, 가사간병 방문서비스, 지역사회개발 서비스 등도 제공되고 있다(보건복지부, 2009).

사회적 돌봄서비스 공급체계의 특징과 변화방향

선진국의 경우 사회적 돌봄서비스를 제공하는 기관 중 지방정부 산하의 공공기관(public agent)이 차지하는 비중이 일정 수 이상인 반면, 한국의 경우 노인, 장애인, 아동과 가족을 대상으로 제공되는 공적 돌봄서비스 제공기관의 대부분이 민간기관(private agent)이다. 이러한 민간기관은 대개 정부로부터 보조금을 받거나 정부와 서비스 구매계약을 한다.

민간기관이 국가로부터 재정지원을 받는 방식 중 국가로부터 보조금을 지급받는 방식과 계약을 통해 서비스 제공을 위탁받는 방식에는 큰 차이가 있다. 민간부문이 시설을 건립하고 직접 운영하며 공공부문이 재정적으로 보조금만 제공하는 방식은 민간부문이 국가와 상호계약을 통해 공공서비스 제공을 위임받았다고 볼 수 없다. 이는 보조금 규모가 아무리 확대된다고 해도 마찬가지이다. 공공서비스를 제공하고 관리하는 모든 업무를 민간부문이 하는 것이 아니기 때문에 정확한 의미에서 민영화(privatisation)는 아닌 것이다(이봉주 외, 2008).

국가가 계약에 근거하여 사회적 돌봄서비스를 민간에 위탁하는 경우도 개별서비스만을 구매하고 위탁하는 방식과 시설의 관리·운영서비스 전반을 구매하여 위탁하는 방식으로 구분할 수 있으며, 후자의 방식이 현재 더 광범위하게 사용되고 있다.[9] 그런데 사회복지시설의 관리, 운영 전반에 대한 위탁은 현재 「사회복지사업법」상 사회복지법인을 포함한 비영리법인에만 제한되고 있다.[10] 개별서비스든 시설 전반의 관리를 포함하든, 서비스 위탁계약방식은 보조금 제공방식에 비해

9) 2005년 조사 결과, 장애인복지관의 약 66%가 지방자치단체 소유인데 56%는 민간위탁으로 운영되고 있다(이봉주 외, 2008에서 재인용). 개별서비스 구매계약을 통한 위탁은 선진국에서 많이 활성화되고 있는 방식인데, 한국의 경우 대표적으로 자활지원센터와의 자활지원 서비스 위탁계약을 꼽을 수 있다. 자활지원센터에 대해서는 임대료, 인건비, 사업비 모두를 지원하는 방식으로 자활지원 서비스 위탁계약을 하고 있으며, 계약 위반 시에는 자활지원센터 지정이 취소된다.

10) 「영유아보육법」과 같이 별도의 법령에 예외규정이 있는 경우 그 법을 따른다(이봉주 외, 2008).

공공부문의 재정지원 책무가 확립되며 민간의 서비스 제공책임도 확고하게 계약으로 명시할 수 있다.

사회적 돌봄서비스에서 비영리부문의 역할이 상대적으로 높았던 독일, 프랑스 등을 제외한 대부분의 복지선진국들은 공공부문의 직접제공방식을 선호하다가 경쟁을 통한 효율성 증진 방안으로써 민영화를 시도했다. 주로 개별사회서비스의 구매계약이나 특정영역 사회서비스의 포괄적 위탁방식 등을 활용했으며, 수탁자 선정과정에서 경쟁에 대한 강조, 수탁계약체결의 공식화 등을 거쳤다.

한국의 경우 공공부문의 직접제공 없이 주로 생활시설에 보조금을 지급해주는 방식으로 사회적 돌봄서비스에 대한 공적 개입이 이루어지다가 서비스 계약을 통한 위탁방식이 1980년대 후반 이후부터 진행되었다고 할 수 있다. 이러한 위탁방식은 1990년대 후반이 되면서 급속히 확산되었으며, 사회복지시설의 평가와 맞물리면서 사회복지 서비스를 둘러싼 정부와 민간부문 간의 관계를 변화시키는 계기가 되었다(양난주, 2009).

그러나 이러한 위탁계약방식은 서비스 제공기관이 서비스 이용자나 지역사회의 욕구보다 재정을 지원하는 공공부문의 욕구에 민감하게 반응하게 되는 '주인-대리인 문제(principal-agent problems)'를 발생시킨다. 그뿐만 아니라 기본적으로 다른 공공서비스(public services)에 비해 대인돌봄 서비스를 주요 내용으로 하는 사회서비스는 계약을 통한 민간위탁방식이 적합하지 않은 측면이 있다. 주된 이유는 사회서비스의 경우 계약을 통해 성과를 정확히 측정하여 관리하는 것이 상당히 어렵기 때문이다. 또한 서비스 계약주체인 공공부문의 전문성이나 책임성의 결여도 문제로 지적되고 있다. 한국은 공공부문이 서비스를 직접 제공한 경험이 거의 없기 때문에 서비스 기획이나 구체적 설계, 행정집행 시 전문성이나 현장적합성이 낮다는 것이다. 또 공공부문 담당자의 보직 변경이 잦은 것도 사회적 돌봄서비스를 장기적으로 관리하기 어렵게 만드는 요인이 되고 있다.

이상과 같은 문제점들을 부분적으로 해결하고 여타의 정책적 목표를 달성하기 위한 시도로써 보건복지부는 2007년부터 서비스 이용자들에게 직접 재정을 지원하는 바우처 방식을 도입했다. 주로 이용시설을 통한 돌봄서비스나 재택돌봄 서비스에 대해 서비스 이용자에게 선택권(바우처)을 제공하기 시작한 것이다. 이러한 바우처 방식은 이용자의 선택권 확대를 통한 서비스의 품질향상뿐 아니라 사회적 돌봄서비스 분야의 일자리 창출을 목표로 실행되고 있다. 즉, 이용자에게 구매력을 제공하여 서비스 공급기관(공급자)을 선택할 수 있게 함으로써 사회적 돌봄서비스를 제공하는 민간부문(비영리, 영리포함)이 확대되도록 유도하는 것이다.

사회적 돌봄서비스 부문에서 서비스 이용자들의 선택권을 확대시키려는 시도는 한국뿐 아니라 미국, 캐나다 등의 북미 국가들과 영국, 스웨덴과 같은 유럽의 여러 국가들에서도 이루어지고 있다. 많은 복지선진국에서는 이용자에게 재정을 직접 제공하여 이들의 선택권을 확대시키는 데에 다음의 두 가지 방식을 활용하고 있다. ① 이용자가 원하는 돌보미를 직접 고용할 수 있도록 하고 원하는 서비스를 돌보미와 함께 설계할 수 있는 융통성을 크게 부여하는 방식으로, 서비스 제공자와 서비스 이용자가 서비스를 함께 생산한다는 것을 강조한다는 점에서 '공동생산자 모델'이라고 명명될 수 있다. ② 공공, 민간 영역에 다수의 서비스 제공기관이나 제공자가 존재할 때 이들 중 하나를 선택하도록 소비자에게 권능을 부여하는 방식으로 '소비자지향적 모델'이라고 볼 수 있을 것이다.

한국의 경우 바우처를 활용하면서 소비자지향적 모델을 선택했으나, 현재의 서비스 공급환경은 이에 적합하지 않기 때문에 2007년 제도 시행 이후 많은 문제점이 나타나고 있다. 이러한 재정지원방식의 변화를 포함하여 아래에서는 주요 국가의 사회적 돌봄서비스 공급체계의 현황과 변화방향 등을 간략히 고찰한다.

주요 선진국의 사회적 돌봄서비스 공급체계

사회적 돌봄서비스의 범주는 대개 노인돌봄, 장애인돌봄, 아동가족 돌봄 등으로 구분될 수 있다. 각 나라별로 차이는 있으나 대개 노인과 장애인에 대한 돌봄 비중이 높고, 노인의 경우 간호와 돌봄이 결합하여 제공되는 경향이다. 또한 대부분의 나라에서 시설을 중심으로 한 사회적 돌봄서비스가 제공되다가 지역사회 중심적 서비스가 강조되었으며 최근에는 가정방문 서비스가 확대되는 추세이다. 아래에서는 영국, 미국, 스웨덴의 사회적 돌봄서비스 특성과 공급체계의 현황을 간략히 고찰한다.

영국

영국의 사회적 돌봄서비스 정책에서는 서비스 이용자의 권한 증진이 강조되고 있다. 이는 1940년대 중반 이후부터 현재까지 사회서비스에 대한 시민의 보편적인 욕구대응체계가 어느 정도 확보되었기 때문에 가능한 것이다. 영국 사회적 돌봄서비스 정책의 가장 중요한 특징은 오랜 역사를 거치며 형성되어온 사회서비스 관리체계이며 강력한 국가 주도적 규제체계이다.

1970년대에 「사회서비스법」이 통과된 이후 지방정부의 사회서비스부(Social Service Department)는 지역 내 사회적 돌봄서비스 전반을 관리해야 할 책임을 갖게 되었다. 또한 최근 아동 관련 서비스가 독립되기 전까지 아동청소년과 가족, 노인, 장애인 등에 대한 사회서비스 욕구사정, 서비스 제공, 서비스 품질관리 등에서 주체적인 역할을 담당했다. 그리고 영국에서는 시장 영역과 공공 영역을 구분하여 국가가 시장 외부 영역에서 제공되는 대인돌봄 서비스만 규율하는 방식이 아니라 서비스 내용상 공공성이 있으면 영리부문도 규제의 대상으로 보고 이를 관리하는 체계를 구축하고 있다.

이렇듯 영국의 사회적 돌봄서비스 정책에서 두드러지게 나타나는 점은 서비스에 대한 품질관리체계가 철저하게 확보되어 있다는 점이다(김은정 외, 2008). 서비스 이용자의 권리확보, 서비스 제공인력의 관리, 서비스 제공기관의 운영정책 확립, 그리고 서비스 전달과정의 절차성 확보 등에서 국가최저품질표준이 설정되어 있으며 이러한 품질관리표준의 충족이 궁극적으로 서비스 이용자들의 삶의 질 향상에 어떻게 관련되는지에 대한 체계적 검열도 이루어지고 있다.

또한 이용자의 선택권 강화와 서비스 품질의 향상을 위해 사회적 돌봄서비스 제공기관의 정보를 적극적으로 공개하고, 지속적인 검열을 통해 서비스 제공기관에 품질등급을 부여하는 방식을 취하고 있다. 그뿐만 아니라 서비스 제공인력 관리를 위한 독자적 기관(General Social Care Council: GSCC),[11)] 정보확산과 관리를 담당하는 기관(Social Care

Institute for Excellence) 등을 운영하여 서비스 품질관리를 행하고 있다(장승옥 외, 2009).

영국의 사회적 돌봄서비스는 아동청소년과 가족을 대상으로 하는 다양한 서비스(임산부와 아동 대상 돌봄서비스, 위탁가정 서비스, 위기가정 상담서비스 등), 노인과 장애인을 대상으로 하는 서비스(주거지원 서비스, 음식배달 서비스, 가사지원 서비스, 활동보조 서비스, 방문상담 서비스 및 기타 관련 서비스) 등을 주로 포함한다. 지방정부의 사회서비스 부서에 고용된 사회복지사가 서비스 대상자의 욕구를 사정(assessment)하고, 재정평가위원회가 서비스 대상자의 소득자산상태를 검토하며, 이를 모두 종합하여 개별 서비스 대상자에 대한 지원계획을 수립하게 된다(강혜규 외, 2007).

영국 한 지방정부의 사회서비스 예산을 분석한 2006년 자료에 따르면 시설보호가 차지하는 비중이 가장 크며, 다음으로 가정방문을 통한 일상생활지원 서비스, 간병서비스, 욕구사정 및 사례관리 서비스, 주간보호 서비스 순이었다. 주거보호비용이나 보장구 제공비용, 직접지불비용 등이 주간보호 서비스의 약 1/10을 차지했다. 서비스 대상별로는 65세 이상 노인 대상 서비스가 전체 예산의 58%를 차지했으며 65세 이하 신체장애인에 대한 서비스가 전체 예산의 9%, 학습장애나 정신건강상 문제가 있는 사람에 대한 서비스가 예산의 약 30% 정도였다.

---

11) 영국의 경우도 대인돌봄 서비스 영역에 종사하는 서비스 제공인력의 다수가 여성이며, 낮은 임금 수준을 포함하여 근로조건이 좋지 않은 편이어서 이직률이 높다는 점이 서비스 품질향상의 가장 큰 걸림돌로 지적된다. 사회서비스 제공인력을 등록, 관리하고 교육하는 총체적 역할을 담당하는 General Social Care Council(www.gscc.org.uk)에서 시행하는 많은 프로그램이 이 분야 종사자의 이직률을 낮추고 일정한 전문성을 확보하는 데 집중되고 있다.

한편, 비공식부문을 제외한 공식부문 사회서비스 공급에서 영국정부가 직접 제공하는 비중은 서비스 영역별로 약 10~30%선이다. 노인과 성인 대상 시설의 약 7%, 아동 대상 시설의 약 33%, 재가돌봄 서비스의 약 30%가 지방정부에 의해 직접 제공되고 있었다. 민간기관 중에서는 비영리부문이 서비스를 직접 제공하는 비중이 영리기관보다 다소 높은 편이지만, 서비스 영역별로 차이가 있다(강혜규 외, 2007).

하지만 이렇듯 공공 사회서비스 공급체계가 오랜 기간에 걸쳐 확립된 영국에서도 가족이나 친척, 친구 등 비공식부문 돌봄의 비중은 여전히 높다. 과거에는 이들의 서비스를 국가서비스로 대체하려고 했지만 최근에는 이러한 서비스를 국가관리 영역으로 포함시켜 사적 수발자에 대해 재정적으로 지원하고 직장에 복귀하는 것을 돕거나 돌봄휴가(respite care), 건강검진 등의 서비스를 지원하려는 경향이다.

또 다른 중요한 정책적 변화 양상은 국가의 사회적 돌봄서비스 공급방식과 재정지원방식의 틀이 변화하고 있다는 것이다. 앞서 언급한 바와 같이 국가의 직접공급이 갖는 비효율성과 관료주의적 성격의 문제를 해결하기 위해 민간부문과의 서비스 위탁계약방식을 통한 민영화를 추구했으나, 이러한 방식이 갖는 문제들로 인해 서비스 이용자들의 사회적 돌봄서비스에 대한 욕구가 충분히 충족되지 못했다. 이에 영국정부는 최근 사회적 돌봄서비스 이용자들에게 직접 재정을 지원해주는 직불제도(Direct Payment Scheme)를 활성화하려고 노력하고 있다.

직불제도는 1996년 「지역사회돌봄법(Community Care Act: Direct Payment)」이 통과되면서 공식적으로 시행되고 있다. 직불제도는 사회적 돌봄서비스 이용자에게 정해진 서비스를 이용하도록 하는 대신, 이용가자 원하는 서비스를 직접 구매할 수 있는 현금을 정해진 계좌에 입금

시켜주는 제도이다. 직불제도를 활용하는 사회적 돌봄서비스 이용자는 직불금을 이용하여 자신을 돌보아줄 돌보미를 직접 고용할 수 있다. 현재 지방정부의 사회적 돌봄서비스 담당자는 서비스 이용자에게 직불제도가 이용 가능한 하나의 대안임을 반드시 알려줄 의무가 있다. 영국의 사회적 돌봄서비스 이용자는 지방정부가 제공하는 서비스를 이용할 수도 있고 민간(영리, 비영리)기관에서 제공하는 서비스를 이용할 수도 있으며, 원하는 경우 직불제도를 활용할 수도 있다[Department of Health (UK), 2008].

이러한 직불방식은 공공 사회서비스 영역에서도 서비스 이용자들이 자신의 독립성과 선택권을 전적으로 실행할 수 있도록 만들어준다는 점에서 이용자의 복지를 증진시킬 수 있는 잠재력을 갖는다. 기존의 공공 사회서비스는 표준화된 틀에 따라 서비스의 내용과 형식이 결정되었기 때문에 일정 수준의 품질 확보는 가능했으나 개별적인 이용자들의 선호를 적극 반영하는 데는 상당히 제한적일 수밖에 없었다. 직불제도나 그 밖에 현재 시범사업 중인 개인총예산제도(Individual Budgets)[12] 등과 같은 제도를 활용하여 영국정부는 서비스 이용자들에게 서비스에 대한 통제권을 강화시켜 주려고 한다.

현재 직불방식은 장애인 대상 돌봄서비스 영역에서 최우선적으로 고려되는 방식이며, 노인들 중에서도 점점 직불방식을 선호하는 비율이 증가하고 있다.[13] 그러나 이러한 방식이 실질적으로 서비스 이용자

---

12) 개인총예산제도는 사회적 돌봄서비스 이용자의 입장에서 본인이 지원받을 수 있는 가용자원의 원천과 그 규모를 포괄적이고 체계적으로 이해할 수 있도록 만들어주고, 활용 가능한 모든 잠재적 자원들을 발굴하여 서비스 이용자의 통제하에 둘 수 있도록 적극적으로 지원해주는 제도이다(김은정, 2009).

에게 도움이 되기 위해서는 포괄적인 지원체계가 확보되어 있어야 한다. 정보제공을 포함하여 다양한 형태의 공적 지원망이 적절히 확보되지 않은 경우에는 확대된 선택권이 오히려 취약계층에 역효과를 줄 수도 있다(Vick et al., 2006). 즉, 바람직한 선택에 도움이 될 수 있는 정보가 충분치 않을 경우 이러한 서비스는 정보에 대한 접근성이나 정보해독력이 낮은 취약계층에 별로 도움이 되지 않는 것이다. 선택권이 있기 때문에 평균적 품질의 서비스보다 더 낮은 서비스를 선택하게 될 가능성도 있다. 따라서 주로 취약계층을 대상으로 제공되는 사회적 돌봄서비스에서 직불방식과 같은 융통적 제도를 도입할 경우는 더 적극적이고 포괄적인 지원체계가 확립되어야 한다. 실제로 영국에서는 이러한 지원망을 확대하려는 의지의 편차가 지방정부별로 크게 나타나고 있다. 이로 인해 거주지역별로 직불제도 등에 대한 접근 가능성에서 차이가 나타나는 "지리적 불공평성" 문제가 정책적 쟁점이 되고 있다(Glasby et al, 2006; Fernandez et al., 2007).

또 다른 쟁점으로는 직불제도와 같은 서비스 이용자 재정지원방식이 가족과 친척을 돌보미로 고용하는 것을 가능하게 하고 있다는 점이다. 이러한 제도화는 최근 가족원 등에 의한 돌봄서비스를 제도적으로 지원하는 정책과도 그 궤를 같이한다. 이에 대해서는 돌봄노동자로서의 지위확보문제나 여성의 경력단절 가능성 증가문제와 같은 정책적 쟁점이 존재한다.

---

13) 영국 스코틀랜드 정부의 자료에 의하면 2008년 현재 직불제도 이용자의 약 50%가 신체적 장애를 가진 사람들이며, 25%는 65세 이상의 노인이었다. 특히 노인의 이용률 증가가 크게 나타나고 있는데, 2001년에는 65세 이상이 약 7%에 지나지 않았다(Scottish Government, 2008).

미국

영국과 달리 미국의 경우는 사회적 돌봄서비스가 지방정부별로 나름의 틀 내에서 제공되고 있으며, 포괄적인 사회적 돌봄서비스와 관련한 연방정부 차원의 정책은 거의 없다. 그뿐만 아니라 1960년대에 크게 늘었던 사회서비스 자금이 1970년대 이후 큰 폭으로 줄어서 현재까지 크게 확대되지 못하고 있다(Gilbert and Terrell, 2005). 특히 1996년의 복지개혁 이후 사회서비스의 설계나 실행에 대해서 연방정부의 개입 가능성을 더욱 줄이고 지방정부의 권한은 대폭 확대될 수 있도록 보조금 지불방식도 크게 전환했다. 특히 사회서비스 전체를 묶어 지방정부가 설계, 실행, 관리할 수 있도록 하는 사회서비스 포괄보조금(Social Service Block Grant)을 확대 실시하여 과거의 상응교부금(matching grant) 방식보다 지방정부의 사회서비스 실행 재량권을 더욱 확대시켰다. 또한 현금이전을 줄여서 사회서비스 지원을 위한 재원으로 전용할 수 있도록 했다(김은정, 2008).

미국의 사회적 돌봄서비스 정책은 서비스 이용자에게 서비스 선택에 대한 재량권을 가능한 한 많이 주어서 필요한 서비스를 시장이나 민간비영리부문을 통해 구매하도록 하는 경향이다. 예를 들어, 아동과 가족원에 대한 돌봄서비스는 주로 간접적 조세정책을 통해 세금공제 등의 방식으로 이루어지며 노인, 장애인 등에 대한 돌봄서비스와 보육서비스의 경우도 바우처 등을 제공하여 서비스 이용자가 선택하도록 하는 방식을 선호한다.

사회적 돌봄서비스 중 학대, 유기 등과 같은 문제에 대한 대응서비스는 공공부문의 직접제공도 이루어지나 그 밖의 서비스는 주로 민간비영리기관과의 위탁계약방식을 활용되거나(경쟁 유도가 쉽지 않은 부문),

이용자에게 바우처를 제공하여 서비스 제공기관 간 경쟁을 유도하는 방식이 활용된다(비교적 다수의 서비스 제공기관이 형성될 수 있는 서비스의 경우). 북미 지역의 공공서비스 중 바우처 방식으로 제공되는 서비스의 현황을 분석한 연구(Daniels and Trebilcock, 2005)에 따르면 바우처 방식이 현재 보육, 교육(중·고등 및 대학교육 포함), 고용지원 서비스, 주거지원 서비스, 법률구제 서비스, 의료서비스 등에 광범위하게 활용되고 있다고 한다.

미국의 경우 사회적 돌봄서비스 영역 중 가장 많은 예산이 배당되고 있는 분야는 아동가족 서비스 분야, 노인 분야, 보건 분야(특히 정신건강 영역)이다(강혜규 외, 2007). 참고로 미국의 사회서비스 포괄보조금은 아동, 장애인, 성인, 노인 등을 대상으로 하는 기본적인 보호 영역(입양서비스, 주간보호, 위탁보호, 시설보호 등), 보건 영역(식사 배달, 단체급식, 의료서비스, 재가돌봄 서비스, 약물중독 치료서비스 등), 가족상담 영역(사례관리, 상담, 가족계획 등), 고용 및 기타 서비스 영역(교육훈련, 고용지원, 법률지원, 주거지원 등)에 사용할 수 있도록 규정되어 있다.

미국의 사회서비스는 각 영역별로 1/4~2/3 정도를 비영리부분이 제공하고 있다. 서비스 영역별로 편차가 큰 편이어서 가족상담 영역의 경우는 서비스 제공기관의 약 80%가 민간비영리기관인 반면, 요양시설은 약 1/4만이 민간비영리기관에서 운영된다. 1990년대 이후부터는 사회서비스 영역에서 영리부문의 증가도 두드러지고 있다. 아동보육서비스의 경우 1970년대에는 영리부문이 약 45%에 머물렀는데 1990년대 말에는 약 62% 정도까지 증가했다. 사실상 미국의 사회서비스 공급체계는 영리부문의 급속한 증대로 인해 비영리부문이 전체적으로 15~25% 정도 잠식당했다(강혜규 외, 2007). 이렇게 민간영리부문이 확장되고 있는 것은 지방정부가 사회서비스를 민간부문에 위탁계약하는 방식보다 바우처나 세금공제 등을 활용하여 서비스 이용자에게 직접 재정을 지원하는 방식을 선호해온 결과라고 할 수 있다.

스웨덴

스웨덴은 사회적 돌봄서비스를 중심으로 복지제도를 확립한 대표적인 복지국가이다. 공공부조나 사회보험 등과 같은 소득보장제도도 잘 확립되어 있지만 대인돌봄 서비스를 포함한 공공서비스의 제도화 수준이 탁월하게 높다.

공공부조는 구조적으로 소득재분배 효과가 크나 포괄인구수가 적고 사회보험은 포괄인구수는 많지만 소득재분배 효과가 상대적으로 제한적임에 비해, 공공서비스의 경우 포괄인구수도 많고 소득재분배 효과도 상당히 크다. 따라서 사회서비스 중심으로 복지를 정착시켜온 스웨덴에서 소득불평등이 낮고 보편적 복지가 실행되고 있는 것은 당연하다고 하겠다.[14] 그뿐만 아니라 앞서 살펴본 영국과 미국의 경우 대개 일정 소득 수준 이하의 사람들에게만 사회서비스 수급권이 주어지는데 비해 스웨덴의 경우 사회적 돌봄서비스 욕구가 있는 사람들에게 보편적으로 수급권이 주어진다는 점에서 더 성숙한 복지제도화 수준을 보여준다.

1980년 「사회서비스법」의 제정 이후 스웨덴 중앙정부는 사회적 시

14) 하지만 일반 공공서비스와는 달리 대인돌봄 서비스의 경우 대체로 이용자 자부담이 소득 수준에 따라 어느 정도씩 있기 때문에 서비스 비용의 부담을 어떠한 방식으로 소득과 연동시키는가에 따라 그 효과가 달리 나타날 수 있다. 스웨덴의 경우 자부담의 비중이 다른 나라에 비해 낮은 편이었으나 최근에는 조금씩 증가하는 추세이다.

민권 실현의 가장 기본적인 전제조건으로 보편적인 사회서비스 제공을 강조했다. 이에 기반을 두고 스웨덴의 공공부문은 사회서비스정책의 책임 주체로서 확고한 지위를 가지고 있다. 반면 지방정부는 사회서비스 행정 전반에 대한 권한을 가지며 지역밀착형 사회서비스를 제공하는 주체가 된다. 스웨덴에서 사회적 시민권 실현을 위한 가장 중요한 사회서비스로는 대인돌봄 서비스, 교육서비스, 의료서비스 등을 들 수 있다. 의료서비스와 교육서비스의 경우 광역자치단체가 중심적인 역할을 하는 반면 노인, 장애인, 아동 등을 대상으로 하는 대인돌봄 서비스의 경우 모두 기초자치단체가 핵심적인 역할을 담당한다(Aronsson, 2007).

교육, 의료 영역을 제외한 직접적 대인돌봄 서비스 영역은 크게 개인과 가족 돌봄서비스와 노인과 장애인을 위한 돌봄과 간호서비스로 구분되어 운영된다. 개인과 가족돌봄 영역은 아동과 청소년, 가족을 대상으로 약물중독이나 정신보건상 다양한 문제들을 상담하고 치료하는 서비스, 필요한 경우 이들을 직접 돌봐주는 서비스 등을 모두 포괄한다. 전체적으로 보면 노인과 장애인 돌봄 영역에 대한 지출비용이 돌봄서비스 비용의 약 80%(전체 노인 중 서비스 이용 노인이 15%를 상회함)를 차지하며 개인과 가족돌봄 영역에 약 20%가 지출된다. 지방비의 약 85%, 국비의 약 10%가 대인돌봄 서비스에 이용되고, 이용자 부담이 약 5% 수준이며 자부담 정도는 서비스 이용자의 소득 수준, 욕구 수준 등에 따라 달라진다. 2000년 초에는 지방정부가 이러한 서비스의 90%를 직접 제공했고, 약 10%만 민간부문과의 구매계약을 통해 제공했다(강혜규 외, 2007).

스웨덴의 돌봄서비스 영역에서 나타나는 가장 큰 변화는 사회적 돌봄서비스를 공공부문이 직접 제공하는 비율이 줄어들고 민간부문이 제공하는 비율이 증가하고 있다는 것이다. 변화의 속도가 빠르지 않고 그 범위도 상대적으로 미미하지만, 변화의 방향을 이해하는 것은 중요하다고 하겠다. 실제로 스웨덴 정부가 재정적으로 지원하는 사회적 돌봄서비스의 총량은 증가하고 있으나 공공부문의 직접제공 비중은 지속적으로 감소하는 추세이다.

예를 들어, 공공재원을 통해 돌봄서비스를 이용하는 노인의 수는 지난 10년 전과 비교하여 증가했다. 그러나 그러한 돌봄서비스를 직접 제공하는 주체는 공공부문에서 민간부문으로 다소간 이동했다. 과거와 비교해서 더 많은 노인이 민간부문을 통해 요양시설서비스나 재가돌봄서비스를 제공받는 것이다. 구체적으로 보면 2000년과 비교하여 2005년에는 민간부문에서 돌봄서비스를 이용하는 노인의 비율이 약 3% 증가했으며, 재가서비스에 비해 시설서비스의 민영화가 더 증가한 것으로 나타난다(Aronsson, 2007에서 재인용). 교육 영역의 바우처도 늘었고, 보육은 1년에 약 1% 정도씩 민간부문 이용률이 증가했다.

스웨덴 사회서비스 공급체계의 또 다른 특징은 민간부문 중 특히 비영리부문의 역할이 미미하다는 것이다. 공공부문이 크게 확장되어 있어서 상대적으로 민간비영리부문이 발달하지 못했다. 이렇듯 민간비영리부문이 크게 발달하지 못하면서 공공서비스를 대체할 중요 대안이 되지 못하고 있으며, 최근의 민간부문 역할 확대는 주로 민간영리부문의 확장에 기인한다(Aronsson, 2007). 무엇보다도 눈여겨보아야 할 현상은 공공부문의 직접제공 서비스가 감소하고 민간부문의 서비스 제공이 증가하면서(특히 민간영리부문의 증가) 소득계층별로 사회서비스 이용방식에 차이가 나타나고 있다는 것이다. 저학력(저소득) 노인들의 경우 공식부문 서비스가 감소하면서 비공식적 부문(가족, 친척)으로부터 도움을 받는 정도가 증가한 반면, 고학력 노인의 경우 민간영리부문을 통해 서비스를 추가 구매하는 경우가 증가했다.

한편, 스웨덴에서도 2000년 이후부터는 대인돌봄 서비스에서 재가서비스의 중요성이 증가하고 있다. 1950년대에 최초로 지방정부의 재가서비스가 제도화된 이후 현재는 중증질병을 가진 노인이 아닐 경우 재가서비스가 추천되고 있다. 노인들의 전 연령대에서 재가서비스가 고루 이용되며, 특히 90세 이전 연령대에서의 재가돌봄서비스 이용비율이 시설서비스를 앞서고 있다. 2003년과 2004년의 1년 사이에 재가서비스 사용 인구가 6% 정도 증가한 데 비해 시설서비스 이용인구는 0.5% 감소했다(Aronsson, 2007에서 재인용).

또한 돌봄서비스 영역에서 가족의 역할이 재발견되고 민간비영리기관의 역할도 재조명되고 있다. 영국과 마찬가지로 가족 내 돌봄서비스 제공자들을 지원하는 공공정책이 크게 확대되었으며 이들을 위해 다양한 지원을 확대하려는 움직임이 나타나고 있다. 사실상 스웨덴에서도 돌봄노동은 여성노동자들의 주된 일자리 영역이다. 과거 가족 내에서 여성이 담당했던 사적 돌봄의 역할을 20세기 이후 지방정부가 담당해왔지만 여전히 돌봄노동은 여성들의 노동으로 인식되어온 것이다. 그리고 공공부문에서 돌봄서비스가 꾸준히 확대되었음에도 여전히 많은 여성이 가족 내 사적 영역에서 돌봄노동의 주된 역할을 수행해왔다. 1980년대 이후 지방정부의 표준적이고 획일적인 돌봄서비스로 인한 문제가 제기되면서 공공 영역과 사적 영역 모두에서 여성이 담당하고 있는 돌봄노동을 정책적으로 어떻게 새롭게 접근할 것인가가 주요 쟁점이 되고 있다(Aronsson, 2007).

사회적 돌봄서비스 공급정책과 관련된 주요 쟁점들

현재 돌봄서비스에 대한 수요가 꾸준히 증가하고 있고 향후에도 지속적으로 증가할 것이기 때문에 사회적 돌봄서비스의 공급을 효과적으로 설계하는 것은 중요하다. 앞서 살펴본 국내외 돌봄서비스 공급현황과 특징들에 비추어볼 때 바람직한 사회적 돌봄서비스를 제공하기 위해서는 돌봄서비스 제공인력에 대한 체계적 관리방안의 구축, 사회적 돌봄서비스 이용자들에 대한 사례관리체계의 구축, 돌봄서비스 정책 전반에 대한 공공부문의 역할정립 및 품질관리체계의 구축 등이 시급히 논의되어야만 한다. 특히 최근 사회적 돌봄서비스에 대한 재정지원 방식이 변화하여 바우처 방식 등이 도입되고 있는데, 이러한 변화와 관련하여 이상의 정책적 쟁점들이 더욱 체계적으로 검토될 필요가 있다.

서비스 제공인력 관리

사회적 돌봄서비스는 서비스를 제공해주는 인력의 자질과 전문성이 서비스 품질의 가장 핵심적인 측면을 구성한다. 따라서 사회적 돌봄서비스가 일정 수준 이상의 품질을 유지하기 위해서는 서비스 이용자와 상호작용을 담당하는 서비스 제공인력에 대한 체계적인 교육, 표준화된 훈련과정이 일차적으로 확보되어야만 한다. 서비스 제공인력의 기본적인 자질과 전문성, 책임성, 신뢰성, 대응성, 의사소통능력 등의 확보는 이들에 대한 자격관리와 지속적인 훈련을 통해 이루어져야 한다.

사회적 돌봄서비스는 내용이나 전문성, 이용 대상 등에서 차별성이 있지만 주로 취약계층에 대한 대인돌봄 서비스를 그 내용으로 한다는 점에서 공통점이 있다. 따라서 이러한 서비스를 제공하는 인력에게 요구되는 자질이나 자격 등에도 공통점이 있기 때문에 통합적 관리기구가 사회적 돌봄서비스 제공인력의 자격관리와 훈련프로그램을 포괄하며 감독하는 것이 효율적일 수 있다. 영국의 경우 사회적 돌봄서비스 제공인력의 전문성 확보 및 그들을 관리하는 기구로 사회서비스 인력관리위원회(GSCC)를 두고 있다. 이 기구는 주로 사회적 돌봄서비스를 제공하는 사회복지사의 실천적 행동강령 등을 수립, 검토함으로써 서비스의 품질유지와 향상을 유도하고, 사회적 돌봄서비스 제공인력에 대한 재교육이나 훈련프로그램을 소개하며, 이를 담당하는 교육기관을 인증함으로써 일정 수준 이상의 인력 관리가 이루어지는 데에 중요한 역할을 하고 있다.

또 다른 사회적 돌봄서비스 제공인력 전문성 향상 기구로 사회서비스 정보개발원(Skills for Care)을 들 수 있는데, 이 기구는 사회적 돌봄서비스 영역에서 서비스 제공자로 일하고자 하는 사람이 필요로 하는 정보들, 예를 들어 자격조건, 교육훈련 프로그램, 경력향상을 위한 프로젝트 등을 제공하고 서비스 제공인력의 자기개발을 유도하는 데 주도적인 역할을 하고 있다(장승옥 외, 2009).

한편, 서비스 이용자의 가족원이나 친척들을 공식적인 서비스 제공자로 인정할 것인가도 중요한 정책적 쟁점이 될 수 있다. 선진국에서는 비공식부문에서 제공되는 돌봄서비스를 공식적으로 지원하는 다양한 정책들을 개발하고 이 부분을 적극적으로 강조하는 경향을 보인다. 그뿐만 아니라 직불제도의 발전과정에서 배우자를 포함한 가족과 친척의 고용을 제도적으로 가능하게 함으로써 (주로) 가족원에 대한 돌봄역할이 더 커질 수 있는 가능성이 증가하고 있다. 영국의 경우 과거 지방정부에 고용되어 있던 돌보미들이 자신의 가정으로 회귀하여 가족원을 돌보며 피고용인이 되는 경향이 증가하고 있는데, 공식부문에 고용된 돌보미의 경우 사회보험 가입을 포함한 피고용인으로서의 지위가 보장되는 데 비해 비공식부문에 고용된 돌보미의 경우 그러한 지위가 보장되지 않는다. 가정 내에서 제공되는 돌봄서비스에 대한 정책적 지원 문제를 어떻게 볼 것인가? 어떤 방식으로 제도화되어야만 하는가?

서비스 이용 대상의 욕구사정 및 사례관리체계 확보

사회적 돌봄서비스는 삶의 기본적인 측면과 관련되는 중요한 서비스로서 국가의 공공재원이 투여되거나 공공규제의 적용을 받게 되는 영역이다. 이는 사회적 돌봄서비스에 대한 필요가 개별 서비스 이용자들에게뿐 아니라 사회적으로도 중요한 의미를 가진다는 것을 뜻한다. 사회적 돌봄서비스의 제공은 한 사회가 그 구성원들에게 일정 수준 이상의 보호를 서비스 차원에서 제공한다는 것을 말하며, 어느 정도의 수준에서 어떠한 방식으로 그러한 보호를 제공할 것인가에 대해서는 꾸준한 정책적 논의와 검토가 필요하다.

대개의 복지선진국들은 국가가 제공해주어야 하는 사회서비스의 종류와 수준에 대해 지속적으로 검토해왔으며, 결과적으로 서비스 이용 대상과 서비스의 내용, 적정 수준에 대해 나름의 체계를 확보하고 있다. 예를 들어, 영국에서는 사회서비스 정책에서 서비스 이용자들에 대한 정확한 욕구판정이 무엇보다도 강조된다. 사회적 돌봄서비스의 욕구는 지방정부의 사회서비스 욕구판정위원회와 그 밖의 관련 전문가들이 중심이 되어 판정된다. 그다음 단계로 이들의 소득과 자산 등에 대한 평가를 통해 국가의 재정지원 정도와 서비스 이용자의 자부담비율이 결정된다. 최근에는 이 과정에서 서비스 이용자들의 잠재적 가용자원과 국가로부터 지원받을 수 있는 총체적인 지원을 통합적으로 고려할 수 있게끔 하는 것이 강조되고 있다(윤영진 외, 2009).

이러한 일련의 과정이 체계적으로 진행되고 나면 서비스 이용자(와 그 가족)의 선호를 적극 반영한 서비스 계획을 수립하여 서비스를 실시하고, 지속적으로 그 과정을 모니터링 하는 사례관리가 이루어진다. 이 과정에서 동일한 내용의 서비스라면 서비스 이용자의 선택권이 적극 반영될 수 있도록 하는 자유재량권이 강조되고 있다. 다시 말해 지방정부가 직접 제공하는 서비스나 민간의 다른 기관이 제공하는 서비스를 이용하거나 직불제도 등의 방식을 통해 스스로 서비스 제공자를 고용하는 등의 선택권을 이용자에게 부여해주는 경향이 증가하고 있다는 것이다. 결국 사회적 돌봄서비스에 대한 선택권 제공은 사회적 돌봄서비스 사례관리과정에서 서비스의 선택 가능성이라는 하나의 형식적 변화를 반영해주는 것이다.

사회적 돌봄서비스를 필요로 하는 잠재적 이용자들(과 그 가족들)에 대한 체계적인 사례관리를 기반으로 이용 가능한 서비스들에 대해 이용자들의 선택권을 확대시키는 것이 중요하다. 서비스 이용자에게 재정지원을 함으로써 이들의 선택권을 확장시키는 것만 강조하고 서비스는 그대로 단편적이거나 분절적으로 제공된다면 그 한계는 뚜렷할 것이다. 따라서 사례관리를 포함하여 서비스 대상자에 대한 체계적인 관리체계를 구축하는 것은 사회적 돌봄서비스에 대한 이용자 만족도 제고를 위한 기본 과제라고 할 수 있다.[15]

---

15) 사회서비스 전달체계의 개선방안인 사례관리체계 구축의 중요성은 사회복지학계에서 꾸준히 제기되어왔다. 이에 대한 논의는 김찬우(2008), 이봉주 외(2008), 이선우(2008) 등을 참고하라.

따라서 더 높은 품질의 서비스를 향유할 수 있도록 하는 것도 서비스 품질관리의 중요한 정책목표이지만 기본 수준 이상의 서비스를 이용할 수 있는 기반을 확보해주는 것이야말로 공공 사회적 돌봄서비스 영역에서 핵심적인 정책과제라고 할 수 있다. 기본적인 품질 수준 이상의 서비스만 제공될 수 있도록 하기 위한 일차적인 조치는 서비스 제공기관에 대한 인증이나 등록기준을 설정하고 이에 부합되는 기관만을 서비스 제공자로 인정하는 것이다. 서비스 제공인력의 전문성이나 관리능력 등에서 적어도 일정 수준 이상을 갖춘 서비스 제공기관만 서비스를 제공할 수 있는 자격을 갖는 원칙이 확보되어야만 한다.

영국의 경우 사회서비스를 제공하는 기관에 대한 등록기준을 법제화(National Care Standards Commission Registration Regulations)하여 관리하고 있으며, 이것은 이용자 재정지원방식으로 제공되는 사회서비스 영역에도 그대로 적용된다. 이 법안에 따르면 사회서비스 제공을 신청하는 기관은 등록을 위해 반드시 정해진 절차를 밟아야만 하며, 기관장과 제공인력의 중요 개인정보(예를 들어 출생증명서, 범죄기록을 포함한 신상명세서, 자격증 등)를 제출해야 한다.

둘째로 사회적 돌봄서비스의 주요 영역별로 최저품질표준을 설정하여 체계적으로 관리할 필요가 있다. 사회서비스가 포괄하는 다양한 형태의 서비스는 주로 대인돌봄 서비스를 내용으로 한다는 점에서 공통적이지만 서비스 이용 대상이나 제공 장소, 그리고 구체적인 서비스의 내용을 살펴보면 상당한 차이가 존재한다. 서비스 대상의 연령이나 장애 유무에 따라, 서비스 제공 장소가 이용자의 가정인 경우와 시설인 경우에 따라, 그리고 서비스의 내용이 의료적인 것인지 단순한 돌봄인지 등에 따라 사회서비스는 다양한 종류로 구성된다. 즉, 사회서비스의 유형별로 어떠한 측면의 품질이 유지되어야 하는지가 달라질 수 있다. 사회적 돌봄서비스의 공공성을 고려하면 앞서 살펴본 바와 같이 서비스를 제공할 수 있는 자격을 갖춘 기관을 인증하는 것에서 더 나아가 그러한 서비스 제공기관이 최저 수준 이상의 서비스를 제공해주는지 지속적으로 관리해야 한다.

영국의 경우 사회서비스의 대상과 제공 장소, 그리고 서비스의 주요 내용 등을 고려하여 다음과 같은 다섯 개의 주요 사회서비스 영역에 국가최저표준(National minimum standards)을 설정하고 표준 준수 여부를 측정할 수 있는 구체적인 지표들을 제시하고 있다.[16] 국가최저표준은 각각의 사회서비스 영역별로 차별적인 내용을 포함한다. 하지만 핵심적으로 공통되는 내용은, 서비스 이용자의 권리를 존중하고 이들을 적극 보호함으로써 이용자 중심적인 서비스가 제공될 수 있도록 하는 것과 서비스 제공인력과 서비스 제공기관이 정해진 원칙을 준수하도록 하는 것이다.

최저품질표준은 초기 설정도 중요하지만 꾸준히 재점검되고 최신화될 필요가 있으며, 이러한 최저품질표준이 유지되고 있는지를 관리할 수 있는 정책적 장치를 확보하는 것이 무엇보다도 중요하다. 이를 위해서는 최소품질표준 준수 여부를 판단할 수 있는 핵심측정지표를 선정하고 점검주기를 결정해야 한다. 그리고 점검결과가 미흡한 경우에 대한 조치, 탁월한 경우에 대한 인센티브의 형태와 양 등을 결정해야 한

16) 노인요양시설(Care Homes for Older People), 성인요양시설[Care Homes for Younger Adults(18~65세)], 성인 대상 위탁서비스(Adult Placement Schemes), 간호서비스 제공기관(Nurses Agencies), 재가돌봄 서비스 제공기관(Domiciliary Care Agencies)이 그것이다(김은정 외, 2008에서 재인용).

다. 특히 이용자 재정지원방식으로 사회서비스가 제공되는 경우, 기관에 대한 직접검열식 품질관리가 현실적으로 어렵기 때문에 자체평가식 품질평가방식을 다각도로 개발할 필요가 있다. 또 인센티브 제공을 통한 품질유지 및 향상 기제를 적극 활용함으로써 서비스 제공기관과 서비스 제공인력이 최저품질 수준 이상을 유지하려는 내부적 동인을 갖도록 하는 것이 가장 중요하다(김은정 외, 2008).

사회적 돌봄서비스 품질에 대한 정보관리체계도 확보되어야 한다. 특히 최근 사회적 돌봄서비스에 대해 바우처 방식 등이 도입되면서 이용자가 자신이 원하는 서비스를 선택할 가능성이 증가했기 때문에 정보의 중요성은 더욱 커지고 있다. 민간시장의 소비자 선택에서도 정보의 양과 질은 핵심적인데, 특히 취약계층이 주로 이용하며 공공재원이 투여되는 사회적 돌봄서비스 영역에서는 적절한 정보의 의미가 더욱 크다고 할 수 있다. 취약계층의 경우 정보에 대한 접근성이나 해독력 등이 매우 열악하기 때문이다. 적절한 양과 질이 확보된 정보가 주어지지 않을 경우 선택권 없이 주어지는 표준화된 서비스를 이용하는 것보다 오히려 더 낮은 질의 서비스를 선택할 수 있다(김은정 외, 2008).

다시 말해, 사회적 돌봄서비스 이용자들에게 주어지는 서비스 선택권이 형식적으로만 머물지 않고 실질적으로 이용자나 그 가족의 복지에 기여하는 것이 되기 위해서는 무엇보다 이들이 활용할 수 있는 정보의 양과 질이 적절해야만 한다. 우선 정보는 다양한 원천으로부터 수집되어야 하며, 특정한 이익이나 목적을 가진 편향된 정보가 이용자의 적절한 선택을 방해하지 않도록 적극 관리되어야 한다. 또한 서비스에 대한 정보들은 서비스 이용자가 이해하고 평가할 수 있는 수준으로 제공되어야 한다. 사회적 돌봄서비스 이용자들 대부분이 연령이나 인지능력 등에서 다른 집단에 비해 취약성이 높기 때문에 쉽게 이해되고 어렵지 않게 접근할 수 있는 방식으로 제공되어야 한다.

이렇듯 서비스 품질의 다양한 측면에 대한 정보를 이용자와 서비스 제공기관으로부터 수집하고 정보의 정확성을 점검하며 필요한 정보를 적극적으로 확산시키기 위해서는 정보관리를 총괄하는 독립조직이 필요하다. 영국의 경우 사회서비스 제공기관을 관리하고 품질을 평가하는 총괄기구로 사회서비스 품질관리원(Care Quality Commission: CQC)을 두고 있는데, 이 기구가 서비스의 품질을 평가하고 그 결과를 적극적으로 공개하는 역할을 맡고 있다. 한편, 사회서비스에 대한 모범사례를 적극 발표하고 이를 확산시키기 위해서 영국 정부는 사회서비스 품질개발원(Social Care Institute for Excellence: SCIE)을 두고 있다. 이 기관은 광범위한 정보를 담은 자료를 출간하고 있는데, 주요 내용으로는 서비스 제공 관련 안내, 기관운영 향상을 위한 실천적 방법, 사회서비스 교육과 훈련을 위한 도구, 사회서비스에 대한 기존 연구나 지식 등이 포함된다(장승옥 외, 2009).

사회적 돌봄서비스의 품질관리와 관련해서 고려해야만 하는 또 다른 중요한 쟁점 중 하나는 서비스 이용자 선별(creaming)을 막을 수 있는 방안을 어떻게 마련할 것인가이다. 사회서비스의 시간당 가격 등을 결정할 때 서비스 이용자의 특성이나 서비스 제공 지역의 특성 등을 면밀히 고려하지 않을 경우 서비스 제공이 상대적으로 용이하지 않은 대상을 서비스 제공자가 기피하는 현상이 발생할 수 있다. 예를 들어, 서비스 제공이 용이하지 않은 오지 지역에 서비스를 제공해야 하는 경우나 제공해야 하는 서비스의 전문성이나 노동강도 등이 높은 경우에는 서비스 제공을 기피할 가능성이 커지는 것이다. 이러한 상황을 고려하지 않고 서비스 가격이 책정되면 사실상 사회서비스에 대한 필요성이 더욱 높은 집단이 사회서비스 이용 대상에서 체계적으로 배제되는 심각한 문제가 발생할 수 있다.

바우처 제도의 설계방식을 분석한 다니엘스와 트레빌코크(2005)에 따르면, 바우처 제도의 설계 시 반드시 고려해야 하는 요소 중 하나는 바우처의 가격을 섬세하게 결정하고 자부담의 비율이나 추가적 서비스의 이용 가능성 등을 명확하게 하는 것이다. 만약 이용자 재정지원방식의 사회서비스 제도화 과정에서 설계상의 결함으로 이용자 선별 현상이 나타난다면 이는 공공재원을 사용하여 제공되는 서비스가 사회적으로 공공재원 투입의 일차적 우선순위를 갖는 대상을 배제하게 된다는 것을 의미하므로 정책적 정당성의 확보가 어렵다. 따라서 이에 대한 적극적이고 체계적인 관리방안이 제시되어야 할 것이다.

이 장에서는 사회적 돌봄서비스를 '서비스 공급'의 관점에서 현황과 특성을 중심으로 간략히 검토해보았다. 논의를 위해 사회적 돌봄서비스를 사회서비스, 사회복지 서비스 등의 개념과 관련지어 개념적 정의를 시도했으며, 이를 바탕으로 한국의 사회적 돌봄서비스 제공의 역사와 특징, 변화방향을 살펴보았다. 또한 우리보다 앞서 사회적 돌봄서비스를 체계화하고 있는 주요 복지선진국들의 돌봄서비스 공급 특성도 요약해보았다. 그리고 사회적 돌봄서비스 공급과 관련하여 중요하게 대두되고 있는 정책적 쟁점들을 서비스 제공인력 관리 측면, 서비스 이용자 사례관리 측면, 서비스 공급의 기획자 및 품질관리자로서 공공부문의 역할 측면을 중심으로 살펴보았다.

최근 사회적 돌봄서비스에 대한 관심이 정책적으로나 학문적으로 모두 증가하면서 관련된 논의들도 많아지고 있으며, 사회적 돌봄서비스 공급의 확대와 더불어 정책실행상의 쟁점들도 불거져 나오고 있다. 특히 최근 크게 확대되고 있는 노인장기요양서비스의 경우 2008년 이후 그것이 실행되는 과정에서 많은 문제점을 노정하고 있다. 도출되고 있는 다양한 쟁점 중에서 사회적 돌봄서비스와 의료적 돌봄서비스 간의 경계가 모호하다는 문제를 생각해볼 필요가 있다. 한국의 경우, 아직은 사회적 돌봄서비스 영역에 대한 예산 비중이 낮고 제공되는 서비스 종류와 양이 많지 않기 때문에 이와 관련한 문제가 크게 나타나지 않고 있으나, 선진국의 경우 의료서비스와 사회서비스 영역(돌봄 영역) 간 경계가 모호하여 서비스 제공에 대한 책임회피 현상이 하나의 문제로 지적되고 있다. 의료서비스의 수가와 사회서비스의 본인부담률이 다른 경우 서비스 이용자들에게 사회적으로 불필요한 낭비를 유도하는 선택을 하게끔 할 수도 있는 것이다.

사회적 돌봄서비스의 공급주체로서 영리부문의 확대가 갖는 문제점도 노인장기요양서비스의 실행과 더불어 크게 주목받고 있다. 돌봄서비스 영역에서 영리부문의 비중이 커지는 것은 돌봄서비스 제공자들과 이용자들의 복지라는 측면에서 어떻게 평가할 수 있는가? 국가가 공공재원의 크기를 감소시키지 않고 그 책임을 다하는 한 직접제공을 줄이고 비영리를 활용하거나 혹은 영리를 확대시키는 것이 공공성 훼손이 아니라고 보는 관점이 있는가 하면, 재원 규모가 그대로 유지된다고 하더라도 서비스 제공 주체가 민간부문으로 전환되면 공공성이 훼손된다고 보는 관점이 있다.

이렇듯 사회적 돌봄서비스의 공급과 관련해서는 여기에서 미처 다루지 못한 많은 정책적 쟁점이 존재할 것이다. 성급히 답을 내려 정책을 실행하기보다는 심도 있고 포괄적인 담론들이 형성될 수 있어야 할 것이다.

[참고문헌]

강혜규·김형용 외. 2007.『사회서비스 공급의 역할분담 모형개발과 정책과제』. 한국보건사회연구원.

김영종. 2003.「한국사회복지에서의 공공과 민간부문의 협력체계」.『한국사회복지학회 춘계 학술대회 자료집』, 163~188쪽.

김용득. 2008.「사회서비스 정책의 동향과 대안: 시장기제와 반시장기제의 통합」. ≪사회복지연구≫, 36호, 5~28쪽.

김은정. 2008.「미국 자활지원정책과 공공부문의 역할변화」. ≪계명대 사회과학논총≫, 26권 2호, 63~89쪽.

_____. 2009.「사회서비스 이용자 재정지원 방식과 정책적 쟁점」. ≪사회과학연구≫, 25권 1호, 119~144쪽.

김은정·최은영·정소연. 2008.「사회서비스 품질접근 동향과 품질표준 설정」.『사회서비스 활성화를 위한 품질 및 성과관리체계 구축방안 II』. 보건복지가족부연구보고서.

김종해. 2008.「사회서비스 시장화, 무엇을 위한 것인가」.『2008 한국사회복지학회 춘계학술대회자료집』, 105~122쪽.

김찬우. 2008.「사회서비스 전달체계: 통합적 서비스 제공을 위한 구상과 전략-노인서비스 전달체계」.『2008 한국사회복지학회 추계공동학술대회 자료집』, 17~63쪽.

김태성. 2007.『사회복지정책입문』. 청목출판사.

김태일. 2009.「사회서비스 증가와 정부 규모 및 역할」.『2009 한국사회서비스학회 추계 세미나 자료집』.

남찬섭. 2008.「한국사회복지 서비스에서 바우처의 의미와 평가: 바우처 사업의 사회적 맥락을 중심으로」. ≪상황과 복지≫, 26호, 7~45쪽.

박수지. 2009. 「복지국가의 사회서비스 제도화 및 재구조화에 대한 고찰: 독일의 사례를 중심으로」. ≪한국사회복지학≫, 61권 3호, 155~177쪽.

배화숙. 2007. 「사회복지 서비스에서 바우처제도 도입의미와 과제」. ≪사회복지정책≫, 31집, 319~342쪽.

보건복지부. 2009. 「사회서비스 정책의 현황과 과제」. 『2009 한국사회서비스학회 추계세미나 자료집』.

양난주. 2009. 「노인돌보미바우처 집행사례연구」. 서울대학교 박사학위논문.

윤영진·장승옥 외. 2009. 『사회복지 서비스 재정지원방식』. 청목출판사.

이봉주·김용득·김문근. 2008. 『사회복지 서비스와 공급체계: 쟁점과 대안』. 도서출판 커뮤니티.

이선우. 2008. 「사회서비스 전달체계: 통합적 서비스 제공을 위한 구상과 전략-장애인서비스 전달체계」. 『2008 한국사회복지학회 추계공동학술대회 자료집』, 64~95쪽.

장승옥·지은구·김은정. 2009. 『지역사회 서비스투자사업지원단 운영보고서』. 보건복지가족부연구보고서.

Cameron, C. and P. Moss. 2007. *Care work in Europe: current understandings and future directions*. Routledge.

Daniels, R. J. and M. J. Trebilcock. 2005. *Rethinking the Welfare State: The prospects for government by voucher*. Routledge.

Department of Health(UK). 2008. "An Introduction to the Personalisation Toolkit." www.toolkit.personalisation.org.uk

Fernandez, J., J. Kendall, V. Davey and M. Knapp. 2007. "Direct Payment in

England: Analytic first cut at the evidence on variation." *Journal of Social Policy*, Vol. 36, No. 1, pp. 97~121.

General Account Office(US). 1997. "Social Service Privatization: Expansion Poses Challenges in Ensuing Accountability for Program Results." GAO/HEHS-98-6.

Gilbert, N. and P. Terrell. 2005. *Dimension of Social Welfare Policy* (6th Edition). Pearson.

Glasby, J., C. Glenndining and R. Littlechild. 2006. "The Future of Direct Payments." in J. Leece, and J. Bornat(eds.) *Development in Direct Payments*. Policy Press, pp. 264~284.

Haberkern, R. M. 2003. "Using Vouchers to Deliver Social Services." Welfare Information Network.

Newman, J., C. Glenndining and M. Hughes. 2008. "Beyond Modernisation? Social Care and the Transformation of Welfare Governance." *Journal of Social Policy*, Vol. 37, No. 4, pp. 531~557.

Scottish Government. 2008. "Self-directed Support(Direct Payments)." Scotland.

Vick, N., R. Tobin, P. Swift, H. Spandler, M. Hill, T. Coldham, C. Towers and H. Waldock. 2006. "An Evaluation of the Impact of the Modernisation of Social Care on the Implementation of Direct Payments."

제2부 돌봄노동의 현실

➡ 의료기관 간병인 노동 · 이상윤

고령화, 만성질환자의 증가, 핵가족화 등의 영향으로 환자 돌봄이 가족보다는 병원의 간병인으로 옮겨가는 경향이 증가하고 있다. 정부는 병원간병서비스의 필요성을 인정하고 이를 제도화하기 위해 시범사업을 실시하고 있지만 정작 간병서비스에 종사하는 노동자는 제대로 된 대우를 받고 있지 못하다. 따라서 이 글에서는 병원 내 간병노동자의 현실을 살펴보고, 노동조건을 향상시키는 대안을 모색한다.

➡ 재가 요양보호사 · 정진주

요양시설이 아닌 집이라는 사적 공간에서 노인환자를 돌보는 재가 요양보호사는 저임금, 불안정한 노동시간과 고용불안, 요양보호사-환자-보호자와의 관계에서 나타나는 감정노동, 모호한 업무경계, 성 관련 위험, 건강문제 등을 안고 있다. 재가 요양보호사는 자신의 일에 대해 돌봄과 봉사라는 중요한 의미를 두고 있음에도 부정적인 사회적 시선과 적절하지 못한 노동조건에 직면하고 있다. 이들의 노동조건을 향상시키는 대안을 알아본다.

➡ 장애인 활동보조노동자 · 정최경희, 김유미

이 글은 2007년부터 본격적으로 시행된 중증장애인 대상 지원사업인 장애인 활동보조 서비스 사업에 참여하고 있는 노동자에 대한 이야기이다. 대다수가 여성인 이들은 불안정한 고용, 저임금, 사회보험 미가입, 불규칙한 업무시간, 적절한 수당 미지급 등이 복합된 노동환경에 놓여 있다. 또한 업무의 특성상 사고와 질병의 위험에 대한 노출 및 업무 경계의 모호함에 직면하고 있다. 따라서 이들의 현실을 구체적으로 살펴보고 업무환경을 개선할 수 있는 방안에 대해 알아본다.

➡ 지자체 가정도우미 · 김인아

집안일, 간병, 재활보조와 생활지원 등 다양한 활동을 하는 가정도우미들은 '희생과 봉사'라는 이름 아래에서 저임금과 열악한 노동조건을 감내하고 있다. 최저임금 수준의 임금을 받고, 밥 먹을 시간도 없이 수혜자들의 집을 돌아다니며, 열악한 노동조건 속에서 일하고 있다. 그럼에도 이들은 이 일이 보람 있기 때문에 노동자로서 최소한의 대우와 권리가 보장되었으면 좋겠다는 바람을 갖고 있다.

➡ 입주가사노동자: 조선족 사례 · 박홍주

1990년대 이후 새로운 돌봄노동자로 등장한 조선족 가사노동자의 노동경험을 통해 가사노동이주의 경로와 돌봄노동의 현실에 대해 밝히고 있다. 가사노동자를 노동자로 간주하지 않는 국내 노동법의 한계로 인해 이주여성들 또한 노동법 제도의 보호를 받지 못한 채 불안정한 고용, 저임금, 그리고 강도 높은 육체노동과 감정노동을 수행하고 있는 현실을 드러낸다.

▸▸▸ 이상윤

의료기관 간병인 노동

최근 고령화, 만성질환자의 증가, 핵가족화 등의 영향으로 병원 내 환자를 가족이 간병하기보다 간병노동자에게 맡기는 경향이 증가하고 있다. 이에 정부는 병원 내 간병서비스[1]의 필요성을 인정하고 이를 제도화하기 위해 2010년 5월부터 관련 시범사업을 실시하고 있다. 그런데 간병서비스에 종사하는 노동자는 '특수고용' 형태여서 노동법적 보호를 받지 못하고 있으며, 그로 인해 열악한 노동조건 속에서 근무하고 있다. 그러므로 제도 마련에 있어서 이 서비스에 종사하는 노동자의 노동조건 향상에 대한 고려가 필수적이다. 이 장에서는 환자 치료과 회복

---

1) 현재 우리나라의 간병노동은 크게 세 가지 영역에서 이루어지고 있다. 하나는 노인장기요양보험의 틀 내에서 이루어지고 있는 '요양보호사'의 돌봄노동이다. 이는 주로 노인 장기요양환자들을 대상으로 하고 있다. 둘째는 병원 내에서 이루어지고 있는 간병노동이다. 이는 상급종합병원, 종합병원, 병원, 요양병원 등에서 다양하게 이루어지고 있다. 셋째는 지역사회 간병이다. 이는 정부의 사회서비스 일자리 바우처 사업, 방문간호 사업 등의 노인장기요양보험 서비스 대상자가 아닌 요양 대상자로서 병원이 아닌 지역사회에 있는 요양자들을 대상으로 이루어지고 있다. 이 글에서는 이 중 특히 병원간병노동의 실태와 문제점, 개선방안에 대해 논한다. 따로 언급이 없더라도 이후 이 글에서 '간병노동'은 병원간병노동을 지칭한다.

에 필수적인 역할을 하고 있음에도 정당한 대우를 받지 못하고 있는 병원 내 간병노동자의 현실을 살펴보고 이에 대한 대안을 모색했다.

병원간병노동에 대한 사회적 논의의 필요성 및 배경

가족구조의 변화와 병원간병노동

한국에서 입원환자를 돌보는 것은 언제나 가족의 몫이었다. 가족 중 특히 여성의 담당했다. 의료체계는 이러한 부양부담을 나누어질 준비가 되어 있지 않았다. 그러나 이제는 가족도, 여성도 이러한 부양부담을 짊어지기 힘들다. 물론 환자를 가족이 꼭 돌봐야 하는가에 대한 인식의 변화도 있겠지만, 핵가족화에 따라 가족 수가 절대적으로 줄어들고 여성의 경제활동이 증가함에 따라 가족 내 돌봄이 더 이상 현실적이지 않게 된 이유가 크다. 결국 과거와 같은 가족 내 부양으로 병원간병의 필요를 해결하기는 어렵다고 보아야 한다. 이러한 일련의 변화는 가족 내에서 여성이 희생과 사랑으로 환자를 간병하던 것에서 계약관계에 의거해 가족간병을 타인에게 맡기는 것으로 환자간병양식의 변화를 촉진하고 있다.

병원서비스 질 향상에 대한 요구 증가와 병원간병노동

노인인구가 증가하면서 사회복지 영역이나 의료 영역뿐 아니라 고용, 금융 등 사회 전반에 걸쳐 '고령화'에 대한 관심이 커지고 있다. 의료 측면에서 보면 노인인구의 급격한 증가는 만성질환 증가의 한 원인으로 작용하고 있기도 하다. 이러한 노인인구의 증가와 만성질환 비중의 증가 경향은 병원 내 간병서비스에 대한 요구와 필요를 증가시키고 있다.

의료서비스의 질에 대한 사회적 요구 역시 병원 내 간병서비스에 대한 필요를 증가시키고 있다. 의료서비스의 질 향상을 위해 현재 한국 의료에 절대적으로 필요한 과제는 의료인력의 확충과 더불어 그들의 서비스 수준을 향상시키는 것이다. 특히 현재 병원의 공식 서비스로 제공되지 않는 환자간병 서비스를 병원의 인력 확충을 통해 제공하는 것은 의료서비스의 질 향상을 위해 필수적이라고 할 수 있다. 실제로 대다수 선진 외국 병원의 경우 실질적으로 병원인력이 간호, 간병과 관련된 모든 서비스를 제공하고 있다.

여성노동의 양극화와 병원간병노동

여성의 경제활동 참가는 점차 확대되고 있다. 하지만 여성의 일자리가 양극화되고 있고, 양질의 일자리보다는 저임금 고위험[2] 일자리가 늘어나고 있다. 특히 50대 이상의 여성들이 취업하는 일자리에 하위 일자리의 증가폭이 두드러지고 있다. 또한 저학력 여성들의 일자리가 주로 하위층에서 증가하고 있다. 이러한 경향은 전반적인 여성노동계층의 빈곤화를 초래하고 확대시킬 위험을 내포하고 있다.

이러한 경향이 극명하게 드러나고 있는 것 중 한 영역이 간병노동 일자리이다. 병원 내 간병을 타인에게 맡겨야 하는 상황이 증가함에 따라 자연스레 병원 내 간병인력에 대한 요구가 증가하게 되었는데, 이 요구

2) 이러한 일자리 대부분이 임금 수준이 낮고 일하는 과정에서 사고를 당하거나 건강에 해를 입을 가능성이 크다.

를 4~50대 저학력 여성노동계층이 저임금 고위험을 감내하며 채우고 있는 현실이다. 불황의 현실 속에서 4~50대가 되어 일자리를 구하는 여성노동계층에게 병원간병노동은 몇 안 되는 선택지이며, 열악한 노동조건을 수용할 수밖에 없는 나쁜 일자리의 출발지 역할을 하고 있다.

특수고용 형태의 증가와 병원간병노동

최근 기업의 초과 착취 수단으로 많이 활용되며 증가하고 있는 고용형태가 이른바 '특수고용' 형태이다. 이것은 전통적 의미의 노동관계에 정확히 부합하지 않지만, 실질적으로 전통적 노동자와 유사한 내용과 방식으로 노동력을 제공하는 고용 형태이다. 이러한 특수고용 형태에 있는 노동자들은 법적으로 노동자가 아니기 때문에 자영인으로서 취급되어 현행법상으로 노동법적 보호를 받을 수 없다.

병원간병노동 역시 이러한 특수고용 형태로 광범위하게 존재하고 있다. 현재 병원간병노동은 대부분 '직업소개소'의 소개 혹은 알선을 거쳐 환자 혹은 보호자와의 1대 1 계약 형태로 제공되고 있다. 사실상 간병노동을 제공하고 관리, 감독해야 할 병원이 빠져 있는 모양새인 것이다. 병원은 간병노동자를 직접 고용하지 않고 소개업소를 통해 간병노동자의 노동력을 사용하고 있다. 그런데 노동력을 공급하는 소개업소는 간병노동자의 근로조건을 결정하는 데에 실질적인 권한이 없다. 실제 간병인력을 사용하는 병원이 근로조건 등 노동관계상의 모든 내용에 실질적인 영향력 또는 지배력을 가지지만 형식적으로 고용주가 아니라는 이유로 노동법상 사용자로서의 책임을 회피하고 있다. 그리하여 간병노동자는 현재 최저임금에도 미치지 못하는 저임금과 장시간 노동, 산업재해, 휴게공간의 부재 등 열악한 근로조건에 처해 있으며,

그 원인은 병원이 간병노동자의 노동력을 통해 병원의 필수적인 의료 서비스를 제공하면서도 노동법상 사용자로서의 책임을 지지 않기 때문이다.

병원간병노동 현황

위와 같은 조건 속에서도 현실적으로 병원간병노동에 종사하는 인력은 늘어가고 있다. 이는 이러한 노동에 대한 사회적 필요가 존재하기 때문이다. 하지만 아직까지 노동조건을 보호하고 노동의 질을 높이기 위한 사회적 논의는 부족한 형편이다. 그에 따라 많은 수의 병원간병노동자들이 「근로기준법」 이하의 노동조건 속에서 일하고 있으며, 서비스의 질에 대한 관리 역시 부족한 현실이다.

병원간병인력 현황

간병인력은 「노인복지법」, 「국민기초생활보장법」, 「산재보험법」, 「대한적십자사법」 등에 따라 양성되는 간병인력과 이와 유사한 업무를 하며 교육을 받은 간병노동자, 케어복지사 등 민간자격제도로 양성되는 인력으로 다원화되어 있다. 보건사회연구원의 2006년도 조사에 의하면 간병노동자 교육기관의 교육생 배출 인원은 전국적으로 약 24만 7,236명에 이른다고 한다.

하지만 이러한 간병인력의 대부분이 2008년 7월부터 공식적으로 시작된 서비스인 노인장기요양보험 서비스를 제공하는 「노인복지법」상의 '요양보호사'로 수렴되어가고 있다. 이는 요양보호사가 사회복지 영

〈표 1〉 병원 종별 유료 활동 간병노동자 수 추정(2005년)

(단위: 개소, 명)

구분	표본 병원 수	전체 병원 수	1일 1개소 활동 간병노동자 수			전체 1일 평균 활동 간병노동자 수
			평균(표준편차)	최소	최대	
상급종합병원	13	42	78(65.4)	6	190	3,276
종합병원	29	249	31(24.1)	1	100	7,719
요양병원	17	203	32(30.3)	1	90	6,496
병원	11	955	14(10.8)	1	40	13,370
계	70	1,449	-	-	-	30,861

주: 집단 간 활동 간병노동자 수 평균값이 유의한 차이가 큰 병원종별 변수 적용
자료: 황나미 등(2006).

역의 간병노동을 최초로 공식화하고 체계화했기 때문이다. 이에 일하는 장소에 상관없이 거의 모든 간병노동자들이 요양보호사 자격을 획득했거나 획득하려고 노력하고 있다. 이러한 여파로 2010년 4월 말 현재 요양보호사의 수는 21만 명을 넘어섰다.[3]

제도화된 요양보호사의 수와 별개로, 현재 활동하고 있는 병원간병 인력에 대한 전국 규모의 공식적이고 체계적인 집계는 없다. 병원간병 인력은 상급종합병원, 종합병원, 병원, 요양병원 등에서 근무하고 있는데 대부분이 요양보호사 자격을 가지고 있지만 아닌 이들도 병원간병 노동에 종사하고 있다. 보건사회연구원의 2006년 연구보고서에 의하면 2005년 12월 말 기준으로 병원급 이상 병원 1,449개소를 통해 파악한 1일 활동 간병노동자 수는 총 3만 명으로 추정되었다.

3) "노인장기요양보험제도 시행 2년, 『국민의 삶』 좋아졌다", 보건복지부 보도자료(2010.6.29).

〈표 2〉 병원급 이상 병원의 가동병상 규모에 따른 총 간병인력 수요 추계

(단위: 개소, 명)

병상 구분	기관당 평균 간병노동자 수요	전체 기관 수(Num) *	전체 간병노동자 수요 (Caregivers)
30~99병상	57	749	42,693
100~299병상	119	575	68,425
300~499병상	313	107	33,491
500~699병상	297	65	19,305
700병상 이상	429	56	24,024
전체		1,552	187,938

* 2005년 4/4분기 요양급여를 신청한 병원급 이상 기관 수 적용(정신·결핵·한센병원 등 특수병원 포함)

자료: 황나미 등(2006).

하지만 2006년 이후 병원간병에 대한 수요가 지속적으로 증가했음을 고려하면 현재 병원간병에 종사하는 간병인력은 큰 폭으로 늘어났을 것으로 예상된다. 2006년 보건사회연구원에서 조사한 자료에 의하면 병원급 이상 병원의 간병인력 수요는 18만 7,938명으로 추계되었다. 2005년 당시 병원에서 일하고 있는 간병노동자의 수(약 3만 명)와 필요하다고 추계된 간병노동자 수(약 18만 명)의 차이는 '미충족 간병 필요량'(약 15만 명)으로 볼 수 있다. 이는 의학적으로 보았을 때 간병이 필요함에도 비용 부담 등 다양한 이유로 환자의 보호자가 간병 책임을 떠맡고 있는 상황이 반영된 것이다. 그러므로 적절한 조건이 갖추어질 경우 병원간병에 종사하는 노동자 수는 더욱 늘어날 가능성이 많다.

병원간병노동자의 고용 형태

병원간병노동자의 고용 형태는 직접고용, 간접고용, 특수고용[4] 형태로 구분된다. 그러나 요양병원이나 일부 급성기병원[5]에서 이루어지

〈표 3〉 요양병원간병노동자의 고용 형태

(단위: 명, %)

구분	수	비율
정규직	28	21.5
계약직(임시직)	20	15.4
용역, 파견직	35	26.9
소개업체에 의한 알선직	44	33.9
기타	3	2.3

자료: 임준 등(2007).

고 있는 공동간병[6]의 경우 형식적으로는 간병소개소를 통해 알선이 이루어진 것처럼 보이지만, 실제로는 병원이 직접 환자에게 간병료를 받아 소개업체로 넘겨서 임금을 지급하고 있는 점, 간병노동자에 대한 인력배치와 관리를 실질적으로 병원이 하고 있는 점 등으로 보았을 때 병원이 간병노동자에 대한 실제 사용자 지위를 갖고 있다고 할 수 있다.

병원 중 간병인력을 직접 고용하여 간병서비스를 제공하는 곳은 극

4) 직접고용은 병원이 간병노동자를 직접 고용하여 서비스를 제공하는 형태이다. 이 경우 병원이 간병노동자의 사용자 겸 고용자가 된다. 간접고용과 특수고용은 둘 다 병원이 간병노동자를 고용하지 않고 제3자를 통해 간병노동자를 공급받는다는 점에서는 비슷하지만, 간접고용은 파견업체 등이 간병노동자와 고용계약을 맺고 병원에 간병노동자를 파견하여 병원의 지도, 감독하에 간병이 이루어지도록 하는 것이다. 이 경우 병원은 사용자(사용사업자)가 되고, 파견업체는 고용자(파견사업자)가 되며 「파견근로자보호 등에 관한 법률」의 규제를 받는다. 특수고용은 유·무료 소개업체가 간병노동자와 환자 혹은 보호자를 연결하여 1대 1 계약이 이루어지도록 알선한다는 점에서 차이가 있다. 이 경우 병원은 사용자도 고용자도 아니며, 환자 혹은 보호자와 간병노동자 간의 민법상 계약관계만 법적으로 유효하다. 그러나 병원간병노동의 경우 법적 지위와는 별개로 현실에서는 간접고용과 특수고용의 차이가 거의 없다.

5) 급성기병원은 입원 후 2주 내에 이루어지는 수술, 처치, 후유증 관리 등을 전담하는 병원으로, 상대적인 개념이다.

6) 공동간병은 환자 1인을 간병노동자 1인이 간병하는 형태가 아니라, 간병노동자 1인이 여러 명의 환자를 간병하는 형태이다.

히 일부이다. 이러한 병원은 대부분 요양병원인데, 병원의 특성상 서비스의 대부분이 간병인력에 의해 제공되므로 이들을 직접 고용하여 병원의 관리, 감독하에 공동간병서비스를 제공하는 것이다.

이러한 일부의 예를 제외하고 병원에서 가장 많은 수를 차지하는 고용 형태는 환자가 간병소개소를 통해 간병인력을 공급받고 간병료도 직접 주는 형태이다. 이러한 방식으로 서비스의 공급과 노동이 이루어질 경우 간병노동자는 특수고용 노동자로 취급되어 「근로기준법」상 노동자로 인정받지 못한다.

하지만 최근 들어 병원간병노동자의 수요가 증가하면서 소개소를 통한 간병인력 고용이 점차 파견업체를 통한 간접고용 형태로 바뀌어 가고 있다. 이는 교육받은 간병인력을 안정적으로 공급받으려는 병원의 필요와, 보다 체계화된 형태로 간병인력을 파견하려는 간병인력 공급업체의 요구가 맞아떨어졌기 때문이다. 하지만 이러한 형태의 파견노동은 향후 '불법 파견'의 논쟁에 휘말릴 소지가 있다[7].

간병인력 공급업체의 현황

병원간병인력은 병원에서 직접 고용한 경우를 빼고 간병 소개소나 파견업체 등 인력공급업체를 통해 공급되고 있다. 2009년 말을 기준으로 유·무료 직업소개소의 수는 6,649개소에 달한다. 이 중 965개가 무료 소개소이고 5,684개가 유료 소개소이다.[8] 유료 소개소와 무료 소개

7) 이 경우 파견업체와 병원이 「파견근로자보호등에관한법률」의 요건을 충족해야 하므로 현실에서 파견법 위반 문제가 제기될 수 있다.

8) "노동부, 불법 직업소개, 허위 구인광고 엄단", 노동부 보도자료(2010.3.23).

소의 두드러진 차이는 간병노동자에 대한 행태에서 나타난다. 무료 소개소는 주로 비영리법인이나 비영리단체에서 운영하는 공동체적 성격을 지니는 반면, 유료 소개소는 영리업체로서 간병노동자의 알선을 둘러싸고 소개료 및 회비 과다 징수 등의 중간착취나 비인격적 대우 등 불법적이고 부당한 문제를 발생시키고 있다.

병원의 간병서비스는 입원환자에게 필수적으로 제공되어야 하는 보건의료 서비스이다. 그러나 대다수의 간병서비스가 병원이 직접 책임지지 않고 알선업자에 의해 제공되면서 서비스의 질과 노동자의 권리 보호 측면에서 심각한 문제가 발생하고 있다. 특히 간병 일자리를 소개하면서 소개료와 교육비 등을 받아 영리를 취하는 유료 소개소가 전국적으로 성행하면서 더욱 심각한 상황이 발생하고 있다. 유료 소개소는 영리추구가 목적이다 보니 실제 간병교육이 부재하고 간병서비스의 질 관리도 방치되고 있다 해도 과언이 아니다. 또한 간병 일자리 소개에 대한 과다 소개료, 교육비 및 의복비 징수 등 각종 불법행위가 성행하고 있다. 그 결과 법정최저임금에도 훨씬 못 미치는 저임금 상태인 간병노동자에 대한 중간착취문제가 대두되고 있다.

반면 무료 소개소는 「직업안정법」상 '비영리법인 또는 비영리단체'에 한해서 등록이 가능하다. 주로 자활후견기관 또는 실업극복운동본부 등 정부지원 비영리단체가 많으며 그 외 시민단체(YWCA 등)나 노동조합법인 등에서 운영하는 무료 소개소도 있다. 무료 소개소의 경우 교육센터를 설치하여 정례적인 간병교육을 함으로써 간병서비스의 질 향상을 위해 노력하는 한편, 자체 월례회의 등을 통해 자율적으로 운영하는 경우가 많다.

간병노동자의 특성 및 노동조건

고용 형태의 차이를 불문하고 간병노동자들은 저임금, 장시간 노동 등 열악한 노동조건에 처해 있다. 간병노동자의 근무 형태는 12시간 2교대 근무나 24시간 연속 근무 등 장시간 노동이 많고, 공동간병의 경우 간병노동자 1인이 담당하는 환자 수가 많다. 하지만 병원간병노동자의 노동조건에 대한 실태조사가 광범위하게 이루어진 자료는 거의 없다. 이에 임준 등(2007)이 요양병원에서 근무하는 간병노동자 131명을 대상으로 조사한 자료와, 희망터(2010)가 급성기병원에서 근무하는 간병노동자 202명을 대상으로 조사한 내부 자료를 중심으로 병원간병노동의 실태를 정리했다.

병원간병노동자의 인적 특성

병원간병에 종사하는 노동자는 거의 대부분 여성이고 기혼이며 50대가 대부분이다. 그리고 가정의 생계를 본인 혼자 책임지고 있는 여성이 상당히 많다. 다시 말해 50대 기혼여성으로서 가족의 생계를 책임져야 하는 저소득층 여성이 병원간병 일자리에 종사하고 있는 것이다.

> 1994년부터 간병 일을 시작했으니까 15년 정도 됐습니다. 저는 가정형편이 아주 어려웠습니다. 아이들 학교 가는 데 버스 토큰도 줄 수 없을 정도였습니다. 너무 밑바닥에 놓여서 어떻게 살아갈까 하다가 남편은 용기를 못 내고 제가 용기를 내서 간병 일을 시작했어요.[9)]

---

9) "돌봄노동자 - 돌보다 병나는 노동자", ≪경향신문≫, 2009년 5월 6일자, http://news.khan.co.kr/kh_news/khan_art_view.html?artid=200905061820425&code=210000

〈표 4〉 급성기병원 간병노동자의 인적 구성

(단위: 명, %)

구분		응답자 수	비율
성별	여성	199	99.0
	남성	2	1.0
	전체	201	100.0
연령	40대	23	11.4
	50대	143	70.8
	60대 이상	36	17.8
	전체	202	100.0
결혼 여부	미혼	4	2.1
	기혼	186	97.9
	전체	190	100.0
생계 책임자	본인	87	43.1
	본인 이외 가족	42	20.8
	본인과 본인 이외의 가족 반반씩	69	34.2
	기타	4	2.0
	전체	202	100.0

자료: 희망터(2010).

장시간 노동과 높은 노동강도

간병노동자들은 대부분 일요일 오후 2시에 들어와서 근무를 시작하면 다음 주 토요일 오후 2시에 근무를 마치게 되는데, 일주일에 6일을 24시간씩 일하므로 144시간 동안 근무하는 꼴이 된다. 간병노동자들은 6일 근무 후 1일을 쉬지만 그마저도 집에 돌아가면 그간 밀린 가사를 처리하고 앞으로의 6일 동안 필요한 것들을 준비하고 나와야 하는 경우가 많아서 매우 심각한 장시간 노동에 시달리는 형편이다. 요양병원의 경우 교대 근무가 이루어진다고 하지만 그래도 하루 평균 13시간 정

〈표 5〉 급성기병원 간병노동자의 월간 근무 일수

(단위: 일, %)

구분	응답자 수	비율
10일 이상~15일 미만	34	16.9
15일 이상~20일 미만	51	25.4
20일 이상~25일 미만	73	36.3
25일 이상	43	21.4
전체	201	100.0

자료: 희망터(2010).

도의 노동을 하고 있다. 이렇게 장시간 노동을 하는 이유는 저임금 구조와도 관련되어 있다. 상대적인 저임금 구조 속에서 일정한 소득을 확보하기 위해서는 장시간 노동을 할 수밖에 없기 때문이다.

> 장시간 노동이다 보니 엄청 힘들어요. 일주일 내내 일을 하다가 토요일 오후에 집에 갔다가 일요일 오후에 돌아옵니다. 일주일에 148시간을 일하는 셈이죠. 그러다보면 '나'라는 존재를 나도 모르게 잊어가요. 나도 잊고 가족도 잊어버리게 됩니다.[10)]

특히 요양병원 등에서 공동간병에 종사하는 간병노동자의 경우, 연속적으로 환자간병에 몰두해야 하므로 그 노동강도가 매우 세다. A 환자의 기저귀 갈기 - B 환자의 자세 변경 - C 환자의 가래 뽑기 등 간병 업무가 끊이지 않고 연속되는 것이다. 공동간병에 종사하는 대부분의 간병노동자가 이러한 환경에 처해 있으며, 특히 식사시간에는 식사 보

10) "돌봄노동자 - 돌보다 병나는 노동자", ≪경향신문≫, 2009년 5월 6일자.

〈표 6〉 요양병원 간병노동자의 근무 형태별 분포

(단위: 명, %)

구분	응답자 수	비율
8시간 3교대	3	2.5
12시간 맞교대	44	36.4
24시간 맞교대	74	61.2

자료: 임준 등(2007).

〈표 7〉 요양병원 간병노동자의 근무 형태별 노동 일수 및 휴일

(단위: 일)

구분	1주일 평균 노동 일수(일)	1달 평균 휴일(일)
8시간 3교대	5.7	5.0
12시간 맞교대	6.0	4.7
24시간 맞교대	3.7	13.3

자료: 임준 등(2007).

〈표 8〉 요양병원 간병노동자의 근무 형태별 노동 일수 및 휴일

(단위: 일)

구분	직접고용	간접고용
8시간 3교대	0	3(4.0%)
12시간 맞교대	25(55.6%)	18(24.0%)
24시간 맞교대	20(44.4%)	54(72.0%)

자료: 임준 등(2007).

조나 음식 투입이라는 동일한 업무를 환자들이 요구하는 시간대 내에 해내야 하므로 더욱 힘들다.

요양병원의 경우 근무 형태는 24시간 맞교대인 경우가 가장 많다. 고용형태가 직접고용인 경우에는 12시간 맞교대가 약간 더 많고, 간접고용인 경우에는 24시간 맞교대인 경우가 훨씬 더 많다.[11]

〈표 9〉 요양병원 간병노동자의 고용 형태별·근무 형태별 평균 담당 환자 수 및 임금

(단위: 명, 원)

구분	담당 환자 수	월 임금	시간당 임금
고용 형태별			
직접고용(정규직, 계약직)	9.8	1,009,000	2,980
간접고용(용역, 파견, 알선)	7.4	1,034,000	2,848
근무 형태별			
8시간 3교대	11.3	1,033,000	5,327
12시간 맞교대	9.5	1,019,000	3,238
24시간 맞교대	7.5	1,017,000	2,609

자료: 임준 등(2007).

〈표 10〉 요양형태별 간호인력 수

(단위: 개소, 명)

구분*	구분	표본 병원 수	입원 환자 수	간병 노동자 수	간병노동자 1인 평균 환자 수	간호사 수	간호조무사 수
간병노동자 대비 환자 수 (최소)	노인전문 요양병원	6	350	130	5.4	72	6
	요양병원	20	360	130	5.5	57	8
간병노동자 대비 환자 수 (최대)	노인전문 요양병원	6	230	27	17.0	15	11
	요양병원	20	196	16	24.5	12	0

* 입원환자 수를 간병노동자 수로 나눈 후 1일 24시간 격일근무 형태로 계산한 것임.
자료: 임준 등(2007).

1인당 담당하는 환자 수는 직접고용인 경우가 간접고용인 경우보다 많다. 근무 형태별로는 8시간 3교대인 경우가 가장 많다.

11) 병원이 직접 고용한 경우는 8시간 교대근무가 없었다. 8시간 3교대라고 응답한 이들은 정부에서 시행하고 있는 '보호자 없는 병원' 시범사업에 참여하고 있는 간병노동자이다.

요양병원의 경우 병원에 따라 간병노동자 1인당 담당 환자 수의 차이가 상당히 크다. 간병노동자의 수가 적은 병원은 환자 대비 간호사나 간호조무사의 수도 적다. 이 경우 간호사의 일도 간병노동자가 떠맡아야 하는 상황이 빈번해져 간병노동자의 노동조건이 더욱 안 좋다.

연속적이고 고된 노동을 해야 하므로 간병노동자들은 휴식 시간은 물론 식사시간, 화장실 다녀올 시간조차 쪼개가며 일하고 있다. 이러한 긴장 상태는 24시간 동안 연속되며, 24시간 내내 노동해야 하는 실정이므로 수면시간도 모자란다. 병원에 따라 3~4시간의 수면을 허용하는 곳도 있지만 환자의 침대 옆 바닥에 좁은 매트 하나만 깔고 새우잠을 자야 하는 형편이다.

〈어느 요양병원의 조선족 간병노동자 사례〉

수도권 내에 있는 어느 한 요양병원에서 유난히 많은 환자를 혼자서 돌보고 있는 연변 중국동포 간병노동자를 조사했다. 이 간병노동자가 돌보는 환자는, 의식은 있으나 혼자서는 움직임이 불가능한 환자 6명과 일상 활동이 가능한 환자 2명을 한 달에 2일 휴일을 제외하고 24시간씩 매일 돌보고 있었다. 예전에 한국 사람이 돌볼 때는 간병노동자 2명이 8명을 돌보았으나 4개월 전부터 자신으로 바뀌면서부터 혼자하게 되었다고 한다. 잠을 거의 자지 못해 안질환이 생겨 팀장에게 혼자하기 힘들다고 이야기하자 불평을 하려면 말하지 말고 나오지 말라고 했다고 한다. 중국동포는 힘들게 일하는 한국 간병노동자보다 더 열악한 상황에서 일하고 있다. 한국 사람은 4~5인의 환자를 돌보고 있지만 중국동포는 7~8명의 환자를 돌볼 뿐 아니라, 한국 사람은 격일제로 일하고 교포는 매일 일하면서 한 달에 2일간만 쉴 뿐이다. 3일 후에 있을 딸 결혼식 준비를 위해 일주일 쉬겠다고 했으나

한 달에 2일밖에 쉴 수가 없다며 허락을 해주지 않았다고 한다. 이 간병노동자는 업체를 통해 알선소개 형태로 일하고 있는 간병노동자이었다. 옆의 동료인 중국동포들이 자신들의 휴가를 반납하여 쉬게 되었다며 조사원들과 함께 병원을 나오게 되었다. 잠이 부족하여 앉은 상태에서 졸아도 "너는 자면서 돈 받느냐"라는 모욕적인 발언을 듣고, 오후 9시 이후에야 잠깐 누울 수 있는데 누울 수 있는 공간이라고는 맨바닥에 깔아놓은 작은 매트리스 하나뿐이라고 한다.(임준 등, 2007)

최저임금에 못 미치는 저임금

간병료는 보통 1일 12시간 간병이 3만 5000원, 24시간 간병이 5만 원, 중환자 간병이 6만 원 정도로 책정되어 있다. 이는 식대, 교통비가 모두 포함된 액수로 시급 2,080~2,917원에 해당하는 임금인데, 1일 8시간으로 환산하면 1만 6,666원 정도로 법정 최저임금에 못 미치는 수준이다.[12] 또한 환자나 가족으로부터 간병료를 받기 때문에 임금인상 자체에 한계가 있다. 환자 간병을 한 달 내내 할 수도 없어서 한 달 임금으로 환산하면 월 100만 원 미만의 소득을 올리는 이들이 많다.

24시간 단위로 6만 원씩 받습니다. 그나마 오른 것이지만 임금이 열악하기 때문에 밥을 제대로 사 먹을 수가 없어요. 하루 세 끼 밥을 먹고 나면 토요일에 집에 가져갈 돈이 적어지니까 집에서 밥을 냉동으로 한 끼씩 얼려서 가져갑니다. 그걸 풀어서 김치만 가져오고 해서 간단히 먹어요.[13]

12) 2010년의 최저임금은 시급 4,110원, 일급 3만 2,880원이다.

13) "돌봄노동자 - 돌보다 병나는 노동자", ≪경향신문≫, 2009년 5월 6일자.

〈표 11〉 급성기병원 간병노동자의 월 평균 임금 수준

(단위: 명, %)

구분	응답자 수	비율
50만 원 이상~100만 원 미만	109	54.2
100만 원 이상~150만 원 미만	80	39.8
150만 원 이상	12	6.0
전체	201	100.0

자료: 희망터(2010).

휴게공간 등 복지시설의 미비

병원에서 생활하는 간병노동자를 위한 휴게공간이나 옷 갈아입을 공간은 물론 밥 먹을 공간조차 있는 곳이 거의 없다. 24시간, 주6일을 병원에서 생활하는 간병노동자에게 그들만의 휴게공간이 필요한 것은 절실한 문제인데도 쉴 때조차 환자 옆에서 쉬어야 하고 옷을 갈아입거나 편하게 앉아 있을 곳이 없는 현실이다.

간병노동자 이 모 씨(여, 54)는 밥을 먹을 때도 항상 불안하다. 밥을 먹을 공간이 없는 것도 문제지만 밥을 먹는 사이에 환자가 잘못될까 노심초사다. 이 씨는 "식사시간만이라도 보장됐으면 좋겠다"며 "점심시간이 있어도 그 시간을 이용하지 못하고 빨리 환자가 있는 곳으로 돌아와야 한다"고 불편함을 토로했다 …… 한 종합병원에서 일하는 간병노동자 김 모 씨(여, 52)는 "남자 환자를 간병할 때는 정말 개인 공간이 없어 불편한 게 한두 가지가 아니다"며 "옷을 갈아입을 공간도 없어 화장실을 이용하거나 커튼을 치고 눈치 보며 갈아입는다"고 말했다. 또 "밤에는 딱히 있을 곳이 없어 환자의 보조 침대를 이용한다"며 "이것도 환자가 수시로 깨는가 하면 한 환자

〈표 12〉 급성기병원 간병노동자의 근무환경 개선 요구

(단위: 명, %)

구분	응답자 수	비율
식사공간 및 식사시간 보장	73	48.0
탈의실	31	20.4
휴식시간 보장	25	16.4
휴게실	14	9.2
샤워실	3	2.0
기타	6	3.9
전체	152	100.0

자료: 희망터(2010).

〈표 13〉 식사 때나 환자가 병실에서 나가달라고 요청할 때 쉬는 공간

(단위: 명, %)

구분	응답자 수	비율
병원 복도	77	42.8
배선실	48	26.7
보호자 휴게실	13	7.2
간병사 휴게실	9	5.0
화장실	8	4.4
없다	15	8.3
기타	10	5.6
전체	180	100.0

자료: 희망터(2010).

가 깰 경우 다른 환자도 같이 깨기 때문에 잠깐이라도 눈을 붙이기 어렵다"고 덧붙였다.[14]

14) "병원 인권 사각지대 '간병인은 이방인'", ≪메디컬투데이≫, 2010년 5월 30일자, http://www.mdtoday.co.kr/mdtoday/index.html?no=128601

〈표 14〉 병원 내 감염이나 부상 시 처리방법

(단위: 명, %)

구분	응답자 수	비율
개인적인 치료나 휴식	161	83.4
소개업체에 치료 요청	13	6.7
병원 수간호사 등에게 치료 요청	17	8.8
환자 또는 보호자에게 치료 요청	2	1.0
전체	193	100.0

자료: 희망터(2010).

사회보험 미적용

간병노동자들은 노동자로 인정받지 못하기 때문에 건강보험, 산재보험 등의 사회보험 적용이 배제되어 있다[15]. 간병노동자들은 산업재해가 매우 심각하나 산재 적용을 받지 못하는 것이다. 적지 않은 간병노동자가 장기적인 수면장애로 인해 안구건조증, 근골격계질환 등 산재직업병에 시달리고 있지만 산재보험 적용은 엄두도 못 내고 있다.

간병 일을 하다 보면 무거운 환자를 들어 휠체어에 태우고 운동을 시켜야 할 때가 있습니다. 저도 엄지손가락 쓰는 팔뚝의 인대가 나가서 6개월 넘게 쉰 적이 있어요. 10년이 넘었는데 지금도 가끔 통증이 와서 어깨로는 무거운 것을 못 들 정도예요. 그렇지만 노동자가 아니라는 이유로 산재도 못 받았어요. 간병 일 하는 사람 99%는 직업병을 다 갖고 있어요. 그걸 산

---

15) 여기서 건강보험에 배제되어 있다는 말은 '직장'가입자가 아니라 '지역'가입자로 건강보험에 가입되어 있다는 뜻이다. 노동자인 경우 사용자가 보험료의 50%를 부담하게 되어 있는 직장가입자로 건강보험에 가입되게 되어 있으나, 병원간병노동자는 본인이 보험료의 100%를 부담하는 지역가입자로 가입되어 있다.

재 처리 못 하고 내 돈 들여서 치료해야 하는 게 너무 안타깝습니다.[16]

간병노동자에게 돌아오는 일방적인 책임전가

간병업무 중 환자에게 피해를 입히는 경우가 발생할 수 있는데, 피해 발생의 원인이나 정도와 상관없이 간병노동자에게 일방적으로 책임을 전가하거나 과도하게 책임을 묻는 경우가 많다. 노인들은 뼈가 쉽게 부러지는 골다공증을 앓고 있는 경우가 많다. 그러다 보니 환자를 목욕시키거나 체위를 바꿀 때 뼈가 부러지는 사고가 발생하기도 한다. 그런데 이러한 경우 실수 여하를 막론하고 간병노동자가 그 책임을 지는 경우가 많다. 환자에게 사고가 나면 이 비용 또한 간병노동자가 물어야 하며, 환자를 다치게 하거나 환자의 민원이 들어오면 그날로 해고될 수밖에 없다.

유료 소개소와 병원의 부당이익 취득 행위

간병노동자는 대부분 중년이나 고령 여성노동자인데 대부분 경제적으로 열악한 상태에 있다. 이런 노동자들에게 유료 소개소는 월 회비 외에도 다양한 명목의 돈을 받아내고 있다. 소개소가 추가 부담을 시키는 대표적인 명분은 교육비, 의복비, 신발값 등이다. 또한 공동간병의 경우 병원이 중간이득을 취하는 경우도 있다. 유료 소개소의 경우 등록비 1~2만 원, 교육이수비 10만 원 이상의 1회성 경비를 요구하고, 이후 회비 등 기타 명목으로 월 5~10만 원의 추가 비용을 요구한다.

---

16) "돌봄노동자 - 돌보다 병나는 노동자", ≪경향신문≫, 2009년 5월 6일자.

〈표 15〉 요양병원 간병노동자의 의무지출비용 유무

(단위: 명, %)

구분	응답자 수	비율
등록비 지출		
유	31	37.8
무	51	62.2
월 회비 지출		
유	43	52.4
무	39	47.6
교육이수비 지출		
유	12	14.6
무	70	85.4
기타 비용		
유	22	26.8
무	60	73.2

자료: 임준 등(2007).

급여도 적지만 이 적은 급여에서 협회(소개업체)가 매달 5~7만 원을 회비 명목조로 가져가고, 만약 급한 일이 있어 자리를 비울 경우 대체 간병노동자를 자비로 고용하고 볼 일을 봐야 한다.[17]

"유료 소개소들이 수수료를 너무 떼어가, 가뜩이나 적은 수입이 더 줄어든다"고 호소했다. 가입비 30만 원에 월회비가 5~6만 원이다. 교육을 받을 때도 돈을 내기도 한다.[18]

17) "병원 인권 사각지대 '간병인은 이방인'", ≪메디컬투데이≫, 2010년 5월 30일자.

18) "노동자 되고 싶은 노동자들 '특수고용직'", ≪내일신문≫, 2009년 5월 1일자, http://www.naeil.com/News/economy/ViewNews.asp?nnum=469395&sid=E&tid=4

〈표 16〉 요양병원 간병노동의 의무지출비용 수준

(단위: 명, %)

구분	응답자 수	비율
등록비 지출(천 원)		
~100	16	48.5
101~200	13	39.4
201~	4	12.1
월 회비 지출		
~30	15	34.1
31~50	23	52.3
51~	6	13.6
교육이수비 지출		
~100	4	30.8
101~	9	69.2
기타 비용		
~50	8	30.8
51~100	11	42.3
101~	7	26.9

자료: 임준 등(2007).

업무로 인한 사고 및 질병의 증가

업무 관련성 사고 및 질병 경험율도 높다. 늘 피곤하고 바쁜 상태에서 환자를 돌보다 보니 자신의 몸을 살필 여유가 없어 업무 중 재해 발생률이 높을 수밖에 없다. 특히 근골격계질환으로 고생하는 경우가 많다. 대다수가 어깨, 허리, 손목 등에 대한 통증을 호소하며 일하는 것이다. 실제로 붕대나 파스를 하고 있거나 침을 맞으면서 일하고 있는 사람들도 있다. 습진 등 피부병을 호소하거나 혼자서 체위 변경이나 환자를 이동시키다가 손이 끼어 다치는 등의 산재사고가 발생해도 제대로 치료받지 못하고 일할 수밖에 없는 어려움이 있다. 환자에게 맞아 다치

〈표 17〉 급성기병원 간병업무 중 부상을 당하거나 통증을 느낀 부위

(단위: 명, %)

구분	응답자 수	비율
허리	50	40.7
어깨	27	22.0
팔, 팔목	34	27.6
무릎	5	4.1
목	3	2.4
기타	4	3.3
전체	123	100.0

자료: 희망터(2010).

〈표 18〉 요양병원 간병노동자의 업무 관련 사고 및 질병 경험

(단위: 명, %)

구분	응답자 수	비율
경험 있음	85	65.4
경험 없음	45	34.6

자료: 임준 등(2007).

〈표 19〉 요양병원간병노동자 업무 관련 질환(중복답변)

(단위: 명, %)

구분	응답자 수	비율
근골격계질환(골절, 염좌)	62	69.7
피부병	19	21.3
폭행	3	3.4
기타	5	5.6

자료: 임준 등(2007).

는 상황도 발생한다. 이는 간병노동자의 산재보험 적용과 산재예방대책이 매우 시급하다는 것을 말해준다.

의료인이 해야 하는 업무를 하는 데서 오는 스트레스

실제로 병원간병노동자는 병원의 부족한 간호사 인력으로 인한 문제를 해결하는 '해결사' 노릇을 하는 경우도 많다. 이는 「의료법」상 명백히 간호사 등 의료인이 행해야 할 업무를 간병노동자가 하는 형태로 이루어진다. 조사에 의하면 50% 이상의 간병노동자가 세면 및 개인 위생, 이동 보조 등 본래의 업무 외에 '조기 기동, 심호흡, 기침하도록 돕기', '더운 물주머니 혹은 얼음주머니를 가하거나 제거하며 정상 체온을 유지하도록 돕는 업무', '음식의 섭취량과 횟수 측정', '배설물(대소변, 토물)의 양과 횟수 측정·기록', '약을 먹여주고 확인하는 업무', '검사물 채집(가래, 소변, 대변)' 등 간호 영역의 행위라고 할 수 있는 것까지 거의 매일 수행하고 있었다.

이러한 현실은 간병노동자의 업무부담을 늘릴 뿐 아니라 업무과정에서 생길 수 있는 여러 문제 때문에 간병노동자에게 스트레스를 지우는 요인이 된다. 한편 환자 입장에서는 이러한 행위를 간병노동자가 행하게 됨으로써 상대적으로 질 낮은 서비스를 받게 된다.

이러한 상황에서는 간병노동자가 행하는 의료 행위로 인한 사고나 실수 등의 문제가 불거질 수밖에 없는데, 이 경우 병원은 일방적으로 간병노동자에게 그에 따른 책임을 전가하거나 문제가 클 경우 환자 혹은 보호자와 조용히 문제를 해결하곤 한다.

병원간병노동자의 애로사항 우선순위

병원간병노동자들은 탈의실이나 휴게공간이 없어 불편함을 느끼는 비율이 가장 컸고, 근무시간이 너무 긴 문제, 일이 육체적으로 너무 힘든 문제, 환자로부터 감염될 염려에 대한 불안함 등을 문제로 지적한다.

〈표 20〉 요양병원 간병노동자의 서비스 행위별 시행 실태

(단위: %)

행위 내용	거의 수행 안함	주 2~3회 이상 수행	주1회 정도 수행	거의 매일 수행
1) 구강간호	4.7	1.6	0.8	92.9
2) 세면 및 개인 위생		1.6		98.4
3) 옷 갈아입히기		23.4	3.1	73.4
4) 식사 또는 음료수를 먹도록 돕기				100
5) 침상 위에서 자세를 바꿔주기	0.83	0.83	1.65	96.7
6) 침상에서 환자 이동(침상에서 의자나 운전차 등으로 또는 운전차에서 침대로 옮기는 것)	10.7	2.5	4.1	82.8
7) 조기기동, 심호흡, 기침 하도록 돕기	38.7	4.0	2.4	54.8
8) 가능한 범위 내에서 운동하도록 돕기	30.1	0.8	1.6	67.5
9) 대소변 시 돕거나 변기 세척	1.6			98.4
10) 튜브를 통해 나온 배설물 처리	10.2	0.8		89.1
11) 더운 물주머니 혹은 얼음주머니를 가하거나 제거하며 정상 체온을 유지하도록 돕는 업무	21.3	9.0	16.4	53.3
12) 침상 주위를 정돈하고 침구를 가는 업무		6.3		93.8
13) 음식의 섭취량과 횟수 측정	3.1	0.8		96.1
14) 배설물(대소변, 토물)의 양과 횟수 측정, 기록	3.9			96.1
15) 약을 먹여주고 확인하는 업무	5.6		0.8	93.7
16) 검사물 채집(가래, 소변, 대변)	33.1	4.0	12.9	50.0
17) 외래검사실 등을 오고갈 때 운반차를 밀거나 동행하는 업무	34.7	3.3	7.4	54.6

자료: 임준 등(2007).

〈표 21〉 급성기병원 간병노동자의 애로사항 우선순위

(단위: %, 건)

항목	매우 그렇다	조금 그렇다	보통 이다	그렇지 않다	매우 그렇지 않다	전체 빈도
1) 간병노동자 생활이 불만족스럽다	14.0	26.5	31.5	22.5	5.5	200
2) 일자리가 불안하다	17.8	26.4	18.3	32.5	5.1	197
3) 일이 육체적으로 너무 힘들다	31.0	35.0	23.9	9.6	0.5	197
4) 병원관리자나 간호사들이 비인격적으로 대한다	13.6	26.1	29.6	28.6	2.0	199
5) 환자와 보호자들이 비인격적으로 대한다	13.0	29.5	31.0	26.0	0.5	200
6) 나는 병원에서 일하는 필수인력이다	66.1	16.1	9.9	6.3	1.6	192
7) 병원관리자나 직원의 성적 희롱이나 폭력이 심하다	1.5	3.5	9.0	61.0	25.0	200
8) 환자와 보호자들의 성적 희롱이나 폭력이 심하다	1.0	14.9	10.9	56.2	16.9	201
9) 근무시간이 길어 힘들다	49.8	33.0	6.4	9.9	1.0	203
10) 지식이나 기술이 부족하거나 서툴러서 교육이 더 필요하다	2.0	22.8	18.3	43.6	13.4	202
11) 간호사들과 의사소통이 잘 안되어 간병업무에 차질을 초래할 것 같아서 불안하다	2.5	12.8	16.7	59.1	8.9	203
12) 환자 또는 보호자와 의사소통이 잘 안되어 간병업무에 차질을 초래할 것 같아서 불안하다	2.9	14.7	17.6	55.9	8.8	204
13) 병원 비품을 파손 및 손실, 과잉 사용할 것 같아서 불안하다	7.4	11.3	9.3	61.8	10.3	204
14) 병원의 병실 관리가 너무 엄격해서 힘들다	13.0	13.0	26.5	43.0	4.5	200
15) 병원직원이 아니라 소속감이 없어서 책임감이 부족해진다	10.0	14.4	10.0	56.7	9.0	201
16) 환자로부터 감염될까 불안하다	39.2	40.7	6.0	11.6	2.5	199

17) 환자에 대한 의료사고가 날까봐 불안하다	25.1	31.2	16.6	23.6	3.5	199
18) 탈의실이나 휴게공간 등이 없어서 불편하다	68.9	23.6	2.7	3.4	1.4	148

자료: 희망터(2010).

간병서비스에 대한 관리와 교육

대부분의 병원에서 간병노동자는 간호사로부터 업무와 관련된 지시나 감독 등의 관리를 받는다. 출퇴근 관리, 근무표 작성, 인원 배치나 조정 등을 수행하는 주체는 대부분 해당 병원의 간호사이고 일부의 경우 간병업체가 담당한다.

직무와 관련된 교육을 받은 경험은 많은 것으로 응답했으나, 훈육적인 내용이 많고 교육 방식이 훈계, 명령조로 교육하여 그 시간을 매우 싫어하는 이들이 많다. 한편 교육이 근무시간 외의 시간에 실시되어 업무부담을 더 증가시킨다는 의견도 있다. 매일 1시간 전에 출근해서 예배와 교육을 받아야 하기 때문에 간병노동자들 사이에 '하루 업무시간이 25시간'이라고 응답하는 이들이 있는 곳도 있다.

요양병원에서 주로 간병노동자들이 돌보는 환자는 치매, 중풍, 뇌경색 등 뇌질환자들로서 골다공증, 관절염, 당뇨, 고혈압, 심장질환, 각종 정신질환 등 다양한 만성질환을 동반하고 있다. 특히 의식 상태가 명료하지 않고 혼자서 거동이 어려워 24시간 내내 간병노동자의 도움이 필요한 환자들에게는 다양한 간병수발이 요구된다. 그러나 질병에 대한 이해나 간병방법을 제대로 이해하지 못한 상태에서는 환자에 대한 적극적인 훈련과 보살핌을 통한 간병보다 방치와 감독만 이루어지게 되

〈표 22〉 업무와 관련된 지시나 감독의 주체

(단위: 명, %)

구분	응답자 수	비율
간호사(수간호사)	113	87.6
병원 직원(행정부서 직원 등)	6	4.7
간병업체	2	1.6
기타	8	6.2

자료: 임준 등(2007).

〈표 23〉 출퇴근 관리, 인원 배치 및 조정 등의 주체

(단위: 명, %)

구분	응답자 수	비율
간호사(수간호사)	62	48.8
병원 직원(행정부서 직원 등)	16	12.6
간병업체	29	22.8
기타	20	15.8

자료: 임준 등(2007).

〈표 24〉 현재 근무하는 병원에서 직무교육을 받은 경험

(단위: 명, %)

구분	응답자 수	비율
있다	93	72.7
월1회	(40)	(44.9)
분기별1회	(5)	(5.6)
연1회	(9)	(10.1)
필요시	(35)	(39.3)
없다	35	27.3

자료: 임준 등(2007).

므로 간병의 질은 형편없이 떨어질 수밖에 없다. 그럼에도 간병인력이 턱없이 부족한 상태에서는 정기적인 교육을 기대하기 어렵다. 2007년

〈표 25〉 간병업무 시작 시의 교육 여부

(단위: 명, %)

구분	응답자 수	비율
교육 받은 경험이 있음	120	92.3
경험 없음	10	7.7

자료: 임준 등(2007).

〈표 26〉 교육기관 별 평균 교육비용

(단위: 천 원)

교육기관	교육비용
대한간병진흥원	300
한국케어복지사협회	245
간병업체	199
대한적십자사	148
대한YWCA연합회	122
한국자활후견기관협회	83
전체 평균	173

자료: 임준 등(2007).

요양기관 실태조사결과를 보면 정기교육은 35.1%에 불과할 뿐 아니라 간병실무교육을 충실히 하기보다는 주의를 주거나 훈계하는 내용이 많은 것으로 나타났다.

간병업무를 시작할 때에는 대부분의 간병노동자들이 관련 교육을 받고 시작한다. 교육기관은 간병소개업체가 가장 많고 대한적십자사, 한국자활후견기관협회, 대한간병진흥원 등 비영리민간단체가 하는 경우도 있다. 평균 교육비용은 17만 원 수준이다.

병원간병노동문제의 해결을 위한 개선 방안

간병서비스의 건강보험급여화

현재 건강보험급여로 규정되어 있지 않은 간병서비스를 현물급여 방식으로 급여화해야 한다. 간병서비스 역시 큰 틀에서 보면 병원의 간호서비스 영역이므로 간호서비스에 포함되는 방식으로 급여화해야 하는 것이다. 정부는 간병서비스를 건강보험에서 비급여 방식으로 제공하거나 표준화된 민간의료보험을 통해 제공하려는 계획을 가지고 있지만, 이는 질병의 위험을 개인의 책임으로 전가하는 것이다. 병원의 필수 의료서비스는 건강보험급여로 공급되는 것이 원칙이다. 이를 비급여 형태나 민간의료보험을 통해 공급할 경우 의료비 상승과 서비스 이용의 양극화, 불평등문제는 해소되기 힘들다.

한편 병원 내 간병서비스는 현금급여 방식이 아니라 다른 요양급여와 마찬가지로 현물급여 방식으로 제공되는 것이 타당하다.[19] 현물급여로 제공되어야 요양보호사의 인력기준이나 자격기준과 연동된 서비스 질의 평가 및 다른 서비스와 연계한 포괄적인 성과평가를 수행할 수 있다. 위에서도 언급한 바 있지만 간병서비스는 간호서비스와 연계하여 그 관리하에 팀별로 이루어지는 것이 바람직하므로 통합적·포괄적으로 제공되는 간호간병 서비스를 위해 현물급여화할 필요가 있다.

---

19) 현금급여는 간병비를 현금으로 환자나 보호자에게 주는 형태이고, 현물급여는 서비스를 제공받도록 하고 그 비용을 건강보험에서 병원에 정산해주는 형태이다. 각각 경우에 따라 장단점이 있지만 필수 의료서비스의 경우 현물급여로 제공하는 것이 일반적이다.

병원 내 간병서비스 인력기준 설정과 단계적 확대

병원 내 간병서비스를 사회화하여 재원을 조달하기 위해서는 간병서비스의 질이 어느 정도 보장되어야 한다.[20] 간병서비스의 질을 보장하기 위해서는 간병인력에 대한 교육과 인증이 중요하다. 그런 면에서 현재 노인장기요양보험에서 요양서비스를 제공하고 있는 '요양보호사'를 병원 내 간병서비스 인력으로 공식화하는 것이 필요하다. 기존 요양보호사의 업무와 병원 내 간병노동자의 업무는 상당 부분 겹치기 때문에 병원 내 간병서비스 인력을 위한 별도의 인증기준을 정하는 것은 크게 효용이 없다. 그러므로 병원 내 간병서비스 역시 기존의 요양보호사가 제공하는 것으로 공식화하는 것이 바람직하다.

간병서비스의 질 확보를 위해서는 간병서비스의 양에 따라 간병인력의 수를 계측하여 최소 기준을 설정할 필요가 있다. 너무 많은 환자를 너무 적은 간병노동자가 간병할 경우 서비스의 질이 떨어질 것은 뻔하다. 질환의 중증도, 수술 여부, 환자 상태 등에 따라 간병서비스 양의 필요 정도가 다르기 때문에 이에 대한 별도의 분석에 기초하여 병원 유형과 질환의 특성을 반영한 인력기준을 개발할 필요가 있다.

간병서비스는 입원환자에게 필요한 필수 의료서비스이다. 따라서 현재 필수 의료서비스에 해당하는 업무가 파견 금지 업무로 명시되어 있는 것과 마찬가지로 병원 내 간병업무를 파견 금지 업무로 명시하는 것이 필요하다.[21] 이와 같은 파견법 개정으로 병원에서 제공되는 간병

---

20) 특정 서비스를 사회적 재원으로 공급하기 위해서는 그 서비스의 필요에 대한 사회적 공감대와 함께 서비스의 질이 보장되어 있어야 한다. 과학적 효과가 불분명한 서비스나 서비스 질의 표준화가 이루어지지 않은 서비스를 공공부담으로 제공해야 한다는 주장은 설득력을 가지기 힘들기 때문이다.

서비스의 질적 수준을 높이고 실질적으로 지배적 위치에 있는 병원의 책임을 제고할 수 있도록 한다. 이를 통해 간병서비스가 별도의 서비스가 아니라 병원에서 제공되는 간호간병 서비스의 한 부분으로서 다른 의료서비스와 연계되고 통합적으로 제공되도록 해야 한다.

간병서비스의 질과 간병노동자의 노동조건 향상을 위한 제도적 토대 마련

간병서비스의 질적 측면을 고려할 때 가급적 병원의 직접고용을 유도하는 방향으로 간병수가를 차등 지급하는 방안을 모색할 필요가 있다. 이는 직접고용을 한 병원에 돈을 더 많이 보상하여 자연스럽게 직접고용을 유도하기 위한 것이다. 서비스 질의 향상과 간병노동자의 노동권 보장이라는 양 측면 모두에서 직접고용 방식이 바람직하다. 간병수가를 차등 지급하는 것은 과거 병원 식대에 대한 급여서비스를 제공할 때 노동자의 직접고용 여부를 수가와 연동시킨 사례가 있기 때문에 충분히 모색할 수 있는 방안이다. 이를 통해 병원의 인력 확대 및 서비스 질 개선을 유도해나갈 필요가 있다. 직접고용을 한 경우 간접고용보다 수가를 높여 지급하고, 평균적인 수준에서 직접고용과 간접고용의 차이를 상쇄할 만큼 수가에 차이를 두도록 해야 한다.

이와 더불어 병원 평가 시 간병서비스에 대한 항목을 신설하여 주요한 평가항목으로 설정할 필요가 있다. 평가항목에 간병노동자의 인력

21) 파견법상 의사, 간호사 등의 의료인과 간호조무사, 의료기사의 업무는 파견 금지 업무로 명시되어 있다. 이는 필수 의료인력을 파견인력으로 사용하는 경우 의료의 질이 떨어져 그 피해가 환자에게 가기 때문이다.

기준, 자격, 고용 형태, 근무 형태, 노동조건, 임금 수준 등이 반영될 수 있도록 하여 평가를 통해 간병노동자의 노동환경을 개선할 수 있도록 유도해나가야 한다.

특수고용 노동자의 기본권 보장

사업주 또는 파견업체와 근로계약을 맺지 않은 채 알선업체를 통해 병원에서 간병서비스를 제공하고 있는 특수고용 상태의 간병노동자들도 노동3권 등 노동자로서 누려야 할 기본적인 제 권리가 보장되어야 한다. 간병노동이 공식부문으로 들어오면 소개업소를 통한 간병은 재가간병을 제외하고 상당 부분 사라질 것으로 예상되지만, 제도화가 이루어지기 전이라도 산재로 고통 받고 있는 간병노동자에 대해 산재보험 등 사회보험 적용이 가능하도록 해야 한다.

간병노동자의 노동조건 개선은 간병서비스의 질 향상을 위한 필수조건

사회 변화에 따라 병원 간병서비스 영역의 일자리가 늘어가고 있다. 그러나 병원 간병서비스 영역이 제도화되지 않고 환자 혹은 보호자와 간병노동자 간의 사적 계약관계로 존재함에 따라 이 일자리는 매우 불안정하고 열악한 일자리가 되고 있다. 간병노동자는 실제로 「근로기준법」상 노동자의 성격을 가짐에도 형식적 조건 속에서 특수고용 노동자로 취급받으며 각종 노동권을 보장받지 못하고 있다.

이에 따라 간병노동자들은 「근로기준법」, 「최저임금법」 등 각종 노동법의 보호를 받지 못하고 있으며, 그 결과 최저임금에도 못 미치는 낮은 임금, 장시간 노동과 높은 노동강도, 사회보험 미적용 등의 현실을 감내하며 살아가고 있다. 게다가 휴게공간, 밥 먹을 공간 등도 없이 병원에서 생활하고 있으며 일방적인 책임 전가, 유료 소개소와 병원의 부당이익 착취, 업무로 인한 건강 피해 등 가장 기본적인 인권조차 침해당하고 있다.

정부는 여성 일자리 창출과 환자 보호자의 부담 감소 차원에서 병원 간병서비스의 제도화를 고려하고 있다고 발표했다. 그리고 2010년 5월부터 관련 시범사업을 시작하기도 했다. 그러나 병원 간병서비스 제도화정책에 간병노동자의 노동조건을 향상시키기 위한 정책이 포함되지 않는다면 반쪽짜리 제도가 될 가능성이 많다. 간병노동자의 노동조건이 개선되어야 간병서비스의 질도 향상되고 제도화의 효과도 나타나기 때문이다.

그러므로 이러한 문제를 해결하기 위해 하루 빨리 병원간병노동을 공식 노동 영역으로 포괄하는 것이 필요하다. 이는 병원 간병서비스를 건강보험급여 서비스로 공식화함으로써 가능하다. 병원간병노동이 공식화되어 병원노동으로 인정되면 현재 간병노동자가 겪고 있는 노동자성의 불인정으로 인한 문제는 상당 부분 사라질 것이다. 하지만 이보다 더 전향적인 정책이 필요하다. 병원 간병서비스는 병원서비스의 필수 요소 중 하나이므로 서비스 질의 향상을 위해 병원이 인력을 직접 고용하여 서비스를 제공하도록 유도하는 것이다. 이러한 제도 개선은 간병노동자의 열악한 노동현실을 개선할 뿐 아니라 서비스의 질을 높일 수 있다는 측면에서 간병노동자와 환자, 보호자 모두에게 이롭다.

[참고문헌]

김영옥 등. 2006.『여성노동시장의 양극화 추이와 과제』. 한국여성개발원.

이상윤. 2010.「병원 내 간병서비스 제도화 어떻게 할 것인가」.『간병서비스 건강보험 제도화 어떻게 할 것인가 토론회 자료집』.

이승욱. 2006.「특수형태근로종사자에 대한 노동법적 보호방안의 모색」. ≪노동법학≫, 23권, 185~228쪽.

임준 등. 2007.「요양병원 간병실태조사 및 고령화사회 간병서비스 제도개선 연구」. 국민권익위원회.

황나미 등. 2006.「의료기관 간병서비스 사회제도화 방안」. 여성가족부.

▸▸▸ 정진주

재가 요양보호사*

우리나라는 2008년 7월부터 노인장기요양보험제도를 도입하여 시행해왔다. 노인장기요양보험제도는 점차 고령화되어가는 한국사회에서 노인의 삶의 질 개선과 노인성질병으로 발생하는 문제점을 해결하고자 국가 차원에서 사회연대의 원리에 기반을 두고 제도화한 것이다. 기존에는 노인의 질병 치료나 부양을 전적으로 가족이 부담했고 특히 여성이 그 부담의 대부분을 책임져 왔다. 이런 상황에서 노인장기요양보험제도의 도입으로 노인 부양과 치료가 공식화된 제도로 완성되었다는 점에서 큰 의미가 있다고 하겠다. 평균 수명의 연장과 사회구조의 복잡함 속에서 노인의 삶의 질은 이제 개별 가족이 아닌 사회적 책임으로 전환되었다.

노인장기요양보험제도는 기존의 노인복지와 달리 전 국민을 대상으로 범위가 확대되어 보편적인 복지로 자리매김했다. 그러나 이 제도가

* 이 글은 손미아·정진주·김신범·김미정(2009), 「여성노동자의 노동권과 건강권: 간병요양 노동자를 중심으로」의 일부 내용을 수정, 보완한 것임을 밝혀둔다.

시행되면서 많은 문제점 또한 노출되었다(박명호 외, 2007; 석재은, 2008; 양준석, 2009; 이규환·이용돈, 2008; 이미진, 2009; 장재혁, 2008; 최해지, 2009).

노인장기요양보험제도의 시행 이후 지적되어온 문제로는 대상자 선별에서 1~3등급 대상자를 중심으로 적용된 점, 신체적 기능을 중심으로 보험 대상 적용자를 선별한 점, 기존의 노인 재가서비스에서 무료로 보호를 받던 일부 노인층이 보험제도로 전환되자 보호받지 못하거나 그들에게 비용부담을 가중시킨 점, 여전히 수혜자가 부담해야 할 비용이 저소득층에게는 부담이라는 점 등이 있다.

또한 제도는 중앙정부가 설계했지만 지역별 필요 요양기관이나 인력에 대한 계획이 부재하고 지역마다 편차가 심해 한편에서는 공급 과잉이, 다른 한편에서는 요양보험의 수혜를 상대적으로 적게 받는 지역이 발생했다. 더욱이 민간을 중심으로 공급 인프라가 구축되어 소규모 방문요양기관이 난립하면서 요양기관들의 수급자 유인·알선, 허위·부당 청구, 요양인력에 대한 낮거나 부당한 처우 또한 문제로 지적되고 있다(문설희, 2009). 더 나아가 서비스의 질이 기대보다 낮아 이를 어떻게 고양시켜 나가야 할지도 해결해야 할 과제로 꼽히고 있다.

특히 시설종사 요양보호사의 경우 1인당 돌보아야 할 대상자의 수가 너무 많다는 문제가 제기된 반면, 재가서비스를 제공하는 재가 요양보호사의 경우는 사적 공간인 가정에서 서비스를 제공한다는 점과 노인장기요양보험 수혜자의 등급과 서비스를 제공하는 수혜자의 수에 따라 노동시간과 임금이 달라진다는 점 등에서 문제의 차이가 있다.

이제까지 노인장기요양보험제도하의 요양보호사에 대한 언급은 주로 수혜자의 입장에서 이루어졌다. 적정 수준의 요양보호사 양성과 서비스의 질 제고라는 차원에서 이루어진 기존 논의는 보다 나은 서비스를 수혜자에게 제공하기 위한 목적에서 이루어졌다. 하지만 요양보호사는 돌봄노동을 수행하는 노동자로서 노동권과 건강권을 보장받을 권리가 있다는 점도 강조되어야 할 것이다. 노동자로서 요양보호사의 권리를 보장받을 수 있는 제반 조치는 행복한 노동으로 이어져 결국 서비스의 질을 향상시킬 수 있기 때문이다.

따라서 여기에서는 과거에 비공식적으로 수행되었던 노인돌봄이라는 노동이 공식적인 제도 속으로 편입되는 가운데 특히 가정에서 돌봄노동을 수행하는 재가 요양보호사의 노동현실을 살펴보고 그 대안을 찾고자 한다.

연구방법

노인장기요양보험제도의 서비스 제공자인 요양보호사라는 직업과 그 노동조건을 살펴보기 위해 10명의 요양보호사를 심층 면접했다. 이 중 8명은 세 집단으로 나누어 집단면접을 실시했고, 2명은 개별 면접을 실시했다. 면접 대상자는 요양보호사가 소속되어 있는 기관을 통해, 또 집단면접 대상자가 다른 면접 대상자를 소개해주는 형식으로 선정했다. 면접에서는 요양보호사가 되기 전까지 해왔던 노동이력, 현재 하고 있는 일의 구체적 내용, 업무와 관련하여 어려운 점, 일과 관련한 건강문제, 요양보호사로서 수행하고 있는 간병 일에 대해 스스로가 부여하는 의미, 자신의 일에 대한 미래와 바라는 사항 등에 관해 포괄적으로 질문을 했다. 재가 요양보호사가 처한 현실과 문제를 파악하고자 비구조적인 질문을 함으로써 풍부한 자료를 얻고자 했다. 또한 요양보호사의 일상을 알아보기 위해 하루 일과를 표시할 수 있는 그림과 함께 각 시간 동안 하는 일의 구체적인 내용을 적게 했다. 집단면접은 3~4시간 동안 이루어졌고 개별 면접은 2시간가량 소요되었다. 면접내용은 녹취했고 질적 연구방법에 따라 분석했다.

재가 요양보호사의 노동세계

노동이력과 요양보호사로의 진입

여기서는 재가 요양보호사가 하는 일의 구체적인 내용을 알아보기 전에 이들의 노동이력은 어떠했으며, 왜 요양보호사로 직업을 바꾸게 되었는지를 분석해보고자 한다. 이는 대부분 중년 여성인 재가 요양보호사가 여성으로서의 과거의 노동과 현재의 요양보호사라는 일자리가 갖는 차이와 그 연결과정을 이해하는 데 도움이 된다.

그들은 누구이며 어떻게 간병을 시작하게 되었는가?

기존 연구에서 요양보호사의 연령이 대부분 중년층이고 성별로는 주로 여성이라는 사실이 밝혀졌듯이, 이번 연구의 대상자 역시 대부분 40~50대의 중장년 여성이었고 60대 중반의 여성도 한 명 포함되었다.

요양보호사로 일하기 전에 이들의 직업은 무엇이었을까? 요양보호사 이전에 어떤 일을 해왔는지 살펴보니 병원이나 기관에서 간병 일을 수행했거나 여성이 주로 종사하는 업무나 직종(식당 일, 청소, 공장노동, 보험설계, 공공근로 등)을 담당했었다. 즉, 여성 직종으로 일컬어지는 요양보호사의 경력은 대부분 요양보호사 업무와 성격이 비슷한 간병 일이거나 여성이 주로 해왔던 직업이었던 것이다.

……보험도 해봤었지, 식당 일도 해봤었지, 공공근로도 해봤지, 아무튼 다 해봤어요…….

……전자에 들어가든 어디를 가든. 그냥 일당 일하는 거 있잖아요. 한 달에 60만 원 하루에 2만 원씩. 뭐 이렇게 막 포장하는 데 이런 데, 일용직으로 들어가서 그걸 받으니까 조금, 하루 4천 원에서 6천 원 받아 갖고 우리 식구가 살 수가 없어요. 그래 가지고 나중엔 일용직이여 갖고 그것이 ○○○○○라는 데 거기를 가니까 60만 원씩 딱, 그 대신 12시간 일을 했어요. 2교대니까…….

……밥 사먹고, 재가도 다 밥 싸 갖고 다니면서 했어……. 우리는 한 집이라도 더 해야 되고 병원도 한 군데라도 더 떨어야, 그렇기 때문에 막 다 발로, 용인사거리에서 저 동양장으로, 여석바위에서 ○○병원까지, 삼복더위에 그 뜨거운, 얼굴이 막 뺄겋도록, 병원을 큰 병원만 알고 작은 병원은 모르잖아요? 그러기 때문에 동사무소도 갔다가, 뭐 아파트, 쪼만한 병원, 산부인과, 그냥 닥치는 대로, 우리가 홍보를 해야 되니까…….

과거에 특별히 직업이라고 명명된 일을 하지 않았던 여성의 경우 가족의 생애주기상 자녀의 교육비와 생활비가 더욱 절실해져 요양보호사가 된 경우, 배우자의 실업이나 질병, 사업부도 등으로 경제적 가장이 될 수밖에 없었던 경우, 돌볼 가족이 장성하고 경제적 필요가 있어 일자리를 찾아나선 경우가 주를 이루고 있다. 즉, 소득 수준과 가족의 생애주기가 상호작용하여 요양보호사로 일하게 되는 경우가 많은 것으로 나타났다.

> 저는 혼자 있어요. 아저씨가 위암 수술 받아 갖고 한 15년, 누워 계신지는…… 시골서 젖소 먹이다가 아저씨가 아파서…… 내가 그 경운기 밀고 못 하겠더라고. 그래서 10년, 아들 둘 가르치느라고. 둘 다 대학은 어떻게 하든지, 하나도 돈은 없는데, 맨 몸뚱어리로 다 해봤어. 안 해본 거 없어. 진짜 안 해본 거 없어. 얘기할라면 파란만장한 게 안 할란게……. 굶어 죽어도 못 한다는 …… 그냥 못 한다는 사람 있고, 나는 인제 첫 번째 원인이 우리 집 양반이 아프다가 돌아가시자마자 애들 둘 다, 하나는 학사장교로 가고, 한 놈은 군인을 가게 되니까, 네 식구가 살다가 셋이 다, 한 분은 돌아가셨고, 둘은 군인 가다 보니까, 막 어디 낙동강에 오리, 여기 이거는 막 사람이 미치겠더라고요. 갑자기 사람이 혼자가 되니까. 그래서 어떻게 어디 가서 할머니나 좀 봐주고…….

가정경제가 아주 급박하지 않은 경우는 늘 직업을 가지고 있지 않았지만 파트타임 등으로 간간히 일을 한 사람도 있었다. 이는 대부분의 40~50대 중장년층 여성이 가정 위주로 인생을 꾸려왔던 것과 일치한다고 하겠다.

면접 대상자의 대부분은 중장년의 저소득층 여성으로서 경제적 필요와 가족의 생애주기가 겹쳐 요양보호사가 된 경우가 주를 이루고 있다. 또한 요양보호사가 되기 전의 직업 역시 사회적으로 여성이 주로 종사했던 직종이었거나 고용이 불안정한 일이었다. 따라서 요양보호사라는 업무는 이들 여성이 평생 순회한 여성노동의 연장선상에 있다고 볼 수 있다.

그렇다면 위와 같은 삶의 여정을 가진 여성이 이전 직업 대신 또는 새롭게 요양보호사로 일하게 된 배경은 무엇일까? 즉, 여성이 주로 담당하는 많은 여성직업 중 왜 요양보호사가 되었는가이다. 이 질문에 대한 답은 이들이 요양보호사라는 일을 어떻게 생각하는지 살펴보면 더욱 명확해진다.

이전에 간병 일을 하던 여성인 경우 자격증을 획득하여 요양보호사가 되었다. 이는 간병이라는 일의 연장선에서 자격증과 함께 '전문직종'을 가짐으로써 좀 더 나은 미래를 보장받을 수 있을 것이라고 판단했기 때문이다. 특히 이들은 과거에 고용불안정, 저소득, 불안정한 수입으로 인해 어려움을 겪었기 때문에 요양보호사라는 국가의 제도와 연계되는 일자리를 갖게 되면 일한 만큼 수입을 보장받을 수 있다고 본다. 이러한 배경에서 이미 간병이라는 업무가 자신에게 잘 맞는지에 대한 판단도 서 있었기에 요양보호사라는 직업으로의 유입이 보다 빠르게 진행된 것으로 보인다.

> …… 독거노인 재가가정을 시작했는데, 하다 보니까 이 일이 성격이 또 저하고 맞는 거예요. 할머님들, 어르신들 대상으로 섬기고, 말벗 해드리고 하는 게 저 하고 좀 맞더라고. 그래서 지금까지 일을 계속하고 있고, 지금도 어르신들 케어 하다 보면 나름대로 보람도 있고. 음…… 우리 인생도 이렇게 늙는데 힘들고 어려울 때 있을 때면 미래를 한 번 더 생각하게 되고, 그전에 가사간병 일을 하다가 요양보호사 자격증을 취득하면서 일정한 소득도 비록 비정규직이지만, 소득 이게 다른 급여하고는 수준이 조금 좀 괜찮다 싶어 가지고 이쪽으로 돌아왔어요. 현재 직업에 있어서 만족도 하고

있고…….

요양보호사라는 일이 면접 대상자에게 호감을 줄 수 있는 긍정적인 이유는 한국의 여성노동시장과 관련되어 있다. 저학력 중장년층이 대다수인 이들 여성에게 문호가 개방되어 있는 직종이나 일은 거의 없기 때문이다. 따라서 학력과 연령에 제한을 두지 않고 일한 만큼 수입을 가져갈 수 있는 일자리로서 요양보호사는 이후에 살펴볼 업무의 부정적인 측면에도 유입의 동기가 되고 있다.

……(현재) 그냥 먹고는 그냥 살거든. 애들도 다 취직도 하고. 그래서 인제 솔직히 그렇다고 내가 막 쓰고 돌아다닐 그런 거는 안 돼. 애들이 아직 출가도 안 했고. 그래서 인제 집에서 무료하니, 돈도 나이 먹어 가지고 일은 못 하잖아요? 그러니까 지금부터 이렇게 하면, 언제까지 써주는 데까지는 할 수 있을 거라고 생각하고…….

저는 나이는 49세고요, 제가 2005년도 4월 10일경에 한 게, 그니까 만 3년이 넘었죠. 처음으로 여기(기관)에 오게 된 동기는, 제가 그전에 공공근로를 좀 했었어요. 근데 그거는 소득이 일정치 않고 9개월 일하고 3개월 쉬고 이렇게 들쑥날쑥 하더라고요. 근데 우연치 않게 생활정보지를 보게 됐어요. 그래 갖고 거기를 와 가지고(간병 일 하다 요양보호사가 된 거지요)…….

신랑이 수입도 별로 없고, 소개를 해줘서 동사무소를 갔더니, 그래 가지고 자세한 얘기를 말씀을 드렸더니 동사무소에서 말씀을 해주시더라고요.

일도 해야 되고 하니까 뭔가 전문직으로 된 일을 하고 싶었어요. 그면 영업집이나 뭐 이런 데 아르바이트 식으로 다니는 것보다 정식으로, 뭐 이 나이에 하는 건 없지만 뭐라도 하나 자격증이라도 하나 딱 따서, 이거를 꼭 뭐 생계를 목적으로 하는 것보다 내 직장, 나도 이 나이도 직장을 가질 수 있구나, 그런 생각을 가지고 해야 되겠다 싶어서 동사무소를 갔더니 그런 말씀을 하셔서 자활을 인제 말씀을 해주시더라고요. 그래서 거기서 이것저것 하고 싶은 일이 몇 가지가 있는데, 제가 성당이, 가톨릭, 저희 친정이 그쪽 종교 계통인데 봉사도 좀 하러 다녔었고 했기 때문에 간병 쪽에 굉장히 호감을 많이 느꼈어요. 지금 열심히 하고 있는데, 제 생각에는 평생직장이라고 생각하고, 의지를 갖고 계속하고 싶어요.

"…… 나이가, 우리 사회가 우리를 써주는 데가 없잖아?"라는 어느 면접 대상자의 말에서 잘 나타나듯이 요양보호사라는 직업은 어떠한 이유로든 일자리를 찾을 때 연령에 제한을 받지 않고 할 수 있는 여러 여성직종 중에서 '선택'된 것으로 보인다. 중장년층의 여성 요양보호사는 자신의 직업이 현 사회에서 점차 더욱 필요해질 것이라고 판단하고 있었다. 고령화 사회에서는 환자가 발생할 경우 자식이나 가족이 더 이상 부양과 간호의 부담을 지기 힘들기 때문에 요양보호사나 간병노동자가 더욱 필요해지리라 보는 것이다.

…… 제가, 우리가 인제 간병을 들어가서 보고, 이번에 요양사들도 자격증 땄거든요. 우리도 8월 달에 해가지고 땄어요. 그랬는데, 실습을 나가서도 보고, 또 병원에 나가서도 보면 가족들이 집에서 모시는 양반들은 별로 많질 않고 웬만하면 요양원, 병원으로 가시고 요양원으로 가시고. 가족이

딸 하나 있는 양반은 생활고 1종 아닙니까? 그러니까 자동적으로 가게 되고, 딸이 와서 항상, 그 치매나 있으시든가, 좀 정신이 이상하든가, 소·대변 못 보시면 그거 붙어 있질 못하거든. 생활이 안 돼요. 딸 한 분 있는 분도. 어차피 생활보호대상자니까.

면접 대상자들은 고령화 사회의 추세가 요양보호사와 간병노동자의 역할을 증대시키고 자신들에게도 일자리를 제공할 기회를 넓혀주고 있다고 인식한다. 또한 면접 대상자들은 요양보호사라는 직업이 '누구나 할 수 있는' 일이 아니라고 본다. 요양보호사라는 일을 하기 위해서는 특정한 성격이나 기질이 있어야 한다고 믿고 있다. 면접 대상자 중에서 과거에 종교적인 이유로 봉사를 했거나 자활기관에서 무료봉사활동을 했던 이력을 소유한 사람이 많은 이유도 요양보호사에게 필요한 특별한 성품과 관련이 있는 것으로 풀이된다.

…… 아, 일단은 자부심을 갖고, 신앙이 있고 봉사하는 마음이 있으면 이 일을 해봐라. 봉사하면서 환자를 대했을 때, 사랑으로 감싸면서 나중에 그 분이 아 고맙다고 감사하다고 했을 때, 그 굉장히 그 쾌감도 있고, 흐뭇함도 있고, 또 일한 만큼 수입이 되고, 어디 가서 나이 먹었다고 잘릴 일도 없고, 내 몸만 건강하면 두 가지 일을 할 수 있잖아요…….

마음에서 우러나야지 진짜야. 나도 없어서 고생을 해봤지만 마음에서 우러나지 않으면 절대 못 해. 못 한다고.

즉, 봉사와 희생정신이 바탕에 없으면 요양보호사는 계속할 수 없다고 인식되고 있다. 결국 '자격'을 가진 중년여성이 봉사정신을 가지고 할 수 있는 나름대로 안정된 직업이며, 향후에도 지속적으로 필요한 일자리라는 생각에서 요양보호사로 진입했다고 볼 수 있다.

자격증 획득과정의 문제점

요양보호사가 되기 위해서는 요양보호사 교육인증기관에서 교육을 받아야 자격을 갖출 수 있다. 보건복지부에서 허가(승인 등)한 요양보호사 교육인증기관은 없고, 시도에서 신고필증을 교부받은 요양보호사 교육기관이 교육을 진행할 수 있다. 요양보호사는 1급 및 2급으로 구분하고, 1급 요양보호사 양성과정의 교육시간은 240시간, 2급 요양보호사 양성과정의 교육시간은 120시간으로 정하며, 요양보호 서비스 관련 이론강의, 실기연습과 현장실습을 받도록 되어 있다. 경력자인 경우 일정 부분 경력이 감안되어 강의시간이 조정되지만 기본적으로는 요양보호사 교육기관에서 교육을 수료해야 자격증을 딸 수 있다.

면접 대상자 역시 이러한 교육과정을 거쳤고, 대부분 2급 교육과정을 마쳤다. 시도에 신고하여 필증을 받게 된 기관에서 교육을 받았는데, 이러한 교육과정이 가사간병노동자와 다르게 자격증을 가진 전문인으로서 인정받는다는 측면에서 도움이 된다고 보고 있다. 그러나 단순히 간호나 간병에 관련된 교육만 받는 것이 아니라 어렵고 '까다로운' 환자를 보살피고 '기분 나쁘지 않게' 이야기하는 방법, 환자와의 관계에서 발생할 수 있는 위험에 순간순간 대처하는 방법 등도 교육내용에 포함되어 있어 환자 돌봄이 쉬운 일은 아니라고 본다.

재가로 집에 갈 때, 그 재가 환자를 돌볼 때, 위험한 상황이 생기거나 과도한 요구를 할 때, 그런 교육도 받죠. 조금씩. 근데 이렇게 막 노골적으로는 안 하고, 그때 순간순간 대처하라고 그러는데, 간병을 가도 그런 것이 있고, 집으로 가도 그런 분이 있고 그러는데, 그분이 환자다 하고 조금 요구하면, 그것을 기분 나쁘게 그러면 인자 그 양반하고 나하고 이렇게 되는 거니까, 될 수 있으면, 나쁘게 하면 감정이 되어서 더 난폭해질 수도 있으니까 얼마든지 인자 말로 이렇게 , 그분이 기분 안 나쁘게끔.

……(교육에서는) 어떡하든지 그 환자분을 안심시키고, 최소한 서비스로 많이 관찰을 하고, 그 환자 보살피는 얘기를 하는 거죠. 진짜 그 1종짜리는 모르잖아요. 금방이라도 갑자기 숨 몰아쉬고, 우리 막 완전히 식물인간도 봤었는데요…….

그러나 일부 면접자의 경우 이미 간병 경험이 있는데도 교육을 받아야 하는 것이 교육기관만 배부르게 하는 것이 아닌가 하는 불만을 토로하기도 한다.

취업은 요양보호사(자격증 소지자)와 시설 간에 구인, 구직을 통한 근로계약으로 이루어지며 국가가 취업을 보장하는 것은 아니다. 또한 요양보호사의 급여나 근로시간도 「근로기준법」 등 관련 규정에 따라 시설과의 근로계약에 의해 정하게 되어 있으므로 요양기관마다 요양보호사에게 제공하는 근로조건은 매우 상이할 수밖에 없다.

요양보호사의 노동현실

여기서는 요양보호사가 경험한 노동의 현실을 구체적으로 살펴보고 문제점에 대해 알아보고자 한다.

요양보호사의 일상: 그들의 어느 하루

요양보호사가 어떤 일을 하는지를 하루 일과표에 나타난 업무내용을 중심으로 알아보았다. 세 사람의 하루 일과를 중심으로 재가 요양보호사의 일상과 노동의 현실을 살펴보자.

[사례 1] 인천에 사는 요양보호사 A씨는 5시 반에 일어나 집안일과 식사를 한 다음 8시에 집을 나서서 버스비 1,000원을 내고 일터로 향한다. A씨가 오늘 가는 곳은 치매로 1급 판정을 받은 할머니와 그 동네 공장에서 일하지만 다른 집에서 살며 가끔씩 와서 잠을 자고 가는 아들이 있는 집이다. A씨는 8시 50분에 도착하여 9시부터 하루 일과를 시작한다. 9시에 A씨는 할머니의 기저귀를 살펴보고 갈아주며 세수와 양치, 손발 씻기를 한다. 간식과 과일을 먹을 수 있도록 준비하고 할머니와 말벗도 한다. 또 화장실과 집안 청소도 하는데 보호자의 방까지 청소한다.

점심시간이 가까워지면 반찬을 준비하는데 할머니와 보호자 모두를 염두에 둔 양을 만든다. 아들이 와서 할머니와 식사를 하는 동안 A씨는 다시 집에 돌아가 부리나케 점심을 먹고 할머니 댁으로 돌아온다. 집에 왔다 갔다 하고 점심을 먹는 시간이 두 시간이다. 오후 2시부터는 할머니의 왼쪽 팔, 다리를 위한 운동 보조를 하고 다시 간식을 만든다. 1주일에 두 번은 목욕을 시키고 보호자의 빨래를 포함한 빨래를 한다. 오후 2시부터 시작하여 5시까지의 일이 끝나면 다시 버스를 타고 집에 도착한다.

결국 A씨는 보호자의 요청에 따라 출근, 퇴근, 출근, 퇴근을 반복해야 하고 여기에 소요되는 시간이 하루에 네 시간이나 된다. 집에 도착하기 전에는 시장에 들러서 반찬거리를 사서 씻은 다음 저녁을 준비한

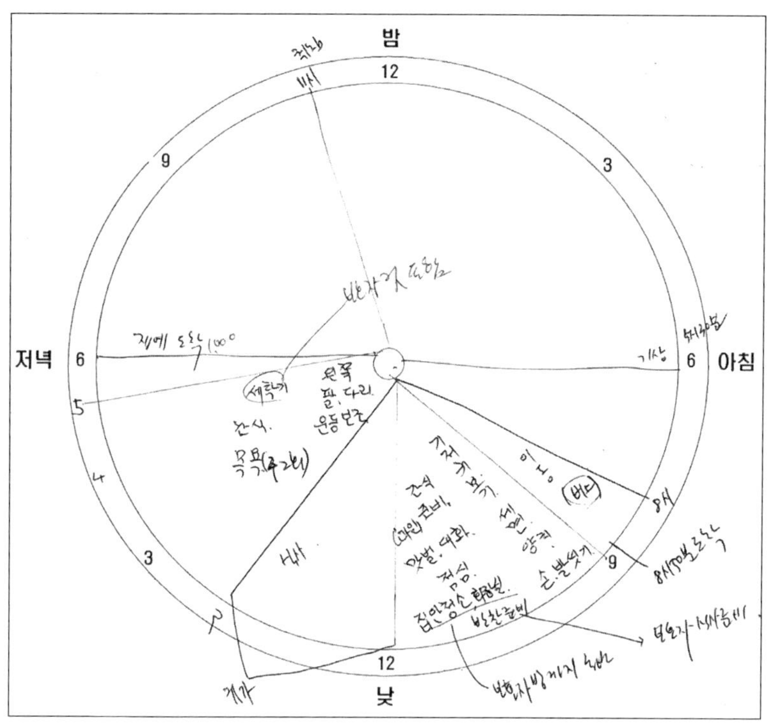

다. 11시경 취침하면 다시 다음날의 일정을 위해 5시 반에 기상한다.

[사례 2] 성남에서 요양보호사로 일하고 있는 B씨는 오늘 뇌병변 및 편마비환자 2급과 3급 두 사람을 돌본다. 아침 9시에 첫째 환자의 집에 들러 밥을 짓고 거동이 불편한 환자의 식사를 거들어준다. 똥, 오줌의 배설을 돕고 새 옷으로 갈아입히다 보면 벌써 두 시간이 훌쩍 지나 11시경이 된다. 이때부터는 빨래와 청소, 주변 정리를 말끔하게 해놓고 환자의 신체기능유지를 위한 몸 움직임을 돕는다. 꼬박 네 시간 동안 환자 간병과 집안일을 마감하고 서둘러서 오후 1시경 같은 아파트의

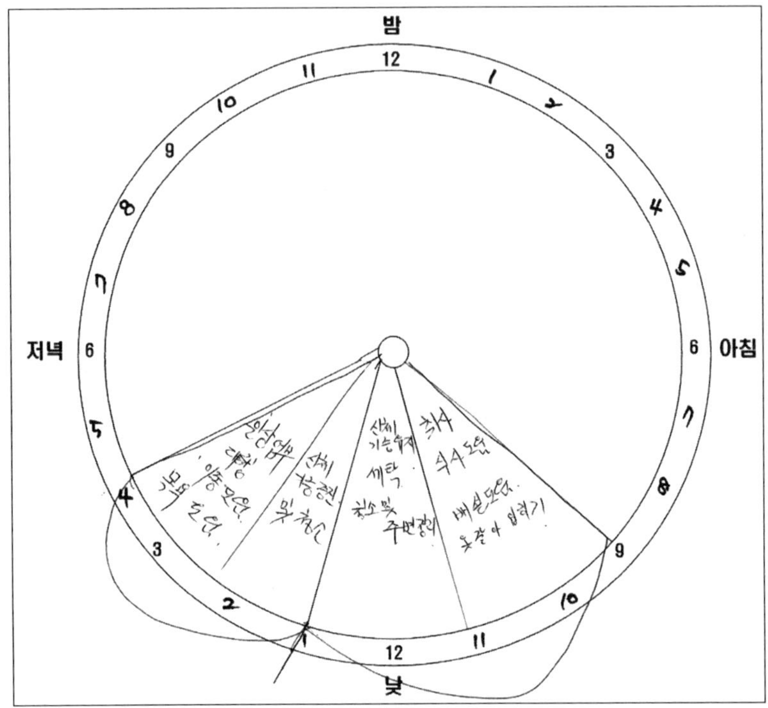

다른 동에 사는 3급 환자의 집에 간다.

세 시간 동안 청소와 환자의 신체기능증진을 위한 몸 움직임을 돕고 환자가 쉬는 동안 환자에게 필요한 각종 일상 업무를 보고 온다. 환자가 움직이고 싶을 때는 이동을 돕고, 목욕까지 시키고 나면 이미 세 시간이 흘러간 상태이다. 일을 끝내고 나서는 집으로 돌아와 가족을 위한 취사와 집안일을 하면 하루가 지나간다.

[사례 3] 요양보호사 C씨는 위장병, 혈압, 골다공증으로 3급 판정을 받은 91세 할머니와 치매와 어지럼증을 동반하여 항상 누워 있는 89세

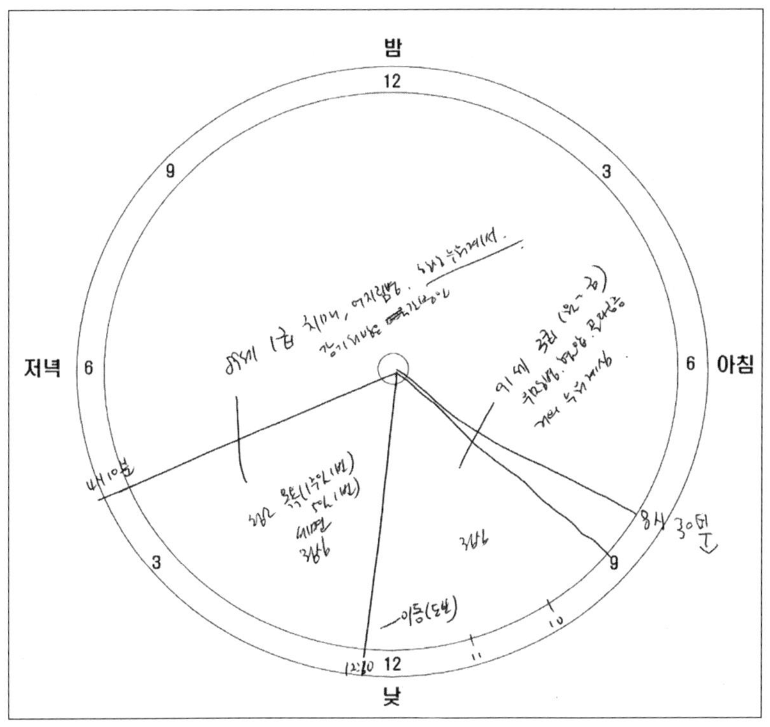

의 1급 할머니를 돌보고 있다. 아침 8시 반에 출근하여 세수, 취사, 청소, 쓰레기 수거 등 주변 정리를 한 후 할머니의 몸을 단장시킨다. 화장실 청소도 하고 이틀에 한 번 꼴로는 세탁도 한다.

이후 할머니가 점심을 드시도록 도운 다음, 바로 옆에 살고 있는 1급 할머니의 댁으로 걸어가면 낮 12시 10분부터 오후 업무가 시작된다. 항상 누워 있는 분이라 점심식사를 돕고 얼굴도 씻기며, 5일에 한 번 정도는 목욕도 시킨다. 집안 청소와 각종 주변 정리를 마치고 4시 10분에 집으로 향한다. 돌봐야 하는 두 분이 가까운 거리에 있어서 이동시간은 짧으나 양쪽의 집안일과 환자 돌보는 일을 함께하고 있다. 환자가 병원에 가야 할 경우 함께 가는 경우도 있고 혼자 병원에 가서 처방전을 받아오기도 한다.

위에서 소개한 하루생활표에는 나타나 있지 않지만 환자가 잠잘 때 등의 빈 시간을 쪼개서 다양한 업무를 수행하고 있다. 따라서 현실에서는 환자의 간병 이외에 집안일과 잡무가 모두 포함된 일을 수행하고 있는 것으로 보인다.

독거노인 같은 경우는, 와상 환자 같은 경우는, 우리가 항상 붙어 있는 것이 아니잖아. 상주하는 거 아니잖아. 환자가 주무실 때도 있을 거고, 그지? 그 틈을 이용해서 우리가 일상 업무를 봐드려야 해. 은행도 가야 하고, 세금 납부, 약도 타러 가기, 아주 자질구레한 거 다. 모든 거……. 그 사람을 위한 거잖아. 그건요, 대상자를 위한 것이거든요. 오늘 나 쌀 타러 세 번 갔다 왔는데, 동사무소에 쌀 타러 세 번을 갔다 온 거야. 가자마자 쌀 타오세요 그러는데 가져와야죠.

빨아야죠. 환자 옷도 빨아야죠. 세탁, 세탁 부분이 들어가기 때문에 들어가요. 그게 세탁. 밥도 없을 땐 해야죠. 국가자격증 딴 파출부야. 내가 볼 땐 완전히 국가자격증 딴 파출부 같아. 청소도 해야죠. 일정 다 해야지. 일상생활 업무, 심부름이고, 만능 엔터테인먼트가 되어야 해. 그럼 그 집에 가서 세 시간, 네 시간을 있는데 그러면 할머니만 바라보고, 할머니 가만히 누워 있는데 그것만 쳐다보고 있어요? 그건 아니죠. 중노동이에요. 이게 중노동이야.

특히 고객이 저소득층일 때 장을 보러가는 일은 가격을 낮추거나 싸

게 많이 사올 수 있는 업무까지 부가된다.

고객을 위한 '시장 개척'과 고용불안

노인장기요양보험제도가 2008년 7월부터 시행되면서 요양보호사의 업무가 시작되었지만 다양한 기관의 난립으로 인해 제도의 수혜자(고객)를 유치하기 위한 경쟁도 치열해지고 있다. 지속적으로 고객을 유치하기가 힘들어서 요양보호사가 '시장개척'을 해야 되는 분위기가 조성되고 있다.

제가 군더더기 말을 더 붙이면, 요양사 그거 뭐 내년에 시험이 생긴다 그래서 올해 무작위로 많이 받아서 6만 명이 넘었다 뭐 그 소리를 들었어요. 전 아직 따지는 않았지만, 약간 화가 나는 부분이 있어요. 결국은 교육기관 배 불리는 거 아닌가……. 몇십만 원씩 갖다가 저렇게 바치면서 그 사람들이, 과연 일하는 사람이 얼마나 될까?

위의 면접 대상자의 경우 고객유치가 쉽지 않은 시장환경 속에서 교육기관이 요양보호사 양성을 목적으로 교육을 하여 시장수요보다 많은 사람을 배출함으로써 고객유치가 더욱 힘들어질 수도 있다고 판단한다. 이런 상황이기 때문에 요양기관이 고객을 유치하고 일을 배분해주기도 하지만 요양보호사 자신이 고객을 '유치', '발굴'해야 하는 부담감까지 안게 된다.

발굴을 해야죠……. 발굴을 해야지, 우리가 이쪽에서는 사무실에서는 누가 어디가 아픈지 몰라요. 다 돌아다니면서 해야 되니까는. 대상자를 중

간에 어, 저기 아프신 분이 있어. 혹시 없어요? 그러면은 저기 한번 가봐. 동네에서……. 시장을 개척하는 거지, 시장 개척……. 가서 내가 개척을 하는 거야. 어, 어디가 아프시면 요새 좋은 저기가 있으니까 한번 해서 소개를 시켜가지고 건보(건강보험공단)에서 나와서 하고, 병원에 가구 대상자가 되면 저희 기관에서 봐드릴게요. 제가 봐드릴게요, 그러면은 그분이 내 대상자가 되는 거예요……. 혼자라도 하루 몇 집씩, 아침 때 가서 문이 잠겼으면 오후에 또 타고 가는 거예요.

새로운 고객확보뿐 아니라 지속적인 고객확보를 통한 고용안정과 소득안정은 고객의 상태에 따라 달라진다. 일반적인 서비스직종과 다르게 구매조건이 맞으면 지속적인 고객이 되는 것이 아니라 고객의 질병 상태, 사망이나 재가가 아닐 경우 요양기관이나 병원으로의 이송결정이 요양보호사의 업무, 소득, 고용 상태에 영향을 미치게 된다. 여기에 시장상황이 경쟁적이기 때문에 고객이 확보되지 않으면 무기한으로 고용되지 않은 상태로 남아 있을 수도 있다는 심리적 압박감까지 존재한다.

병원이 치료해가지고 그분이 치료가 안 돼. 다른 병원을 선택할 수 있는 환자한테 권리를 주는데, 우리한테는 권리가 없는 거예요. 그면 어떻게 해. 그때 당시 상실, 직장 상실이 되는 거지. 없어. 대상자가 그러다가 돌아가셨다, 없어. 고용불안이야, 고용불안이야. 대상자가 돌아가서버렸어. 그러면 90시간이, 1등급 90시간이 없어지는 거야. 나타날 때까지 대기하고 있어야 돼. 기간이 없어, 기한이 없어. 사람이 나와야 되거든요. 또 이 사람이 너무너무 아파서 재가로 갔는데, 병원으로 장기입원을 가. 우리는 병원을 따라갈 수가 없어요. 너무 심해서 가족들이 볼 수가 없다 그러면 요양원으로 보내. 그럼 우리는 손님이 끊겨지는 거예요. 그러니까 대상자가 없다 보니까 이게 고용불안이 되는 거야.

저는 짤리면 어떡하나 그런 압박감이 있어요. 압박감. 왜 그러냐면 경쟁을 하잖아. 요양사는 경쟁을 하잖아. 그래, 저 사람 내 밥줄이야. 내 밥줄이 떨어지면 안 돼. 그런 고용 그런 압박감이 있어 가지고 심리적 압박감이 되게 커요, 심리적……. 왜 그러냐면 다른 곳에도 많잖아요. 요양사 자격증 취득한 사람이 많기 때문에…….

임금과 노동시간

고객확보 노력과 고용불안정의 측면을 안고 있는 재가 요양보호사의 임금, 노동시간 등 근무조건은 어떠할까? 임금은 시급으로 지불되고 기관별로 다르지만 시간당 약 7,000~8,000원을 받는 것으로 나타났다.

요양사는 1만 1,000원인데 이것저것 떼서 시간당 6,950원이잖아요……. 병원간병인과의 차이…… 급여가 그쪽엔 많지. 그 사람들은 저기지, 24시간 있어야 되고요. 지금 하루에 7만 원이라 그러던데…….

병원간병노동자와 비교해볼 때 요양보호사는 병원간병노동자보다 시급은 높지만 24시간 일하는 간병노동자보다 노동시간이 적어 전체적으로 받는 수입은 적은 것으로 보고 있다. 그러나 병원간병노동자와 다르게 4대보험이 적용되는 이점이 있다.

아, 27시간에 10만 얼마, 40만 얼마. 또 하다 보니까 늘어 갖고 60만 얼마도 타고…… 근데 지금은, 7월 이후부터 요양 그 자격으로 하면서 한 100만 원 정도 돼요. (일하는 시간이 한 달에) 한 160시간 정도 되나? 91세, 89세 두 분으로 160시간 해요. 지금 놀고 있는 사람이 많아. 놀고 있다기보다 한 사람 정도 하면, 이게 100시간 이상을 해야지. 그 주차라는 게 있어. 수당, 그게 붙는데, 100시간 이상 안 할 때는 수당이, 60시간 이상이면 조금 주는데 100시간 이상이어야지 붙거든. 그러니까 한 사람만 하면은 40만 원 정도밖에 안 될 거 같아. 40 몇만 원 조금 더 넘을 거 같아. 그러니까는 어떻게 해야 되나 뭐 그런 거지.

그냥 일하면서 남 도와준다 생각하니까 그것도 괜찮은데 임금이 적은 거지 뭐. 그죠. 시간을 한 155시간 160 몇 시간 하는 데도 100만, 100 몇만 원. 이 정도밖에 안 돼. 그때 교육받을 때는 120만 원, 150만 원 된다고, 그렇게 교육받았거든요? 그러면 120만 원만 벌어도 이 나이에 교통비 제하고 뭐하고 남는 게 없어.

돌보아야 하는 수혜자가 고정적으로 있는 경우를 제외하고는 전체적으로 임금이 적다고 생각하며 특히 교통비, 점심 등을 제외하면 수입은 더욱 적어진다. 다만 방문하는 가정이 지리적으로 가까운 경우 빨리 이동할 수 있기 때문에 요양기관에서 배정해주는 수혜자 가정 간의 거리가 매우 중요하게 작용하는 것으로 나타났다.

이 할머니들 하기 전에는, 네 할머니를 27시간씩 하면은 108시간 했거든. 막 동서남북으로 해놔 가지고 나, 병이 났었잖아. 우이동, 대지극장 앞,

번동, 그리고 이 산 꼭뚜배기. 그거는 또 한 할머니 당 27시간밖에 안 했어. 그니까 108시간밖에 안 돼. 그래 갖고 60만 원밖에 안 됐었어. 차비 빼고 뭐해서 차비 많이 나가니까, 자전거 탈 줄 아니까 자전거로 막 동서남북으로 헤매잖아. 우이동으로…….

…… 3시간, 3시간, 2시간, 3명을 보니깐…… 그 집에서 그 집으로 가고, 그러니까 편리하게 사무실에서 짜주니까, 그 시간표를. 대상자를 다 해갖고. 내가 분당 산다, 그러면 분당에 가까운 데 해주고, 내가 여기 산다, 그러면 되도록 차를 안 탈 수 있게끔 해주시죠. 이동거리가 짧을수록 우리들한테는 합리적이죠. 시간적으로…….

특히 기관별로 지불하는 시급이 다르기 때문에 어떤 기관에 소속되어 있는가에 따라 임금 수준도 차이가 난다. 요양보호사끼리는 다른 기관에서 주는 임금의 수준을 서로 소통하면서 알고 있지만 다른 곳으로 옮기기가 쉽지 않아서 임금의 차이만 인지하고 있을 뿐 임금인상에 대한 이야기는 전혀 꺼내지 못하고 있다.

센터를 옮기는 거는 딴 센터 얘기 들어 보니까 임금이 더 센 데가 거의 다야. 우리가 젤 적더라. 어떻게, 그것도 그렇고, 그런 거였고. 아이, 다른 거는 없어. 임금 땜에, 우리가 일하는 게 그거지 뭐. 그래 갖고 뭐 사무실에 맨날 들어가 가지고 그 사람들 하고 부딪히는 것도 아니고, 나와서 우리 일만, 우리 본분만 잘 지키고, 열심히 하면 되지 뭐.

전체적으로 임금이 낮다고 인식하는 반면, 일부에서는 수혜자의 등급별로 시급이 조정되어야 할 필요성을 제기하고 있다.

> 좀 환자에 따라서 그게(임금이) 좀 차별화됐으면 좋겠어요. 1등급, 2등급 같은 경우에는 똑같이 시간당 6,950원을 주는 게 아니라 조금 인센티브를 조금 부여해줬으면 좋겠어요. 저 같은 경우에는 되게 힘들거든요. 2등급 대상자 분이니까. 반찬 만들어야 되고, 독거노인 혼자 사시는 분이에요. 가족들도 거의 돌보지 않는 상황인데, 세탁에서부터 반찬에서부터 일상생활에서부터 온갖, 아까 이분이 말씀하신 대로 집사야 집사. 그런 시간을, 개념을 평준화시킨다는 게 조금 불만족스럽더라고.

시급이 낮기 때문에 더 많은 고객을 확보하며 노동시간을 늘리고 싶은 것이 요양보호사의 마음이다. 그러나 앞서 설명한 바와 같이 고객이 병원이나 요양원으로 옮기거나, 사망해버려 수혜자의 입장에서 시간을 단축하게 되면 요양보호사의 이러한 바람도 이루어지기 힘든 상황이다. 특히 수혜자가 서비스를 원하는 시간대의 앞이나 뒤의 시간을 활용할 수 없는 경우는 요양보호사의 노동시간에 영향을 미칠 수밖에 없다.

> 날마다 세 시간씩을 봐야 되는데, 그것도 황금시간 요때만 해야 되기 때문에, 내가 딴 일을 더 못 하는 거야. 거기만 바라고, 그 사람만 바라고, 날마다 가면서 30만 원, 40만 원. 날마다 가면서 고거 벌어서 내가 뭐를 해? 처음에는 봉사 차원에서 노느니 한다고 왔는데, 하다 보니까 교통비도 들고, 그거 받아서 뭐를 해? 시간은 거기에 뺏겨 가지고 아무 일도 못 하고. 그 시간을 한 시간서부터 몇 시까지니까 딴 일을 못 하는 거예요. 다른 사람 하나 더 받아야 되잖아. 그 사람 때문에. 그래 갖고 그 시간을 좀 변경을

하재도 싫다고 그러고. 자기 이익 대고 막 그러더라고. 그런 사람들은 자기밖에 몰라.

요약하자면 요양보호사는 교육을 받고 자격증을 취득하여 간병을 맡고 있으나 이러한 자격증이 지속적인 노동으로 연결되는 것은 아니다. 요양기관과 노인장기요양보험의 수혜자가 얼마나 잘 연결되어 있고, 얼마나 많은 고객을 확보하여 요양기관에서 요양보호사에게 연결시켜주는지에 따라 달라지는 것이다. 임금, 노동시간과 노동 스케줄은 요양보호사가 간병하는 수혜자의 수와 등급 , 방문해야 하는 가정의 이동거리 등에 따라 달라진다. 그리고 이러한 노동시간은 개인 요양보호사가 획득하는 수입과 직결된다고 볼 수 있다.

모호한 업무 경계 : "쓰던 파출부도 안 쓴다?"

요양보호사는 자신들의 업무가 환자를 대상으로 한다고 인식하고 있다. 요양보호사 자신은 환자에 대한 간병, 정서적 지원, 가사도움이 업무라고 보는데, 문제는 재가서비스가 가정에서 이루어지기 때문에 환자와 그 가족에 대한 가사지원의 경계가 모호하고 업무의 '테두리'가 불분명하다는 것이다. 특히 보호자 중에서 요양보호사의 업무를 '파출부'와 비슷하게 인식하여 환자에 대한 일만이 아니라 전 가족을 위한 것으로 오인함으로써 발생하는 문제가 많다. 다음의 사례들은 이러한 현실을 잘 대변해주고 있다.

(마늘을) 빻았어. 며칠 있다가, 빻아서 다 냉동실에 넣고 했는데 또 마늘을 까야 된다는 거야. 그래서 할머니, 며칠 전에 한 거 드시지도 않았는데

왜 또 이렇게 많이 까세요? 그러니까 손주 며느리, 따로 사는 손주 며느리 있지? (손주 며느리를 주려고 하는 거야) 그 할머니 못 드시는 거 알면서 그냥 할머니 비위 안 거스르려고 했어. 또 (아들) 공장에서 먹는 거까지는 내가 하는 게 아니에요, 할머니에 대한 거만 하는 거야 그랬더니 또 삐쳤어. 사실은 세탁 같은 거는 (아들 것까지는) 다 해준다, 지금.

…… 설거지, 식구가 먹었어요. 나도 아침에 가서 같이 먹었어요. 식사 중에는, 그러면은 이 사람 출근해야 되면 내가 해야죠. 그 이 사람 꺼 밥그릇 빼놓고 할 수는 없고. 세탁기 돌리면 이 사람 것도 돌려줘야지. 교육받을 때는 그걸 다 하지 말고 할머니 꺼만 빼서 해라 그러는데 우리가 그럴 수는 없어요.

이용자가, 무심코 환자 목욕을 시키고 있는데 빠는 김에 이것도 빨아요, 휙 던져줬을 때 기분은 분명 틀리거든요. 그랬을 때 저는, 이거는 이런 대우를 받기 위해서 이분한테 이렇게 하는 게 아닌데, 그래서 한번 얘기를 드려야겠다 생각을 했었어요. 이건 아닙니다, 하고 정중하게 얘기를 드려야 되는데 기회를 놓쳤어요. 그랬을 때는 그러면 일 자체가 힘들어져요. 마음이 힘드니까 일하는 자체가 의욕이 상실되는 면도 있고.

요양보호사 교육기관에서는 실제 현장에서 보호자에 대한 돌봄을 해야 되는 경우도 있다고 이야기하거나, 반대로 보호자가 환자가 아닌 가족이 가사를 요구하면 거절하라고 교육하기도 한다. 교육기관마다 차이가 있어서 보호자의 요구에 대처하는 방법은 일관적으로 교육되지는 않는 것으로 보인다. 문제는 요양보호사는 환자에 대한 서비스를 제공하기 때문에 환자 이외의 가족에 대한 서비스는 업무 이외의 일이라는 점, 환자와 보호자를 위한 가사지원이 경계가 불분명할 때가 많다는 점, 보호자가 가족을 위한 지원을 요구할 때 거절하기가 쉽지 않다는 점이다. 실제로 요양보호사를 '파출부'로 오인하여 많은 가사를 부담시키는 경우도 있는 것으로 나타났다.

환자를 돌보기보다도, 환자를 돌보는 거는 당연하고, 그 외에 살림 있잖아? 파출부 쓰던 사람들도 다 안 쓰고, 다 막 시켜.

이러한 현실로 인해 요양보호사들은 자신의 일에 대해 정확한 업무 규정이 주어지고 이것이 현실에서 반영되기를 원하고 있다. 요양기관에서도 이 문제까지는 신경을 쓰지 못하기 때문에 서비스 이용자에게 이러한 부분에 대해 인지하게끔 하는 공문을 보내거나 홍보가 필요하다고 보고 있다. 서비스제공자가 자신의 업무를 이용자의 가족과 분리해서 말하기는 어려우므로 이용자와 보호자에 대한 홍보가 필요하다는 것이다.

일의 테두리를 좀 해줬으면 좋겠어요. 왜? 흔한 말로 국가파출부 자격증이다, 그 소리는 안 듣게끔. 중간에 나서 가지고 우리의 그 인격 상승, 우리의 그 업그레이드다운 그런 것을 조금 이렇게 보여줬으면 좋겠어.

완전히 파출부라니까, 파출부. 할머니도 혼자 사는 할머니는 무조건 다 해줘야 된다고 생각하고 다 해줬어. 해줘야 돼, 또. 뭐 시장 보는 거고 병원이고 뭐 다. 산꼭대기거든? 다 해줘야 되는데, 마늘을 예를 들어, 얼마 전에 많이 까 가지고 다 빻아줬어. 할머니들은 또 우리 마냥 카터기에 탁 빻는 거 싫어해. 우리는 그렇게 하잖아. 손빨래 다 해요.

"친해지면 그럴 수가 없어요"라고 이야기한 것처럼 같은 이용자를 오래 상대하게 되면 친밀성 때문에 업무가 공식화되지 못하고 비공식적으로 이루어지는 경우도 발생한다.

요양보호사 - 환자 - 보호자의 관계와 감정노동

요양보호사의 업무에는 '중노동'으로 표현되는 목욕 등의 일과 일상적인 가사지원이 포함되지만 고객이 환자이고 환자의 보호자와 관계를 갖기 때문에 사람과의 관계가 업무의 중요한 측면으로 부각된다. 특히 고객마다 '사람이 다르기' 때문에 다른 방식으로 대처해야 하고, 돌봄이 필요한 환자이므로 특히 요양보호사의 감정노동이 지속적으로 필요하게 된다.

항상 사람에 따라서 우리는 달라져야 돼요. 그 환자에 따라서. 어, 이 사람은 이렇게 해줘야 되고…….

그 할머니들, 아무리 친절하게 하려 그래도 할머니들이 이게 안 되니까, 인지가 안 되니까 그냥 비위를 맞추는 거야. 한 할머니, 혼자 사는 할머니는 무조건 네네.

봉사하는 보람이지 뭐. 내가 이 할머니들, 나 하고는 진짜 거리가 먼 사람들이었는 줄 알았는데 이렇게 해보면 할머니들 순진한 게 또 있거든. 애기 같고. 비위 맞춰주고 이러면 표정이라든가 이런 게 다 애기 같아. 그럴 때가 있는데 지금 91세 되는 할머니는 그런 거 전혀 없어. 홀로서기가 너무 잘 되어 있고, 자식이 없거든. 그러니까 너무 꼿꼿해 갖고 약간 정이 있으면서도 쌀쌀맞아. 그러니까 그런 거 감안을 하고 해야지 돼.

어려운 거는 할머니들이 인지가 안 되니까 너무 이렇게 기분 같은 것도 그렇고, 오늘은 기분이 너무 안 좋아서 톡톡 쏠 때도, 말 자체를 탁탁 이렇게, 맘에 안 들어서가 아니고 자기네들 기분에 따라서 하거든, 할머니들이. 그러다가 어머 그러면 가기 싫을 때 있어. 그런 날 또 있어. 그래 갖고 그 이튿날 가기 싫다 이런 생각을 하고 또 가면 아무렇지도 않아. 그니까는 할머니들 애기같이 해야 된다는 게, 우리 생각으로, 정상적인 사람들 하고 생각하면 안 돼. 정상적인 사람 같으면 그렇게 화도 낼 수가 없고, 그 뒷날 분명히 가면은, 가기가 싫은 건데 할머니들은 그게 안 되니까 그거를 우리가 이해를 해야 되는 거야. 내가 기분은 좀 나쁘지만.

환자가 어떤 사람이냐에 따라 그에 맞게 대우해줘야 하는데 특히 치매나 정신적 장애가 있는 경우는 이에 맞게 대응해야 하는 것이 요양보호사의 업무이다. 그러다 보니 환자인 줄 알면서도 '기분이 나빠지는' 것에 스스로 대응해야 하고 환자의 상태에 잘 맞추어야 한다.

예를 들어 환자가 치매인 경우 현실에 대한 왜곡이 심해 요양보호사가 피해를 입을 수 있다. 환자가 요양보호사를 의심하는 상황에서 만약 보호자가 알고 있고 이에 맞게 요양보호사를 대우해준다면 부담 없이 환자를 돌보고 관리할 수 있지만 그렇지 않은 경우는 관계가 나빠져 일을 계속할 수 없게 된다. 다음의 사례는 치매가 심해 요양보호사가 도둑질을 하고 있다고 믿는 환자에게 늘 의심받지만 보호자가 이러한 상황을 잘 알고 있고 요양보호사를 인정해주어 '별 탈 없이' 업무를 수행하게 된 사례이다.

……저분을 지금 6개월째 보거든. 6개월째 보는 데는 12월 초야 딱. 6개월 되는 때. 어머 나 보고, 마늘도 가져갔다 그러고 고춧가루도 가져갔다 그러고, 막 또 아들한테 저 아줌마가 쌀도 두어 됫박 가방에 들고 가는 것 같더라. 그거 열어 가지고 갖고 오라 그러고 막 그랬데. (웃음) 앞치마 이런 거 막 해면서, 이 아무것도 없는데 글쎄, 그래서 어우 혼자 생각에, 솔직히 나는, 우리 집이, 우리 집 사는 거를 보면 저 사람들이, 살다 보면, 가보면, 우리보다 다 못 한 집이거든. 솔직히 다 못 한 집이야. 거의 다. 내가 걸린 집들은. 그리고 딴 사람이 보는 집도 잘 사는 집도 있지만, 못한 집도 많대. 근데 세상 무슨 그런, 기분이 엄청 안 좋았어. 이걸 이틀이나. 한번 보여줬는데도, 그 이튿날 또 그래. 흐린 날이 또 더 하더라고요. 그 이튿날 또 그래 갖고 또 보여줬어. 그날은 내가 또 조금 이랬어. 처음에는, 할머니 나 아무것도 없어요. 무겁지도 않고 아무것도 없어요. 이거 앞치마고 뭐고 수첩이고 다 보여줬어. 그 이튿날 또 그렇게 해서 할머니 아무것도 없다니까 그러면서 조금 내가 화를 냈어. 그러니깐 가만 있어. 가만 있고 아들한테, 자기가 인제 멋쩍었는지, 아들한테 혼날까봐 그랬는지, 아들이 그렇게 하고 나면 막 뭐라고 그런대요. 보호자들은 알고 있어야 되니까 내가 얘기를 하지. 어우 할머니가 막 그래 가지고 이거 열어 드렸는데도 또 그래서 또 두 번이나 보여줬다고. 그랬더니, 어우 기분 나쁘게 생각하시지 마세요. 엊그제는 또 그 아줌마가 쌀 두어 됫박은 넣어 갖고 가더라, 가는 거 같은데 가서 열어보고 뺏어 오랬대. 그러니까 그 사람들이 이해를 하고 사람들이, 보

호자들이 좋더라고. 그러니까 하는 거야 그냥.

요양보호사를 심하게 대우하는 환자나 보호자도 있지만 가족들에게조차 이런 마음을 풀고 살기가 쉽지 않다. 환자의 상태가 안 좋고 이런 대우를 받으면서 일한다는 것을 가족에게 알려 속상하게 할 필요가 없으니 '혼자 삭이게' 된다.

> 나쁜 일 있고, 내가 벌써 나쁜 일을 겪었는데 내 자체로 그냥 소화를 시키지 그런 얘기까지 가서는 안 해요. 일부러. 하고 싶지가 않아요. 내 스스로 풀어야지. 가서 식구들한테 얘기하고 싶은 마음은 없어요. 그렇다고 굳이 그런 분들이 정상이 아니시고 아프신데, 그런 말씀하셨다, 그런 얘길 하면 또 설명을 해줘야 되잖아요? 가족들한테. 또 이해를 시켜야 되잖아요? 그런 것들이 싫은 거야. 그래서 제가 그냥 다 소화하고 말아요.

업무수행과정에서의 성적 위험

재가서비스는 사적인 영역에서 이루어지기 때문에 돌봄노동을 수행하는 요양보호사는 혼자 환자와 같은 공간에서 지내게 되는 경우가 종종 있게 된다. 고립된 공간에서 특히 환자가 남성일 경우, 여성요양보호사에게는 성적 접근이 업무의 위험요인으로 다가올 수 있다. 주로 젊은 사람보다 나이 든 장년층이나 할아버지, 알코올중독자 등 상태가 심한 환자인 경우가 많다. 면접 대상자는 자신의 이야기나 주변 요양보호사의 이야기를 전달하면서 이러한 위험요인에 대해 말했다. 예를 들어 주무르기나 마사지 등의 요구가 확실히 업무적인 것인지 성적인 것인지 구별되지 않는 상황에서 환자가 성적인 접근을 시도하는 경우가 있다. 또 포르노 틀어 놓기, 성적 행위 흉내 내기, 옷을 일부 벗고 있는 경우, 몸 만지기 등이 그 예이다.

> 어디로 앉으래요? 이불 속으로? 예, 들어오래. 빤스만 입고 앉아 있는데. 우리가 교육받을 때는 남자 대상자일 때는 튈 준비를 하고 문을 열어 놓고 해라. 그 더운 여름에 냄새는 막 나고 오줌통은 방에 있는데, 내가 문을 열어 놓고 딱 들어가니까 소리를 빽 지르면서 문 닫으라고……. 말은 못 하지만 안하무인으로 이런 일이 많이 있어요. 나는 다 필요 없고 여기만 주물러주면 된데. 물론 주물러주라 그러면 주물러줘야 돼요 환자는. 환자는 풀어줘야 되니까. 근데 홀딱 벗고 있는, 빤스만 입고 있는 그 노인네를. 남잔데…….

> …… 팬티만 입고 포르노를 틀어 놓고 그걸 하고 있더래. 근데 이제 우리 그 선생님이 센 사람이니까 그걸 놀래지 않고, 아무 소리 않고, 안녕하세요? 그러고 들어가서 치우고. 이렇게 이렇게 술병은 널브러져 있고, 알콜 중독자니까…… 그리곤 다 해놓고, 아저씨! 하려면요, 하려면요, 방에 가서 하세요. 그러고는 …… 포르노 보면서 자위행위 하고 있었다는 거예요.

> 저는 요양보호사 하기 전에 가사간병으로 한 1년여 동안 한 댁에 있었어요. 그 부인께서 중풍으로, 뇌졸중으로 5년 정도 와상 환자로 누워 계신 분이었는데, 남편 분이 병간호 하셨고. 제가 없는 사이에는 하고 계시는 댁인데, 언젠가는 하루는 갔더니 할아버지가 자꾸 주방에서 그 할머니 식사 설거지를 하고 있는데 갑자기 제 등을 막 겹치면서 참 이상하게 신체 접촉 하려는 거 있죠? 황당해가지고 이걸 어떻게 처리해야 되나 당황을 했었거든

요. 그래서 그때는 교육받으면서 어떻게 해야 된다는 것을 알았었어요. 그 때는 다급하게 그 자리에서 침을 주라는 거야. 뭘 침을 꾹 주는 게 아니라, 따끔한 일침을 주라는 거야……. 할아버님, 저 이렇게 하면 저 여기에 못 옵니다. 그리고 이렇게 행동하실 경우에는 저 기관에 전화할 수도 있어요. 그래도 나름대로 대처방법이 순간적으로 생각이 나더라고요. 그랬더니 그 다음 날 갔더니, 할아버지가 조금 순해졌더라고. 그런 경우가 있었어요, 저한테는…….

위와 같은 환자의 행동에 요양보호사는 말과 행동, 다시 찾아오지 않을 것이라는 언급 등을 통해 대응한다. 그러나 사적인 공간에서는 늘 이러한 위험에 노출될 수 있기 때문에 이를 방지하기 위한 방법은 2인이 1조가 되어 방문하는 것이다. 하지만 "우리 기관에 선생님이 모자란 거야. 그리고 또 카드를 찍기 때문에 혼자만 카드를 찍어야 되거든. 그 사람 2시간을 봐야 되는데……. 1시간씩 나눠갖자고 거길 갈 수는 없어요"라고 표현한 것처럼 다른 요양보호사와 시간을 나누어야 하는 부담 때문에 2인 1조는 사실상 어렵다. 위의 사례처럼 '일침'을 놓았을 때 문제가 해결된다면 다행이지만 그렇지 않은 경우는 참거나 해당 환자에 대한 일을 중단할 수밖에 없다. "우린 급하면 119밖에 안 불러요"라고 한 것처럼 환자의 위급상황에 대한 대처는 있지만 정작 요양보호사 자신의 위험에 대해서는 확실한 안전장치 없이 일을 계속하고 있다.

건강의 문제

요양보호사 일을 하면서 건강상의 문제는 나이가 들어감에 따라 힘들어지는 부분 외에, 환자의 이동이나 관리를 하느라 요통을 포함한 근골격계에 이상이 생기는 경우가 많았다. 특별히 다른 건강문제는 없고 이러한 건강상의 문제가 일을 수행하는 과정에서 어쩔 수 없이 나타난다고 인식한다.

> 요통이 젤 심해요. 허리……. 56세 되신 분이 누워 계신 분인데, 목욕을 저 같은 경우는 일주일에 세 번 시켜드리거든요. 이렇게 키로 봐서는 조그마한 소인이세요. 근데 아무래도 처지시니까 들었다 놨다 하는 게, 그리고 목욕탕까지 이동을 하고. 뭐 이런 관계가. 그니까 요통이 제일 심해요. 그래서 한의원을 좀 많이 다니는 편이거든요.

> 와상 환자신데 몸은, 체구는 조그만하신데 전혀 혼자 일어나지를 못해요. 그래서 그냥 자주 기저귀 대소변을 저희가 해드려야 되고 하는데, 일으켜드려야 하는데, 식사하실 때는. 일으켜드리고 하다 보니까는 한쪽으로만 이렇게 몸을 어떻게 하다 보니까는 견갑골 같은 게 조금 많이 무리가 오더라고요. 누워 계신 분, 축 처져 있으니까 아무래도 좀 무겁잖아요.

> 요통 때문에 한의원을 자주 가니까…… 누가 될까봐 사소한 거는 개인 처리하고…… 기관에도 하면은, 그게 또 요만했던 것도 커지고 바라보는 시선도 있고 그러잖아요. 아는 사람 하나는 산재까지는 안 가고 개인의료보험 처리하고 병원 가서 간단히 약 짓고 주사 맞고 그런 경우가 있는 거 같아요.

요양보호사는 4대보험이 적용되어 일과 관련한 건강문제가 발생했을 때 산재보험이 적용되지만 그에 대한 인식은 저조한 것으로 보인다.

따라서 몸이 아파도 시간을 내어 한의원을 가거나 개인적으로 처리하는 것으로 나타났다.

권리 챙기기가 어렵다

요양보호사는 환자를 연결해주는 요양기관에 환자가 일과 관련하여 무리한 요구를 하거나 성적 문제가 발생할 수도 있는 상황에 대해 조치해달라는 이야기를 하기 힘들다고 한다. 자신들도 충분히 보호받아야 한다고 인식하고 있지만 환자 유치 경쟁이 심한 상황에서 기관에 이야기하여 환자를 교체해달라고 말하기가 어려운 것이다. 또한 개인적으로 대응하지 못하고 기관에 이야기하는 것이 자칫 환자를 다루는 능력이 부족한 사람으로 인식될 수도 있다고 생각한다. 따라서 요양보호사가 해야 된다고 생각하는 직무를 넘어서는 요구나 직무 관련 위험요인에 대해 동료 요양보호사와 이야기를 하는 정도에서 그쳐 자신들의 권리보호는 어려운 것이 현실이라고 한다.

(환자가 무리한 요구를 하거나 성적 접근을 시도할 때) 우리는 민원이 두려워서 찍 소리 못 하고, 사무실에서는 그 얘기를 개인적으로 하기도 하지만……. 그거는 사무실에서는 지금 여기 강북구만 하더라도 이런 기관이 마흔 몇 개래. 요양원, 병원, 요양병원, 우리 기관 같은 거 해갖고 마흔 몇 개래. 그러니까 막 나눠먹을라니까, 서로 막 경쟁이 치열하니까 사무실에서는 요구하는 대로 해주는 걸 원하지……. 경쟁이 치열하니까 그렇지.

싫어하면 사람(환자)이 바뀌어야 되잖아. 그러니까 말을 못 하고 힘들어도 그냥 하는 게 많아 차마……. 근데 인제 보통 이런 거 같은 거는 사무실에 다 얘길 안 해 우리가. 집 식구들끼리도 안 맞을 때가 있는데, 근데 이건 부당한 거인 줄 알면서도 다 얘기할 수가 없어. 왜냐면 팀장이나 기관에 들어가서 자꾸 얘기하면 나도 그렇게 좋은 사람으로 또 보질 안잖아? 그렇게 하다 보면, 그니까 참고 거의 다 하다가, 하다가 안 될 때 인제 얘기를 하고 해서 이렇게 다른 기관으로 넘어가는 사람도 있는 거지.

사무실에서 해야 되는데, 거기서 하면, 그렇게 막 좋아하지 않아. 사무실에서, 저 사람들 하고 우리가 이렇게 관계가 안 좋아지면 자기네들 끊기는 거잖아, 거래가. 그러니까 안 좋아하니까 사람들이 다 참고 해달라는 대로 해주는 거야.

직업으로서 요양보호사의 의미

앞에서 기술한 노동현실에서 일하고 있는 재가 요양보호사는 직업으로서의 요양보호사를 어떻게 생각하고 있을까? 각자의 직업에 대해 자부심을 가지고 일하는 것은 개인의 자존감과 서비스의 질, 양 측면에 영향을 미치게 된다. 따라서 여기서는 요양보호사 스스로가 느끼는 직업의 의미를 알아보았다.

요양보호사는 여성에게 더 '적합'한 직업인가?

요양보호사가 대부분 여성인 현실에서 과연 이러한 직업이 여성에게 '적합'한 직업이라고 생각하는지에 대해 질문해보았다. 여성요양보호사는 업무수행 시 환자를 들어야 하는 경우 등 무거운 사람이나 물건을 옮기는 일이나 남자 환자로부터 당할 수 있는 성희롱 등에서 자유로운 점에 있어서는 남성이 이 분야에 적합할 수도 있다고 본다. 특히 남성 환자의 성적 접근과 같은 위험요인을 생각하면 남성요양보호사가 담당하는 것이 여성의 입장에서는 더 나은 것이다. 그러나 재가서비스의 경우 업무의 많은 부분이 가사노동과 정서적 지원에 할당되는데 이러한 업무는 남성보다 여성에게 더 적합하다고 한다. 일부 요양보호사는 가사노동은 남성이 하기 어렵기 때문에 요양보호사가 남성에게 적합한 직업이 아니라고 생각한다. 면접한 요양보호사들의 경우 전통적인 성별 분업과 업무상 위험요인을 기준으로 이 일이 여성에게 '적합한' 부분인지에 대해 판단하고 있는 것으로 나타났다.

남자환자인 경우 성희롱 (당할 일도 없고), 무거운 사람(을 들 수도 있지만) 재가(요양보호사)는 취사가 주이기 때문에 남자에게는 맞지 않다. …… 그런(성희롱 하거나 몸을 못 움직이는) 남자 분들 때문에 남자 케어사가 꼭 필요하다는 거야. 근데 남자가 너무 없어요. 남자요양사가 없어요. 남자는 남자한테 가야 돼요. 벗고 씻고 할 때는 무겁고 씻겨줘야 할 때는 남자 분이 있어야 돼요.

수혜자들 하고만 잘 맞으면 (계속) 하고 싶어요. 근데 너무 부당하게, 지금 이 사람들은 내가 세탁기에다 하니까 그런 거는, 그런 것까지는 불만 없어 나는. 근데 그 친구같이 딴 식구들, 따로 사는 딸네 음식을 해주든가 그런 거는 못 하지. 여성으로서 비굴하지만, 이거는, 재가는, 남자를 시킬 거는 아니야. 우리 여자들이 해야 돼.

남자 파출부도 있고, 다 있긴 있는데. 그렇지만 여자가 다 씻겨야 되고 아무리 어르신이든 젊은이든, 여자는 남자를 다 씻길 수가 있는데, 내 부인이 아닌 담에는 참 어렵다고 생각해. 재가 나가면 그 대상자님들이 남자 분보다 할머니들이 많아요. 여자 분들이. 그리고 그 치매도 확률이 여자 분이 많거든요.

요양보호사는 다른 직업과 비교할 때 어떠한가?

요양보호사는 자신의 현재 직업을 과거 자신이 몸 담았던 직업이나 병원 또는 시설 간병노동자와 비교했다. 요양보호사는 재가서비스 제공이 중년층 여성이 많이 종사하고 있는 판매서비스직종보다 더 힘든 일이라고 판단한다. 과거에 이러한 직종에 종사했던 피면접자들은 현재 나이가 더 든 상태이지만 백화점 등에서 일하는 서비스 직종보다 더 힘든 일을 하고 있다고 말한다. 청소같이 정해진 시간에 정해진 일만 하는 일은 여러 가지 일을 요구하는 요양보호사보다 규정된 업무가 있어서 더 나은 직업이라고 보기도 한다. 다만 요양보호사를 바라보는 사회적 시선이 과거 자신들의 직업보다는 낫다고 인식하고 있었다. 교육과 자격증 획득을 통한 '관리', '전문'인으로서 대우받을 수 있다는 인식과 희망이 깔려 있기 때문이다.

……(그럼 백화점 일이랑 이 간병 일이랑 어떤 게 더 힘들어요?) 어휴, 이게 더 힘들죠. 백화점 일도 지금은 서 있는 게, 그때는 더 젊었지, 지금보다. 그러니까 할 수 있었던 거고. 지금은 이렇게 나이 먹은 사람 쓰지도 않아.

청소가 난 거 같아. 왜냐면 몸으로 그냥 하고 오면 되니까. 일도 딱 정해져 있고.

요양보호사의 일이 힘들고 경제적인 이유로 간병노동을 한다고 해도 가족이나 지인에게 자신의 일에 대해 솔직하게 털어놓지 못하는 이유는 이 일이 '3D' 업종이라고 생각하기 때문인 것으로 나타났다.

……(남편도 어떤 일을 하고 계시는지 아세요?) 가족이 간병하는 거를 동의하지만 구체적인 일은 솔직히 몰라요. 그렇게 환자를 들었다 놨다 뭐 이러는 거는 애 아빠가 기겁을 하니까 숨길 수 있는 거는 숨겨요. (내가 하고 있는 일에 대해서 알긴 아는데) 솔직히 썩 좋아하지는 않아요. 아무래도 노동력을 많이 요구한다는 거를 아니까. 그리고 그게, 어떻게 인제 티를 안 내려고 해도 집에 가서 연결이 돼요, 그 피곤함이. 그랬을 땐 솔직히 그렇게 좋아하진 않아요.

젊을 때, 할 수 있을 때 하는 거예요, 저는. 이러다가 못 해도 진짜 저기 할 때는 안 할 거예요. 만약에, 진짜 비굴하고 이러다가 생각할 때는 나는 안 할 거야. 나는 자존심 땜에 얘기 다 안 하거든 친구들한테. 다니는지도 모르는 사람도 많고, 동창들은 아예 몰라. 여기 안 사니까. 동네 친구들 아는데, 청소가 나은 거 같아…….

직업에 대한 의미와 사회적 시선은 어떠한가?

요양보호사는 자신의 직업이 인간에 대한 사랑과 봉사정신, 이에 따른 보람을 기반으로 환자에 대한 '관리'의 기능을 수행하는 직업이라고 본다. 봉사정신이 중요하다고 하지만 봉사로만 그치는 것이 아니라 고용된 사람으로서 이에 맞는 대우를 해주고 '전문'적인 '관리'를 해주는 직업으로 인식하고 있다.

이 간병이라는 게요. 간병이나 요양보호사나 물론 힘든 일이긴 하지만 또 돈만 보고 할 수 있는 일도 아니에요. 이게 몸과 마음이 환자님, 대상자님들을 보는 건데, 아무리 턱 없이 돈을 많이 준다 해서 그 일을, 이 일을 얼마나 할 수 있을 거 같아요? 절대 사랑과 봉사 아니면 이런 간병이나 요양보호사는 절대 하지 못해요. 돈만 생각하면 하루도 못 해요 진짜 하루도 못 해…….

거의 다 이게 희생정신, 봉사정신이 바탕에 깔려 있지 않으면, 사랑이 없으면 이거가 힘들어요. 이해타산적으로는 힘든 직업이에요. 내 주머니에서 때로는 내놓을 수 있는 그런 여건이 많이 되더라고……. 이게 하다 보면 독거노인 같은 경우는 너무 힘들잖아. 그런 분들은 집에 당장 뭐가 없어요, 생활필수품이. 근데 우리집에 조금 여유가 있어요. 그럼 들고 가요. 가끔, 맨날, 싸 갖고 가는 거야……. 그 행복해 하는 마음이 우리들은 보기 좋잖아요. 환자들이.

웃으면서 출근하면, 어 왔어 하고 웃으면서 나 받아줄 때가 기쁘고. 또 끝나면서, 어우 여태 고생 많이 했어. 그럴 때 기분 좋고 그래요 저는.

특히 요양보호사의 입장에서 환자나 보호자가 요양보호사를 가사도우미 정도로 생각할 때 자신이 바라보고 있는 자신의 업무와 많이 차이가 난다고 본다. 요양보호사는 기본적으로 가사도우미와 다르게 환자에 대한 '관리'를 해주는 직업으로 보기 때문이다.

대상자 2급이나 3급 되시는 분은 아무래도 정신적으로는 그래도 환자가 아니시잖아요? 그런 분들은, 그분들이나 보호자님들이나 인식이 부족해요. 이 요양보호사라는 게, 그냥 무료 간병을 한다거나, 무료 간병이라 뭐 파출부처럼 와서 빨래나 해주고 밥이나 해주고 설거지 해주고 반찬이나 해주고, 뭐 그런 차원으로 생각하시는 분들이 많아요. 근데 사실 그런 거 하고 요양보호사하고 틀리거든요. 요양보호사라는 것은 그 대상자가 만약에 고혈압일 때, 고혈압 그 병명에 맞게 간식도 해드려야 되고, 또 당뇨 환자면 너무 단 거를 드리면 안 되잖아요? 기본적인 거. 그리고 배설 문제도 기저귀 갈고 하는 것도 아무나 하는 게 아니거든요. 그래서 그거를 가면서 뭐 받냐, 안 받냐 차원이 아니라, 계속 누워 계시는 분들은 그 기저귀를 갈면서 엉덩이에 뭐 진물이 났다든가 그런 거 났다든가……. 욕창이 많이 생겨요, 누워 계시면. 오늘 얼마나 많이 드셨어요? 그런 거야. 움직이지를 않고 계속 앉아만 계시는 분을 계속 너무 많이 드리기만 해가지고 살이 너무 부으신 거예요. 그니까 살이 너무 많이 찐 거지. 그러니까 본인도 힘들어하고 배가 부르니까 그냥 마냥 누워만 있으려 그러고. 그러니까 그런 것도 식생활 개선 같은 것도 저희들이 간식도 줄 것도 조금, 또 그분은 치매가 오신 게, 계속 잡수시는 거에 집착이 너무 강하신거야. 드시고 계속 꾸준하게 무언가를 달라고 그러니까 그럴 때마다 드릴 수는 없잖아요. 저녁에 저희가 시간을 다 끝내고 퇴근하지만 그 가족 분들은 저녁에 오시잖아요. 오시면 달라는 대로 드리는 거지. 그다음 날 아침에 가서 기저귀를 보면, 배설하는 거 보면 알 수 있어요 얼마나 많이 드렸는가를. 그런데 그 대상 보호자님들이 너무 인식이 아직 안 됐어요. 이게 작년부터 요양보호사라는 게 생긴다는 게 홍보가 됐잖아요? 그런데 너무 아닌 거 같아요. 너무 잘못 알고 계시는 거 같아.

그냥 저기 파출부 식으로 밥이나 해주고, 밥 떨어지면, 그리고 뭐 우리 환자님들 기저귀 만약에 하고 계시면 기저귀나 갈아주고, 목욕할 때 되면 목욕이나 시켜주고, 뭐 이런 차원밖에 생각은 안 하시고. 요양보호사라는 게 진짜 관리를 해주는구나. 관리하고 일을 해주는 거 하고는 틀리거든요.

많은 면접 대상자가 "완전 가정부로 생각하더라", "파출부로 보더라"라고 토로하는 말은 모두 환자나 보호자가 요양보호사에 대해 갖고 있는 생각을 단적으로 표현해준다고 하겠다. '국가공인인증 파출부', '집사', '만능엔터테인먼트'로 보는 것이 아니라 '관리자', '전문인'으로서 인정받고 존중받기를 원한다. 그러나 요양보호사를 바라보는 사회적 시선이 파출부나 험한 일을 하는 사람 정도로 보기 때문에 이러한 사회적 인식이 변해야 한다고 생각한다. 요양보호사 자신이 바라보는 직업에 대한 생각이 사회적 시선과 다르다는 것을 잘 알고 있어서 '떳떳하게' 자신의 직업에 대해 이야기하지 않는 경향이 있다.

결국 요양보호사들은 노인장기요양보험제도가 시행된 지 얼마 되지 않았기 때문에 시행착오가 있기는 하겠지만 업무의 성격이 '살림'이 아니라 '관리'라는 점, 낮은 수입을 개선하기 위해 시급이 아닌 월급 등으로 올릴 수 있는 방안 등이 강구되어 '자부심'을 갖고 일을 하며 존중받을 수 있는 상황이 되었으면 싶은 바람이 있다고 하겠다.

이 글에서는 요양보호사의 노동현실과 이들이 경험하고 있는 어려운 점을 살펴보았다. 재가 요양보호사가 겪은 애로사항은 서비스 질의 제고를 위해 필수적으로 해결되어야 할 뿐 아니라 향후 노인장기요양보험제도의 핵심 인력인 이들의 노동권과 건강권을 보장해야 한다는 점에서 중요하다. 그렇다면 무엇이 어떻게 바뀌어야 할까?

첫째, 현재 요양보호사는 수요에 비해 더 많이 양산되고 있다. 공급과 수요가 일치하지 않아 적절한 노동시간과 임금을 보장받기 어려운 구조이다. 또한 요양기관마다 임금 차이가 심하여 적정한 임금을 받기 어려운 것이 현실이다. 따라서 제도를 만든 중앙정부, 지자체와 요양보호사 고용기관 간에 긴밀한 협조와 관리체계가 형성되어 공급을 조절함으로써 요양보호사의 노동권이 보장되어야 한다. 장기적으로는 공공부문이 요양기관을 소유하고 민간이 위탁경영하는 방식을 취하여 요양보호사를 위한 최소한의 안전망을 확보할 필요가 있다. 이때 지역별 노인장기계획이 마련된다면 이에 따른 요양보호사 양성과 그들에 대한 정당한 대우가 가능할 것이다.

둘째, 요양보호사는 환자의 관리와 가사를 지원하는 직업인이라는 것을 명확히 할 필요가 있다. 보호자나 환자에게도 이러한 사실이 홍보되어야 하고 명확한 업무규정대로 일을 수행할 수 있어야 한다. 요양보호사가 여성이라는 이유로, 또 요양보호사의 업무에 대한 명확한 인식의 부족으로 환자를 포함한 환자 가족의 집안 살림을 떠맡는 현실이 계속되어서는 안 된다. 부적절한 노동에 대한 요구가 시정되어 요양보호사가 행복하게 주어진 일을 수행할 수 있는 체계의 마련이 시급하다.

셋째, 노동환경에서 발생하는 위험요인으로부터 요양보호사를 보호할 수 있는 장치와 명확한 책임소재를 규정하는 것이 필요하다. 재가 요양보호사는 고립된 공간에서 환자를 단독으로 대하거나 보호자와 함께 생활하게 된다. 성적 위험, 물리적·언어적 폭력 등에 노출되기 쉬운 환경이어서 자신의 권리보호는 매우 취약할 수밖에 없다. 또한 위험요인에 노출되었다 하더라도 재발하지 않도록 방지할 수 있는 기제가 부족하다. 2인 1조 방문, 실질적인 고용을 하고 있는 요양기관에서의 방지대책 등이 필요하다. 이러한 위험요인에 노출된 이후 치료, 상담 등을 받을 수 있는 환경 조성도 시급하다. 산업안전보건의 책임을 사용주가 져야 하는 우리의 현실에서 이 부분을 보다 강조하여 대안을 찾아가야 할 때다. 재가 요양보호사의 경우 하나의 조직 속에서 함께 일하는 체계가 아니기 때문에 분산된 노동장소에서 어떻게 하면 이들의 안전과 건강의 문제를 풀어나가느냐가 중요한 문제이다. 책임소재를 명확히 함과 동시에 정교한 대안이 마련되어야 한다.

넷째, 우리 모두는 언젠가 노인이 되고 누군가의 돌봄을 받아야 한다. 이때 돌봄을 해주는 중요한 인력은 요양보호사가 될 것이다. 요양보호사가 '국가공인인증 파출부'가 아니라 환자를 '관리해주는 전문인'으로서 인식되어 제대로 된 돌봄을 받는 것은 물론이거니와 그들이 '자부심'을 갖고 상호 존중하는 관계에서 돌봄이 수행되어야 할 것이다. 노인장기요양보험제도가 시행된 지 얼마 되지 않아 시행착오가 있겠지만 사회구성원 모두가 언젠가는 돌봄이 필요하다는 인식하에 행복하고 존중받는 관계로 발전해야 할 것이다.

[참고문헌]

김수영 .2008.「노인장기요양보험 질적 서비스 제고 방안」. 한국사회복지학회 2008 춘계학술대회, 516~527쪽.

김찬우. 2008.「노인보건복지 분야의 통합적 사회서비스 체계 구축: 향후 노인 돌봄 및 장기요양서비스의 변화 방향」. 한국사회복지학회 2008 추계학술대회, 17~63쪽.

남찬섭. 2009.「최근 사회복지 서비스 변화의 함의와 전망: 지방이양, 바우처, 노인장기요양보험으로 인한 변화를 중심으로 한 탐색적 고찰」. ≪상황과 복지≫, 28호, 7~49쪽.

문설희 .2009.「요양보호사가 바라본 노인장기요양보험 1년」. ≪복지동향≫, 8호, 9~14쪽.

박명호·윤선오·김명희. 2007.「노인장기요양보험제도에 관한 정책적 제안」. ≪복지행정논총≫, 17집 1권, 105~152쪽.

석재은. 2008.「우리나라 노인장기요양서비스 시장의 특성과 정책과제」. ≪보건복지포럼≫, 8호, 31~37쪽.

선우덕. 2008.「한국 노인장기요양보험제도의 실상과 발전적 모색」. 한국사회복지학회 한일사회복지세미나, 499~515쪽.

양준석. 2009.「고령화사회 사회안전망으로서의 노인장기요양보험제도, 과연 올바로 가고 있는가?」. ≪복지동향≫, 1호, 45~53쪽.

이규환·이용돈. 2008.「노인복지서비스 전달체계에 관한 연구: 노인장기요양보험제도를 중심으로」. ≪한국지방자치학회보≫, 20권 4호, 147~170쪽.

이미진. 2009.「노인장기요양보험의 공공성 확보방안」. ≪복지동향≫, 8호, 21~25쪽.

이윤경. 2009.「노인장기요양보험제도 현황 및 정책과제」. ≪보건복지포럼≫, 10

호, 23~31쪽.

장재혁. 2008.「노인장기요양보험 추진 현황과 발전방향」. ≪보건복지포럼≫, 8호, 5~17쪽.

조지현. 2008.「노인장기요양보험법의 문제점과 개선방안」. 2008년 한국의료법학회 추계학술대회, 39~53쪽.

최은영 외. 2005.『OECD 국가의 노인장기요양서비스 체계 비교와 정책적 함의』. 한국보건사회연구원.

최혜지. 2009.「노인장기요양보험 1년 성과와 한계」. ≪복지동향≫, 8호, 4~8쪽.

▸▸▸ 정최경희 · 김유미

장애인 활동보조노동자*

장애(disability)란 손상(impairments), 활동제한(activity limitations), 참여제약(participation restrictions)을 포괄하여 일컫는 용어이다(WHO, 2001). 환경적 요인은 개인의 건강문제와 상호작용하여 장애에 부정적인 결과를 초래할 수 있기 때문에 WHO의 장애분류체계인 ICF(international classification of functioning, disability and health)에서는 개인을 둘러싼 환경적 요인을 중요시하며 장애의 유형을 분류할 때에도 신체기능, 신체구조, 활동 및 참여와 더불어 환경적 요인을 기준으로 사용한다. 장애의 대상이 되는 신체기능이나 구조도 매우 포괄적으로 규정되어 있을 뿐 아니라 장애의 정도를 '없음'부터 '완전장애(complete prob-

* 이 글을 쓰는 데 도움을 주신 장애인 활동보조인 권리찾기모임 활동가 배정학 님께 감사드립니다.

1) 장애인 활동보조노동자를 건강 관련 돌봄노동자의 범주에 넣을 수 있느냐에 대해서는 논란이 있을 수 있다. ① 장애인 활동보조노동자들이 장애인을 대상으로 하지만 장애인의 자립을 위한 활동보조이지 질환이나 장애 자체에 접근하지 않는다는 점 때문에 '건강 관련'이라고 보기 어렵고, ② '돌봄노동'이 가지는 시혜적 어감으로 인해 '돌봄노동' 자체가 정치적으로 올바른 용어인지에 대한 의문 때문이다. 이러한 문제제기는 주로 장애인단체를 중심으로 이루어졌다.

lem)'까지 단계적으로 구분하여 비장애와 장애가 연장선상에 존재하고 있다는 시각을 견지하고 있다.

WHO는 전 세계 인구의 약 10~15%, 6억 5,000만 명 내지 10억 명가량이 장애를 경험하고 있는 것으로 추산한다(WHO, 2010). 인구의 증가, 노화, 당뇨·심혈관계 질환·암과 같은 만성질환의 증가, 생명을 연장시키는 의료기술의 발전과 더불어 장애를 가진 인구도 증가하는 추세이다. 또한 인권개념이 신장되고 장애인에 대한 사회적 인식 수준이 향상되면서 장애인에 대한 사회복지정책의 요구도 높아지고 있으며, 이에 적극적으로 대응하는 것이 국가의 중요한 의무가 되고 있다.

국내 장애인복지정책은 해방 이후 현재까지 크게 네 단계를 거치면서 발전해왔다(유동철, 2009). 1960년대에서 1970년대 초반까지 재활시설을 설립할 수 있는 근거가 된 '생활보호법'의 제정 이후 장애인의 시설 내 수용과 최소한의 보호에 중점을 두는 시기, 1980년대까지 장애 원인을 개인적인 것으로 보고 장애인 훈련과 교육 등 재활에 중점을 두는 시기, 1990년대 지역사회에 있는 재가장애인에게 최소한의 생계보장을 위한 지원을 확대한 시기, 마지막으로 1998년 '장애인인권헌장' 선포 이후 경제적 지원과 더불어 사회환경의 개선과 차별철폐를 위한 움직임이 시작된 시기이다. 장애인운동의 지속적인 발전과 이에 비교적 호의적이었던 정치세력의 집권은 1999년 「장애인복지법」과 「장애인고용촉진 등에 관한 법률」의 개정,[2] 2002년 「장애인이동권증진 등

---

2) 장애인 복지와 관련된 법률은 1981년에 「심신장애자복지법」이 처음으로 제정되었으며 1989년 「장애인복지법」, 1990년 「장애인고용촉진 등에 관한 법률」이 제정되었다. 1999년 「장애인복지법」이 전면 개정되었고, 2011년 3월 일부 개정되어 현재에 이르고 있다. 「장애인고용촉진 등에 관한 법률」은 2000년에 「장애인고용촉진 및 직업재활법」으로 전면 개정되었다.

에 관한 법률」 제정, 2007년 「장애인차별금지 및 권리구제 등에 관한 법률」 제정 등의 제도적 토대를 이끌어냈다.

「장애인복지법」 제53조에는 "국가와 지방자치단체는 중증장애인의 자기결정에 의한 자립생활을 위하여 활동보조인의 파견 등 활동보조 서비스 또는 장애인보조기구의 제공, 그 밖의 각종 편의 및 정보제공 등 필요한 시책을 강구하여야 한다"라고 명시하고 있다. 보건복지부는 2005년 4월부터 자립생활센터에 사업비 일부를 지원하기 시작했고, 이후 2007년 3월부터 활동보조 서비스가 본격적으로 시작되었다(박선권, 2009). 2009년 한 해 동안 약 3만여 명의 장애인이 장애인 활동보조 서비스를 이용했다. 2010년 6월 현재 장애인 활동보조 서비스를 제공하고 있는 노동자 수는 1만 9,000여 명으로, 보건복지부에서 시행하고 있는 사회서비스 사업에 근무하는 노동자의 약 24%가량을 차지하고 있다(보건복지부 사회서비스 전자바우처, 2010).

장애인 활동보조 서비스는 장애인이 자립생활을 하는 데 가장 기본이 되는 대인서비스로 우리 사회에 반드시 필요하고, 또 앞으로 그 중요성과 규모가 확대되어야 할 사회서비스 사업의 하나이다. 그러나 이렇게 필수 불가결한 업무를 수행하고 있는 장애인 활동보조노동자들의 노동환경은 사업의 안정성과 질을 담보하기에 매우 위태로워 보인다.

이 글에서는 자료의 제한을 감안하여 국내 장애인정책의 근간이 되고 있는 「장애인복지법」에서의 장애인 정의에 따라 국내 장애인 현황을 점검하고, 장애인 활동보조 서비스 실태와 장애인 활동보조노동자들의 노동환경을 검토한 후 이를 개선하기 위한 방안을 정리해보고자 한다.

국내 장애인 현황

국내 장애인 복지정책의 근간을 이루는 「장애인복지법」은 '장애인'을 "신체적·정신적 장애로 오랫동안 일상생활이나 사회생활에서 상당한 제약을 받는 자를 말한다"라고 협소하게 규정하고 있다. 구체적으로 「장애인복지법」의 적용을 받는 '장애인'은 지체장애인, 뇌병변장애인, 시각장애인, 청각장애인, 언어장애인, 지적장애인, 자폐성장애인, 정신장애인, 신장장애인, 심장장애인, 호흡기장애인, 간장애인, 안면장애인, 장루·요루장애인, 간질장애인으로 〈표 1〉과 같다.

「장애인복지법」에 근거하여 조사된 2005년 장애인실태조사 결과 국내 장애인 총수는 약 215만 명, 장애인출현율(prevalence)은 인구 100명당 4.59명으로 추정되었다(변용찬 외, 2006). 이 중 재가장애인은 약 210만 명으로 전체 장애인의 97.8%에 해당되었으며 2.2%가 시설에 거주하고 있었다. 지체장애인이 전체 장애인의 43.4%로 가장 많았으며 시각장애, 청각장애, 뇌병변장애가 순서대로 그 뒤를 이었다(〈표 2〉). 중복장애도 전체의 18.7%를 차지하고 있었다. 장애인등록을 한 장애인은 전체의 79.4%였다.

등록장애인만을 대상으로 조사한 2008년 장애인실태조사 결과에 의하면(〈표 3〉) 등록장애인 중 1급이 9.4%(약 20만 명), 2급이 16.5%, 3급이 17.4%였다(변용찬 외, 2009). 「장애인고용촉진 및 직업재활법」 시행령에 따르면 통상 말하는 '중증장애인'이란 뇌병변장애인, 시각장애인, 지적장애인, 자폐성장애인, 정신장애인, 심장장애인, 호흡기장애인, 간질장애인, 팔에 장애가 있는 지체장애인에서는 3급 이상, 그 외 장애인에서는 2급 이상, 상이등급에 해당하는 장애인에서는 3급 이상인 경우

〈표 1〉「장애인복지법」 시행령에 명시된 장애인의 종류 및 기준

1. 신체적 장애 - 외부 신체기능의 장애	
지체장애	가. 한 팔, 한 다리 또는 몸통의 기능에 영속적인 장애가 있는 사람 나. 한 손의 엄지손가락을 지골(指骨: 손가락 뼈) 관절 이상의 부위에서 잃은 사람 또는 한 손의 둘째손가락을 포함한 두 개 이상의 손가락을 모두 제1지골 관절 이상의 부위에서 잃은 사람 다. 한 다리를 리스프랑(Lisfranc: 발등뼈와 발목을 이어주는) 관절 이상의 부위에서 잃은 사람 라. 두 발의 발가락을 모두 잃은 사람 마. 한 손의 엄지손가락 기능을 잃은 사람 또는 한 손의 둘째손가락을 포함한 손가락 두 개 이상의 기능을 잃은 사람 바. 왜소증으로 키가 심하게 작거나 척추에 현저한 변형 또는 기형이 있는 사람 사. 지체(肢體)에 위 각 목의 어느 하나에 해당하는 장애 정도 이상의 장애가 있다고 인정되는 사람
뇌병변 장애	뇌성마비, 외상성 뇌손상, 뇌졸중 등 뇌의 기질적 병변으로 인하여 발생한 신체적 장애로 보행이나 일상생활의 동작 등에 상당한 제약을 받는 사람
시각장애	가. 나쁜 눈의 시력(만국식시력표에 따라 측정된 교정시력을 말한다. 이하 같다)이 0.02 이하인 사람 나. 좋은 눈의 시력이 0.2 이하인 사람 다. 두 눈의 시야가 각각 주시점에서 10도 이하로 남은 사람 라. 두 눈의 시야 2분의 1 이상을 잃은 사람
청각장애	가. 두 귀의 청력 손실이 각각 60데시벨 이상인 사람 나. 한 귀의 청력 손실이 80데시벨 이상, 다른 귀의 청력 손실이 40데시벨 이상인 사람 다. 두 귀에 들리는 보통 말소리의 명료도가 50퍼센트 이하인 사람 라. 평형기능에 상당한 장애가 있는 사람
언어장애	음성기능이나 언어기능에 영속적으로 상당한 장애가 있는 사람
안면장애	안면 부위의 변형이나 기형으로 사회생활에 상당한 제약을 받는 사람
2. 신체적 장애 - 내부 기관의 장애	
신장장애	신장의 기능부전(機能不全)으로 인하여 혈액투석이나 복막투석을 지속적으로 받아야 하거나 신장기능의 영속적인 장애로 인하여 일상생활에 상당한 제약을 받는 사람

심장장애	심장의 기능부전으로 인한 호흡곤란 등의 장애로 일상생활에 상당한 제약을 받는 사람
간장애	간의 만성적 기능부전과 그에 따른 합병증 등으로 인한 간기능의 장애로 일상생활에 상당한 제약을 받는 사람
호흡기 장애	폐나 기관지 등 호흡기관의 만성적 기능부전으로 인한 호흡기능의 장애로 일상생활에 상당한 제약을 받는 사람
장루·요루장애	배변기능이나 배뇨기능의 장애로 인하여 장루(腸瘻) 또는 요루(尿瘻)를 시술하여 일상생활에 상당한 제약을 받는 사람
간질장애	간질에 의한 뇌신경세포의 장애로 인하여 일상생활이나 사회생활에 상당한 제약을 받아 다른 사람의 도움이 필요한 사람
3. 정신적 장애	
지적장애	정신발육이 항구적으로 지체되어 지적능력의 발달이 불충분하거나 불완전하고 자신의 일을 처리하는 것과 사회생활에 적응하는 것이 상당히 곤란한 사람
정신장애	지속적인 정신분열병, 분열형 정동장애,[3] 양극성 정동장애 및 반복성 우울장애에 따른 감정조절·행동·사고기능 및 능력의 장애로 인하여 일상생활이나 사회생활에 상당한 제약을 받아 다른 사람의 도움이 필요한 사람
자폐성 장애	소아기 자폐증, 비전형적 자폐증에 따른 언어·신체표현·자기조절·사회적응기능 및 능력의 장애로 인하여 일상생활이나 사회생활에 상당한 제약을 받아 다른 사람의 도움이 필요한 사람

를 가리킨다. 2008년 장애인실태 조사에서는 국내 '중증장애인'을 대략적으로 국내 장애인의 1/4인 수준인 25.9%(55만여 명)로 추정한 바 있다(변용찬 외, 2009).

등록장애인의 기본적 일상생활동작 자립도를 보면 목욕하기 19.7%,

3) 정동장애(情動障碍)란 여러 현실 상황에서 부적절한 정서반응을 보이는 장애를 가리킨다.

〈표 2〉 장애 종류별 출현율과 구성비

구분	출현율(인구 100명당)	추정 수(명)	구성비(%)
전체	4.59	2,148,686	100
지체장애	1.99	933,553	43.4
뇌병변장애	0.32	150,756	7.0
시각장애	0.42	198,456	9.2
청각장애	0.40	185,911	8.7
언어장애	0.02	10,538	0.5
안면장애	0.01	3,223	0.1
신장장애	0.06	29,720	1.4
심장장애	0.08	35,184	1.6
간장애	0.02	9,975	0.5
호흡기장애	0.05	23,484	1.1
장루·요루장애	0.03	12,614	0.6
간질장애	0.02	11,235	0.5
지적장애	0.12	56,268	2.6
정신장애	0.18	82,492	3.8
자폐성장애	0.01	3,212	0.1
중복장애	0.86	402,065	18.7

자료: 2005년 장애인실태조사 보고서 일부 재분석.

머리감기 14.8%, 옷 입고 벗기 12.7%에서 다른 사람의 도움이 필요한 것으로 나타났다. 이를 장애인 수로 환산하면 약 27만 명에서 42만 명에 이르는 수치이다. 체위 변경하기에서 다른 사람의 도움이 필요한 경우는 3.8%(8만여 명), 식사하기에서 도움이 필요한 경우는 6%(약 13만 명)였다. 수단적 일상생활동작을 보면 집안일 하기는 37.9%(약 81만 명), 빨래하기는 33.9%, 식사 준비하기는 32.5%에서 다른 사람의 도움이 필요했다(〈표 4〉). 전체적으로 일상생활에 도움이 필요한 정도를 물

〈표 3〉 장애등급별 분포

(단위: %)

구분	1급	2급	3급	4급	5급	6급	전국 추정 수(명)
지체장애	3.6	7.4	14.2	18.9	28.6	27.3	1,132,116
뇌병변장애	26.5	28.5	24.3	9.4	6.7	4.6	219,156
시각장애	14.3	3.8	5.7	5.1	8.5	62.7	220,061
청각장애	2.7	22.3	18.3	19.7	20.8	16.1	207,383
언어장애	0.6	9.5	43.4	46.5	-	-	15,103
안면장애	3.6	17.2	35.1	44.2	-	-	2,185
신장장애	4.9	78.6	0.2	0.6	15.8	-	48,284
심장장애	6.7	29.2	62.2	0.0	1.9	-	14,606
간장애	13.8	18.3	21.7	0.8	45.4	-	6,514
호흡기장애	18.8	26.8	54.4	0.0	0.0	-	14,393
장루·요루장애	0.2	1.9	8.5	39.5	49.8	-	11,356
간질장애	2.0	11.5	32.0	54.5	-	-	8,881
지적장애	29.6	38.7	31.7	-	-	-	140,079
정신장애	13.8	49.2	37.1	-	-	-	84,780
자폐성장애	41.9	40.6	17.5	-	-	-	12,329
전체	9.4	16.5	17.4	14.2	19.5	23.0	2,137,226

자료: 2008년 장애인실태조사 보고서 일부 재분석.

었을 때 남의 도움을 조금이라도 필요로 하는 사람은 33.8%로 72만여 명에 달했으며, 도움이 대부분 필요하거나 거의 모두 필요한 사람은 14.5%로 31만여 명가량이었다.

〈표 4〉 일상생활동작의 자립도

(단위: %)

		완전 자립	부분 도움	완전 도움	부분+완전 도움
기본적 일상생활동작	옷 입고 벗기	87.3	9.7	3.0	12.7
	세수하기	92.7	4.7	2.6	7.3
	양치질하기	92.4	5.0	2.6	7.6
	목욕하기	80.3	13.6	6.1	19.7
	식사하기	94.0	4.2	1.8	6.0
	체위변경하기	96.2	2.1	1.7	3.8
	일어나 앉기	95.1	2.9	2.0	4.9
	옮겨 앉기	95.2	2.4	2.4	4.8
	방 밖으로 나가기	94.3	3.2	2.5	5.7
	화장실 사용하기	92.5	4.7	2.8	7.5
	대변 조절하기	92.8	4.1	3.1	7.2
	소변 조절하기	92.4	4.7	2.9	7.6
	머리 감기	85.2	9.2	5.6	14.8
	휠체어 타기	90.4	5.8	3.8	9.6
수단적 일상생활동작	집안일 하기	62.1	27.5	10.4	37.9
	식사 준비하기	67.5	21.6	10.9	32.5
	빨래하기	66.0	22.6	11.3	33.9
	금전관리	74.0	14.2	11.8	26.0
	물건 사기(쇼핑)	76.7	14.0	9.3	23.3
	전화 사용하기	79.8	12.6	7.5	20.1
	교통수단 이용하기	73.2	17.5	9.4	26.9
	근거리 외출하기	83.4	9.8	6.9	16.7
	몸단장하기	79.8	15.3	4.9	20.2
	약 챙겨 먹기	85.9	10.1	4.1	14.2

자료: 2008년 장애인실태조사 보고서 재구성.

장애인 활동보조 서비스 현황

국내 장애인정책이 생활시설을 중심으로 한 정책으로부터 진일보해 가는 과정에서 도입된 정책이 장애인 활동보조 서비스이다. 활동보조 서비스는 자립생활의 실현을 위한 가장 핵심적인 서비스로서, 장애인의 일상생활동작을 도울 뿐 아니라 사회참여과정도 돕는 제반 서비스를 일컫는다(박선권, 2009).

중앙정부 차원에서의 장애인 활동보조 서비스 지원은 2005년 4월 시작되었으며, 이후 2007년 4월부터 장애인 활동보조 서비스 사업이 본격적으로 시행되었다. 활동보조 서비스가 필요한 장애인들은 정부로부터 활동보조 서비스 바우처를 받은 후 활동보조 서비스 제공기관을 선택하여 서비스를 받을 수 있다. 활동보조 서비스를 받을 수 있는 대상자는 만 6세에서 64세까지의 등록 1급 장애인이면서 '인정조사표'[4]에 의한 조사 결과 일정 점수 이상을 받은 장애인에 한하는 것으로 되어 있다(보건복지부, 2010). 서비스를 받을 수 있는 시간은 서비스 인정등급에 따라 월 40시간에서 180시간까지 지원된다. 그리고 소득 수준과 지원 시간에 따라 본인부담금을 납부하도록 되어 있다.

2009년 현재 활동보조 서비스 사업에 지원된 정부보조금은 1,815억원이었고, 이용자 수는 3만 1,636명이다(보건복지부 사회서비스 전자바우처, 2010). 2007년 장애인 활동보조 서비스 이용자는 1만 2,789명, 2008년에는 2만 3,946명이었으니 뚜렷한 증가 추세를 확인할 수 있다. 그러

4) 인정조사표는 일상생활동작 수행능력 등을 평가하기 위한 문항으로 구성되며, 보건소에서 방문조사를 하도록 되어 있다.

〈표 5〉 장애인 활동보조 서비스 제공기관

(단위: 개소, %)

총계	영리	비영리									국가 및 지자체
		소계	지역 자활 센터	사회 복지관	재가 노인 시설	자립 생활 센터	장애인 단체	종교 단체	기타 비영리	대학교	
485	4	481	114	170	14	71	86	2	24	0	0
100.0	0.8	99.2	23.5	35.1	2.9	14.6	17.7	0.4	4.9	0.0	0.0

자료: 보건복지부 사회서비스 전자바우처(2010).

나 장애인실태조사에서 일상생활의 대부분 이상에서 남의 도움이 필요한 사람이 약 31만여 명이라고 추정한 수치와 비교하면 매우 지원이 부족한 상황이다.

장애인 활동보조 지원사업을 통해 장애인들에게 직접적으로 활동보조 서비스를 제공하는 노동자가 장애인 활동보조노동자[5]이다. 장애인 활동보조노동자의 자격은 "학력 제한 없이 만 18세 이상의 신체적·정신적으로 활동보조가 가능한 자로서 소정의 교육과정을 이수한 자"라고 규정하고 있다(보건복지부, 2010). 소정의 교육은 지정교육기관에서 받을 수 있는 40시간의 기본교육을 말한다.

장애인 활동보조노동자는 2010년 6월 말 기준으로 1만 9,664명이 근무하고 있으며, 이 가운데 여성이 1만 7,208명으로 87.5%를 차지하고 있다(보건복지부 사회서비스 전자바우처, 2010). 2007년 본격적인 서비스가 시작될 당시에는 장애인 활동보조노동자 중 여성이 84.6%였고, 이후 약간씩 증가하는 경향을 보여 왔다. 표본조사 결과 40~50대의 고졸

5) 일반적으로 '장애인 활동보조인'이라 칭해진다.

학력을 가진 사람들이 장애인 활동보조노동자로 많이 근무하고 있었다(박선권, 2009; 류진석, 2007). 장애인이 선택하여 서비스를 신청하는 기관이자 장애인 활동보조노동자가 소속되어 근무하는 일터인 서비스 제공기관의 현황은 〈표 5〉와 같다. 2010년 6월 말 현재, 전국에 총 485개의 기관이 있고 이 중 비영리기관이 99.2%를 차지하며, 사회복지관, 지역자활센터, 장애인단체 순으로 서비스를 제공하고 있다. 이 중 국공립 기관은 하나도 없었다.

장애인 활동보조노동자의 노동환경

낮고 불안정한 임금

2010년 장애인 활동보조 서비스의 단가는 시간당 8,000원으로 책정되어 있다. 그리고 이 중 75%인 6,000원 이상을 활동보조노동자의 인건비로 사용하도록 보건복지부에서 규정하고 있다(보건복지부, 2010). 하루 8시간, 월 20일을 근무한다고 가정하면 96만 원에서 128만 원가량의 수입이 예상되는 인건비 책정이다.

그러나 실제 장애인 활동보조노동자들의 월평균 임금은 63만 원가량에 불과했다(〈표 6〉). 지역에 따라 36만 원에서 75만 원까지의 편차를 보이기도 한다. 장애인 활동보조노동자들의 임금은 낮을 뿐 아니라 안정성이 매우 떨어졌다. 한 장애인자립센터의 예를 보면, 임금이 아예 없는 달도 존재할 뿐 아니라 21만 원에서 96만 원, 3만 원에서 40만 원까지 큰 편차를 보이고 있다(〈표 7〉). 이용자가 안정적으로 확보되지 않는 사업상의 문제가 시급제로 임금을 받는 장애인 활동보조노동자들

〈표 6〉 지역별 장애인 활동보조노동자 평균 임금 및 사회보험 가입 현황

지역	노동자 수(명)	노동자 1인당 장애인 수(명)	월평균 임금(원)	사회보험 가입 현황(%)				
				국민	건강	고용	산재	평균
전국	18,507	1.5	631,332	54.5	57.1	69.0	69.0	62.4
서울	4,784	1.3	584,508	47.1	49.7	58.9	63.3	54.8
부산	1,532	1.5	749,555	57.7	61.4	70.1	71.3	65.1
대구	1,152	1.5	639,407	69.3	72.0	82.3	85.8	77.3
인천	1,051	1.5	700,539	55.0	57.3	65.5	76.8	63.6
광주	855	1.2	641,628	26.0	26.4	27.0	26.9	26.6
대전	829	1.4	616,274	59.7	61.5	76.2	79.1	69.1
울산	281	1.5	362,556	8.2	8.2	8.2	8.5	8.3
경기	3,078	1.6	578,512	49.3	52.2	62.0	64.5	57.0
강원	458	1.7	743,891	69.2	70.3	73.4	74.5	71.8
충북	587	1.6	690,565	57.2	61.5	65.1	68.8	63.2
충남	660	1.6	584,395	68.8	71.1	91.1	91.5	80.6
전북	574	1.8	603,684	68.8	71.4	76.3	76.8	73.3
전남	736	1.8	669,591	67.5	69.2	78.3	79.8	73.7
경북	782	1.7	677,728	69.7	73.0	85.4	86.7	78.7
경남	907	1.7	724,257	67.6	71.1	80.6	81.4	75.2
제주	241	1.5	691,270	64.3	66.4	68.0	72.2	67.7

자료: 좌혜경(2010).

〈표 7〉 서울시 모 장애인자립생활센터 소속 노동자의 2008년 4~6월 임금 현황

	4월	5월	6월
김○○	960,000원	210,000원	540,000원
박○○	420,000원	1,020,000원	918,000원
이○○	420,000원	48,000원	0원
최○○	0원	960,000원	492,000원
고○○	408,000원	30,000원	234,000원

자료: 좌혜경(2010)에서 재인용.

의 저임금과 불안정한 임금으로 고스란히 귀착되는 것이다.

노동자로서의 권리 미확보: 수당, 유급휴가, 사회보험

장애인 활동보조노동자가 「근로기준법」의 적용을 받는 '근로자'인가의 여부에 대해서는 전국실업극복단체연대의 질의에 대한 행정해석을 통해 2009년 노동부에서 '근로자'임을 인정한 바 있다. 다음은 노동부의 회신 내용이다.

「근로기준법」에 따르면 '근로자'에게는 연장근무, 야간근무, 휴일근무에 대해 추가 수당이 지급되어야 하고, 일정 기간 이상의 연차, 유급휴가가 주어지도록 되어 있다. 그러나 2010년 보건복지부 사업안내에서는 "휴일(토·일 포함) 및 야간 별도 할증 없음"이라고 명시해놓고 있다. 이는 「근로기준법」을 위반한 사항이다. 또 장애인 활동보조노동자의 유급휴가에 대한 규정은 아예 없는 실정이다.

보건복지부는 2010년 장애인 활동보조지원사업 안내에서 "제공기관은 소속 활동보조인에 대해 4대 보험, 퇴직적립금을 관련 법령에 의한 가입 기준에 따라 처리"하도록 하고, 서식으로 제공한 '활동보조인 채용 계약서(안)'에도 4대 보험 가입을 명시화하여 사회보험 의무가입을 지침으로 내린 바 있다. 그러나 장애인 활동보조노동자의 4대 사회보험 평균 가입률은 62.4%에 불과했다(〈표 6〉). 특히 지역에 따라 큰 격차를 보였는데, 충남 지역은 평균 80.6%의 사회보험 가입률을 보였으나 울산에서의 가입률은 10%에도 미치지 못 했다.

노동으로 인정받지 못하는 이동시간과 대기시간

장애인 활동보조노동자들의 서비스 제공 장소는 이용인의 집이다.

1. 장애인 활동보조인의 근로자성 여부와 관련한 귀 센터의 질의에 대한 회신입니다.
2. 근로기준법상 근로자성 여부는 계약서의 형식과 관계없이 사업 또는 사업장에서 임금을 목적으로 종속적인 관계에서 사용자에게 근로를 제공했는지 여부를 기준으로 판단해야 하고, 종속성 판단은 사용자의 지휘·감독 등 여러 요소를 고려하여 종합적으로 판단(대판 2006.12.7, 2004다29736 등 참고)하여야 할 것인 바,
   ㅡ기존 행정해석은 2008 장애인 활동보조지원사업 안내지침(2007.12, 보건복지부)에 따라 장애인복지관 등과 장애인 활동보조도우미(장애인 활동보조인)가 채용계약을 체결하고 근무한 점, 장애인 복지회관에서 지급한 무선 활동단말기를 통해 출퇴근시간을 통제받은 점, 출퇴근시간을 근거로 매달 시간급이 정산지급된 점, 상습적인 지각 등 근무태도가 불성실한 경우에는 근무에서 배제되는 등 불이익 처분을 받을 수 있는 점 등을 종합하여 장애인 활동보조도우미를 근로기준법상 근로자로 보았습니다(근로조건지도과-4919, 2008.11.5, 근로기준과-2728, 2009.7.28). 따라서 위와 같은 사정이 인정되는 경우라면 장애인 활동보조도우미를 근로기준법상 근로자로 볼 수 있다고 사료되며,
3. 아울러 귀 센터의 질의도 기존 행정해석과 달리 볼 사정은 없다고 사료됩니다. 끝.

자료: 전국실업극복단체연대(http://psau.or.kr/bbs/zboard.php?id=freeboard&no=2556)

따라서 하루에 2인 이상의 이용인에게 서비스를 제공하는 경우 중간에 이동시간이 발생한다. 또 활동보조노동자들은 장애인들이 원하는 시간에 방문하도록 되어 있기 때문에 그 시간에 따라 업무시간이 불규칙해지는 것이 다반사이다. 그러다 보니 서비스와 서비스 사이에 대기시간이 생기기도 한다. 다음은 한 연구의 포커스그룹 인터뷰 내용이다(박선권, 2009).

> 제가 담당하는 분 중에 한 분은 여기저기 활동을 많이 하셔서 집에 들어오는 시간이 일정치가 않아요. 그래서 어떤 날은 9시, 어떤 날은 8시 이렇게 들어오다 보니 저는 앞 시간이 5시 정도에 끝나고, 집이 성남이라 다녀올 수도 없고, 들어오는 시간이 일정치 않으니 두 시간 정도가 비어서 어려

울 때가 있어요.

현재 장애인 활동보조노동자들의 이동시간과 대기시간에 대해서는 노동시간으로 인정하지 않고 있다. 이동시간과 대기시간은 노동자의 의사와 관계없이 실제 서비스 제공을 위해 필연적으로 요구되는 시간이고, 특히 이동시간의 경우는 노동 자체와 긴밀히 연관되어 있다는 특성이 인정되어야 한다. 서비스 시간 중간에 장거리를 이동해야 한다거나 장시간 근무하게 되는 경우 식사시간이 보장되지 않는다는 문제도 있다(장희진, 2010).

업무의 모호성

2010년 보건복지부 사업안내에 따르면, 장애인 활동보조 서비스의 내용은 신변처리지원, 가사지원, 일상생활지원, 커뮤니케이션 보조, 이동 보조의 다섯 가지 범주로 구분된다(〈표 8〉). 장애인 활동보조노동자의 업무가 범주화되어 있기는 하나, 실제 업무에서는 장애인이 갖고 있는 장애의 유형과 개인의 특성에 따라 다른 개별적 서비스가 제공된다.

2010년 보건복지부 사업안내에서는 "서비스 범위를 벗어난 활동에 대해서는 환수조치가 되며, 사안에 따라 자격정지가 될 수 있음"을 명시하고 있다. 또한 서비스 계약 체결 시 서비스 이용자 및 가족과 활동보조노동자 및 제공기관 간에 상호협력동의서를 작성하도록 하고 있는데, 여기에는 장애인 활동보조노동자의 업무와 관련하여 중요한 사항이 기재되어 있다. 장애인 활동보조 서비스 상호협력동의서에는 '이용자의 권리와 의무', '활동보조인의 권리와 의무'가 적시되어 있으며, 이용자의 의무 편에 "활동보조 서비스는 지원 대상자 본인에 대한 서비스

〈표 8〉 장애인 활동보조노동자의 업무내용

범주	내용
신변처리지원	목욕, 대소변, 옷 갈아입기, 세면, 식사 보조 등
가사지원	쇼핑, 청소, 식사 준비, 양육 보조 등
일상생활지원	금전관리, 시간관리, 일정관리 등
커뮤니케이션 보조	낭독 보조, 대필 보조 등
이동의 보조	안내도우미, 학교 등·하교지원, 직장 출퇴근지원, 야외·문화활동지원 등

자료: 보건복지부(2010).

에 한정하며, 별도의 계약 없이 지원 대상자가 아닌 가족의 빨래, 대청소 등의 서비스는 제공하지 않습니다", "이용자는 서면 또는 구두로 협의되지 않은 서비스를 활동보조인에게 요구해서는 안 됩니다"라는 내용이 기술되어 있다. 활동보조노동자의 권리에 대한 사항에서도 "활동보조 서비스는 지원 대상자 본인에 대한 서비스에 한정하며, 별도의 계약 없이 지원 대상자가 아닌 가족의 빨래, 대청소 등의 서비스는 제공하지 않습니다", "활동보조인은 이용자가 서면 또는 구두로 협의되지 않은 서비스를 무리하게 요구하는 경우 이를 거부할 수 있습니다", "활동보조인은 제공기관으로부터 인권 침해를 당하지 않도록 보호받을 권리가 있습니다"라는 내용이 명시되어 있고, 서명하도록 하고 있다.

이와 같이 장애인 활동보조 서비스는 이용인과 노동자의 1대 1 서비스라는 사실을 명기하고 합의되지 않은 서비스나 장애인 이외의 가족에 대한 서비스는 제공하지 않도록 하고 있으나, 활동보조 서비스의 내용이 워낙 포괄적이다 보니 업무내용을 명확히 구분하기 어렵다는 문제가 발생하고 있다(장희진, 2010).

한 연구에 의하면 장애인 활동보조노동자 중 이용인과의 마찰경험이 있다고 응답한 사람이 41.1%였는데, 가장 큰 이유는 이용인의 무리한 요구 때문이라는 응답이 33.7%였고, 서비스 제공에 대한 시각차가 27.9%, 이용인 가족의 무리한 요구가 27.9%를 차지했다(박선권, 2009). 모호한 업무내용이 이용인과의 마찰을 불러일으키는 중요한 요인임을 알 수 있다. 다음은 한 연구의 포커스그룹 인터뷰 내용이다(박선권, 2009).

> 사실 서비스 받는 것에 대해서 교육을 받으셔야 할 거 같아요. 저희가 맹목적으로 원하는 것을 다 해주는 것이 아니라 저희도 직업이기 때문에 보람 있게 일해야 하는데, 가면 사소한 것까지 손을 대야 하는 경우가 있으면 안 될 거 같아요.

그러나 이용인과의 마찰에 대해 제공기관에 말하는 것은 불이익을 우려해 꺼리고 있었다(박선권, 2009).

> 말을 잘 못 하죠. 이용인과 아무리 친해도 이용자와 활보 간의 비밀보장도 있고 하는데 이야기를 잘못하면 관계가 서먹해져서 말 자체를 안 하게 되죠. 실제로 기관에서 이용자 편을 들 수밖에 없는 것이 그분들이 돈이니까요.

> 이용인이 활동보조인을 힘들게끔 하거나 했을 때 직원에게 말하거나 하면 불이익을 받지 않을까 하는 생각을 할 수밖에 없어요.

노동강도에 따른 업무배치조정의 문제

장애의 유형에 따라 활동보조노동의 강도에 차이가 발생한다. 와상장애인, 최중증장애인, 중증비만장애인의 경우 목욕, 옷 갈아입히기 등 신변처리지원 업무의 강도가 높아질 수밖에 없다. 그러나 현재는 이에 대한 대책이 없는 상태이다. 다음은 한 노동자의 인터뷰 내용이다(박선권, 2009).

> 와상장애의 경우 대소변까지 받아야 하고 관장까지지도 해야 하는데, 하기 싫다고 안 할 수 없고, 활보에도 3D가 있어요. 그런 경우 서비스 단가의 차이가 있으면 갈 수도 있는데, 그런 부분에 차이를 두지 않아서 어려운 일은 하기 싫어하는 사람들이 많아요.

> 와상환자 같은 경우에는 서비스 유형에 따라 단가에 차이가 있어야 한다고 생각해요.

질병, 사고와 폭력의 위험

장애인 활동보조노동자에 대한 질병과 사고현황에 대한 조사는 아직 체계적으로 이루어진 바가 없으나, 간병노동자의 업무특성과 유사하다는 점을 고려했을 때 장애인 활동보조노동자 역시 질병과 사고에 관련된 위험이 높을 것이라고 예상할 수 있다. 다음은 한 노동자의 인터뷰 내용이다(박선권, 2009).

> 와상장애인데 하루에 한 번 꼭 목욕을 시켜야 해요. 3, 4개월 하다 보니 저도 걸을 수 없을 정도로 몸이 아픈 적이 있어요. 할 수 없이 그 집을 가서 그래서 못 하겠다고 했더니…… 다시 일을 하며 8개월 일을 했는데, 사무실에서도 바꿔주지 않고 해서 안 하겠다고 한 적이 있어요.

또한 재가서비스가 많다는 특성 때문에 성폭력에 노출되어 있다. 여성 활동보조노동자에게 남성이용자가 음란 동영상을 같이 보자고 하거나 성기를 노출하는 등의 사례가 보고된 바 있다(장희진, 2010).

이용인과 활동보조노동자의 성별불균형

2008년 장애인실태 조사에 의하면 중증장애인 중 남성이 58.6%로 여성보다 약간 많은 반면, 활동보조노동자의 85% 이상이 여성이다. 목욕이나 대소변 등 신변처리지원을 위해 이용인과 동성인 활동보조노동자가 지원되는 것이 바람직함에도 현실적으로 성별을 맞출 수 없는 실정이다. 이는 저임금, 불안정고용 등의 문제로 장애인 활동보조노동이 안정적인 직업으로 인식되지 못하여 남성들이 활동보조노동을 선택하지 않거나 다른 직업으로 이동하기 때문으로 여겨진다.

> 저희 기관은 동성 매칭을 원칙으로 하고 있어 이용자 중 절반은 남성분들이신데, 남성 활동보조인 분들은 급여나 환경 때문에 거의 안 하시게 되고, 활동을 하게 되더라도 취업이나 다른 부분들로 인해서 그만두는 경우가 있어 그러한 부분이 애로사항이 있습니다.(박선권, 2009)

노동환경의 개선을 위해

장애인 활동보조노동자의 노동환경을 개선하기 위해서는 크게 노동자로서의 노동권을 보장하기 위한 방안과 활동보조노동 고유의 전문성과 질을 향상시키기 위한 방안이 모색되어야 한다. 노동자로서의 노동권을 보장하기 위해서는 월급제로의 전환, 연장·야간·휴일근무에 대한 수당 지급, 유급휴가 보장, 사회보험 가입, 이동시간을 노동시간으로 인정하는 정책이 추진될 필요가 있다.

장기근속을 유도하며 전문성을 키워나감과 동시에 노동자들의 장애인 활동보조노동이 부업이나 아르바이트가 아닌 직업으로 인정받고 성별인력수급의 안정성을 확보하기 위해서는 무엇보다 안정적이고 일정한 수준 이상의 임금이 보장되어야 한다(류진석, 2007). 현재와 같은 시급제하에서는 이용자 공급이 안 되거나 입원 혹은 제공기관 변경 등으로 서비스가 끊길 경우 장애인 활동보조노동자의 생계가 위협받게 된다. 불안정한 임금체계로는 활동보조노동자의 안정적인 공급과 지속적인 노동을 기대하기 어렵다. 이를 개선하기 위해서 일정 수준의 임금이 보장되는 월급제를 갖추고 업무의 양에 따라 수당을 지급받는 체계가 되어야 할 것이다. 노동자의 당연한 권리로서 야간근무 및 휴일근무 수당이 지급되고 유급휴가 또한 보장되어야 한다. 사회보험 가입은 괜찮은 사회적 일자리가 되기 위한 필수요소이다. 제공기관에서 활동보조 서비스노동자의 사회보험 가입을 누락하지 않도록 행정 당국의 집행력을 강화해야 할 것이다.

장애인과 활동보조노동자 간의 불필요한 마찰을 줄이기 위해서는 활동보조 서비스에 대한 표준안을 마련할 필요가 있다. 현재 보건복지부에서는 활동보조 서비스의 내용을 규정하고 협약서를 통해 업무의 범위를 한정하기 위한 노력을 하고 있지만 활동보조 서비스의 포괄적인 내용을 규정하는 데에는 한계가 있어 보인다. 보건복지부는 장애인 활동보조 서비스에 대해 보다 구체적인 표준안을 마련하고 이를 매뉴얼화하여 장애인과 활동보조노동자가 항상 소지하도록 해야 한다. 또 이에 대한 교육이 활동보조노동자뿐 아니라 이용인에게도 반드시 시행되어야 한다. 이용인이 부적절한 요구를 하거나 성희롱·성폭력 등을 저질렀을 경우에 대한 조치도 명문화할 필요가 있다. 또한 최중증장애인 등 노동강도가 높을 것으로 예상되거나 기타 사유가 인정되는 경우 2인 1조로 활동보조 서비스를 제공할 수 있도록 업무배치를 유연하게 조정해야 한다. 장애인 활동보조노동자의 건강실태에 대한 체계적인 조사도 필요하다. 노동환경과 건강실태, 이용인의 장애특성 등에 대한 조사를 근거로 질병과 사고를 예방하기 위한 구체적인 전략을 세우는 한편, 노동강도에 따라 업무를 조정하는 작업이 시행되어야 할 것이다.

사회서비스의 경우 공공적 성격이 강함에도 현재 장애인 활동보조 사업은 모두 민간기관이 담당하고 있으며 이에 대한 관리감독도 미비한 상태이다. 향후 사회서비스에 대한 공적운영체계를 마련하고 이를 통한 노동자의 직접고용, 서비스의 질 관리, 업무의 통합관리가 이루어져야 할 것이다. 이러한 체계 안에서 장애인 활동보조노동자를 비롯한 사회서비스 노동자들이 우리 사회에서 꼭 필요한 복지서비스를 제공하는 핵심 인력으로서 자신이 하는 일에 대한 가치를 인정받아야 한다.

현재 장애인 활동보조노동자로 1만 9,000여 명이 근무하고 있으나 활동보조 서비스가 필요한 장애인의 규모를 감안해볼 때 장애인 활동보조노동자는 크게 증가할 가능성이 있으며 또 그렇게 되어야 한다. 장애인 활동보조노동자가 건강하고 안정적으로 자부심을 가지고 일할 수 있어야 장애인이 받는 서비스의 질도 더욱 향상될 수 있다. 장애인의 권리와 장애인 활동보조노동자의 노동에 대한 권리를 함께 신장시키기 위한 노력이 지금 요구되고 있다.

[참고문헌]

류진석. 2007.『대전시 장애인 활동보조 서비스의 욕구실태와 과제』. 대전발전연구원.

박선권. 2009.『장애인 활동보조 서비스 개선방안 연구』. 한국장애인개발원.

변용찬·김성의·윤상용·강민희·최미영·손창균·오혜경. 2009.『2008년 장애인 실태조사』. 보건복지가족부, 한국보건사회연구원.

변용찬·김성의·윤상용·최미영·계훈방·권선진·이선우. 2006.『2005년 장애인 실태조사』. 보건복지부 한국보건사회연구원.

보건복지부 사회서비스 전자바우처. 2010.「사회서비스 제공인력현황」. http://www.socialservice.or.kr/ptl.HtmlEditor.doj

보건복지부. 2010.『2010 장애인 활동보조지원사업 안내』.

유동철. 2009.『인권 관점에서 보는 장애인복지』. 집문당.

장희진. 2010.「지역사회 서비스 여성노동자들의 실태 및 개선 과제」.『빈곤과 복지 시장화에 대응하는 대안적 사회서비스 체계 마련』.

전국실업극복단체연대. http://psau.or.kr/bbs/zboard.php?id=freeboard&no=2556

좌혜경. 2010.「활동보조 서비스 노동자 권리 확보 방안」.『활동보조인 노동자성 보장을 위한 토론회』.

WHO. 2001.『International classification of functioning, disability and health』.

_____. 2010.『Report. Workshop on community-based rehabilitation』.

▸▸▸ 김인아

지자체 가정도우미*

최근 여성의 노동시장 진출이 활발해지고 여성일자리 창출이 사회적 화두로 제기됨에 따라 돌봄노동의 사회화가 강조되고 있다. 특히 돌봄노동이 필요한 취약계층이 지역에 분포하고 있고 긴밀한 관계형성이 중요하다는 특징이 강조되면서 지역사회를 중심으로 한 돌봄노동의 제공이 화두로 떠오르고 있다. 지금처럼 중앙정부가 복지사업을 기획하여 예산을 내려보내는 방식이 아니라 지자체가 앞장서고 중앙정부가 지원하는 돌봄제공사업을 사회적 일자리 창출 활성화로 이어지게 하겠다는 것이 최근 정부의 주요한 정책사업 중 하나이다(김승권 외, 2006: 9~58). 그러나 현재까지 지방자치단체에서 자체적으로 예산을 편성하여 시행하고 있는 복지사업의 예는 찾아보기 어렵다.

이런 측면에서 서울시의 가정도우미는 지방자치단체가 독자적으로

---

* 이 글은 한국노총에서 2007년에 발간한 보고서인 「비정규직 여성노동자의 건강권 확보를 위한 산업안전보건실태 조사」의 내용과 2008년에 이를 바탕으로 작성된 최민희의 한신대학교 대학원 노동정책 및 사회정책전공의 석사학위논문인 「사회서비스 고용에 관한 연구: 서울시 가정도우미를 중심으로」를 중심으로 발췌, 수정하여 작성되었다.

수행하고 있는 돌봄사업으로서 사회적 기업과 일자리 확산에 대한 본보기가 될 수 있다. 이 장에서는 수혜자들과 직접적으로 접촉하며 돌봄을 제공하는 과정에서 노동자가 처할 수 있는 문제를 지자체 가정도우미[1]의 사례를 통해 살펴보고자 한다.

가정도우미란?

'가정도우미'는 우리가 흔히 생각하는 '가사도우미'와 다르다. 집안일을 도와주는 것뿐 아니라 생활편의를 돌봐주기 위한 생활 보조와 정서적 보조가 활동내용에 포함되어 있다. 이는 1996년 4월 1일부터 서울특별시가 평범한 일상생활이 어려운 재가노인들을 대상으로 생활에 필요한 각종 편의를 제공함으로써 시설이 아닌 지역사회에서 안정된 노후생활을 하도록 지원하기 위한 목적으로 시작된 사업이다. 1997년 4월부터는 재가장애인도 이 서비스의 대상에 포함되었다(김범수 외, 1998: 1). 말하자면 서울특별시에만 있는 복지서비스인 셈이며, 체계적인 재가복지사업의 첫 시도라고 할 수 있다. 사업 초기에는 유급이냐 무급이냐에 따라서 자원봉사 또는 가정봉사원이라는 용어가 중복되어 사용되었다. 여기서 가정도우미란 서울시에서 마련한 재원을 가지고 임금을 지급받는 형태의 유급 가정봉사원[2]을 지칭한다(최민희, 2008: 8~10).

---

1) 서울시 가정도우미는 2009년에 서울시 재가관리사로 명칭이 변경되었으나 여기에서는 연구 당시의 명칭인 가정도우미를 그대로 사용하기로 했다.

2) 1996년에 보건복지부에서는 가정봉사원의 유급제를 실시하면서 그 명칭을 유급 가정봉사원 또는 무급 가정봉사원으로 분류하여 호칭하고 있다(김범수 외, 1998). 따라서 여기에서의 가정봉

가정도우미들은 대상자의 가정을 방문하여 생활에 필요한 서비스를 제공한다. 무의탁 재가노인이나 재가장애인가정을 찾아가 집안일을 해주는 가사지원 서비스, 말벗을 하거나 책을 읽어주는 우애 서비스, 병간호와 목욕, 용변 수발 등의 개인활동지원 서비스 등이 가정도우미의 업무범위이다. 가정도우미들은 이렇게 일단 한 번 담당하게 된 노인(또는 장애인)에 대해서 대상자가 임종할 때까지 신변과 관련된 여러 가지 서비스를 제공하게 된다(김범수 외, 1998: 3).

가정도우미는 본인들이 담당한 노인이나 장애인을 일주일마다 찾아가서 다양한 서비스를 제공한다. 하루에 서너 가구를 번갈아 돌아다니며 급한 일을 처리해주기도 하고, 밀린 집안일을 해주며, 간병에 준하는 환자 돌봄을 수행하기도 한다. 이렇게 다양한 업무를 하는 가정도우미는 가사노동과 감정노동의 특징을 동시에 가지는 전형적인 돌봄노동의 수행자라고 할 수 있다. 또한 수혜자 대부분이 질병을 가진 노인이거나 장애인이라는 측면을 고려하면 보건의료적인 측면까지 포함하고 있는 복합적 형태의 돌봄노동이다. 가정도우미 사업이 지자체 차원의 재가복지사업이기 때문에 가정도우미 노동자 스스로도 봉사의 개념에서 일을 시작한 경우가 많고 노동환경과 업무내용이 수혜자를 중심으로 구성되어 있다. 이는 돌봄노동을 수행하는 노동자의 정체성과 노동의 성격에 대한 규정에 영향을 미치게 된다.

서울시는 1996년 3월 20일 서울시 1개 동에 평균 1명씩의 가정도우미를 배치하여 총 577명으로 서울 가정도우미 사업을 시작했다. 이후

사원이란 무급 가정봉사원을, 가정도우미란 유급 가정봉사원을 말한다.

매년 신규 인력을 추가적으로 채용하며 점차 확대시켜왔으며 1999년에는 1일 4시간 파트타임 도우미를 고용하는 등 총 728명이 활동했다. 그러나 1999년 노동조합 설립 이후 신규 가정도우미의 모집 없이 사업이 추진됨에 따라 매년 자연감원(정년 등)에 의해 가정도우미 수가 지속적으로 감소되어 2007년 7월 현재 25개 구에서 총 321명[3)]의 서울 가정도우미가 활동 중이다. 서울시 가정도우미 노동자는 모두 여성이며 평균 연령은 대략 54~55세였고 총 수혜자 수는 2,695명이었다. 도우미 1인당 수혜자 8.4명을 담당하는 셈이었다.

가정도우미 노동자의 노동조건은 매우 열악하다. 먼저 고용 형태가 문제되고 있다. 객관적 고용 형태는 서울시의 직접고용이고 정년이 보장되기는 하지만 가정도우미 노동자의 업무는 사회적 일자리로서 서울시라는 지자체의 독자사업으로, 서울시의 정책적 의지에 따라 언제든지 폐기될 수 있는 사업이라는 점에서 고용불안감이 매우 높다. 실제로 도우미 노동자들은 중앙정부 차원의 사회적 일자리가 도입되면서 서울시의 자체적 사업인 가정도우미 사업은 폐기될 수도 있다는 생각을 하고 있다.

또한 봉사의 측면이 강조되었던 사회복지사업의 특성상 노동조건이 열악하고 이에 대한 개선 역시 쉽지 않다. 임금은 최저임금 수준을 벗어나지 못하고 있으며 표준화된 업무기준이나 수칙이 없다. 또한 직접 고용자는 서울시인 반면, 단체협약은 구청과 맺고, 업무지시는 구청의 사회복지사에게 받으며 업무의 질에 대한 평가는 수혜자에 의해서 이

---

3) 2007년 6월 30일자로 퇴직하신 분을 제외한 2007년 7월 현재 인원수이다.

루어진다. 이러한 상황에서 노동자들은 스스로의 권리를 주장하기도 어렵고 노동자로서의 기본권을 보장받기도 어렵다. 즉, 중층적 관리구조 속에서 노동권을 보장받기 어려운 상황이다.

이 글에서는 보건의료적 측면을 가지고 있는 돌봄노동의 사례로서 가정도우미의 노동조건과 주요한 건강문제에 대해 설문조사와 면접조사의 결과를 가지고 살펴보고자 했다. 설문지와 면접조사는 가정도우미 노동자의 노동조건을 파악하고 건강 관련 현황을 파악하는 것이 목적이었다. 이 연구는 먼저 서울시 각 구별 가정도우미 13명에 대한 심층면접을 시행하고 이를 바탕으로 주요한 문제들을 설문지로 구성하여 확인했다. 설문은 총 321명 중 308명이 응답해서 96.0%의 높은 응답률을 보였다. 설문과 면접은 모두 한국노총과 서울 가정도우미 노동조합의 협조를 얻어 진행되었다.

봉사? 생존! : 낮은 임금과 불안한 일자리

인력 충원이 되지 않는 상황에서 날로 악화되는 노동조건과 노동강도에서 일을 해야 함에도 가정도우미 사업은 매우 중요한 복지사업이라 할 수 있다. 특히 기초수급권자를 대상으로 가사서비스부터 간병서비스와 정서적 서비스까지 지원하는 사업은 중앙정부에서 진행하는 다양한 사회적 일자리 사업에 비해 그 포괄 범위와 내용이 매우 넓다. 이러한 사업의 특성으로 수혜자들은 이 사업에 대한 만족도가 매우 높고, 가정도우미 노동자 역시 이로 인한 정서적 보상을 받고 있었다.

그러나 도우미들의 기본 노동강도는 매우 높은 편이라고 할 수 있다.

면접조사 결과에 따르면 일주일 계획표에 따라서 여유 없이 업무가 진행되어 정시에 식사하기조차 어려울 정도라고 했다. 상황에 따라서는 시간외 근무를 하기도 했다. 수행하는 업무는 수급자의 상황에 따라 매우 다양해서 대소변 수발, 식사 수발, 병원진료 보조, 목욕 수발, 가사노동 등 매우 다양했다. 특히 수급자에 따라서는 간병인과 다름이 없는 정도의 일을 하는 경우도 있는 것으로 파악되었다. 면접조사에서 나타난 대표적인 내용들을 아래에서 직접 인용했다.

하는 일 많죠. 수급자 분에 따라서 다 틀리죠. 일주일 계획표가 짜져 있거든요. 중증인 분은 대소변 수발부터 목욕도 시켜드려야 되고 식사 다 해줘야 되고, 그 집의 은행 업무까지……. 시장 보는 거, 병원 가서 입원시키고 퇴원시키는 거…… 아프면 병원도 동행을 해야죠. 청소하고 빨래는 기본이에요. 조금 노환이시다 하시는 분은 청소 정도……. 근데 중증인 분들은 다 해줘야 돼. 완전히 간병인이죠. 오전에는 중증인 분들 오후에는 경증인 분들로 나눠서 계획표를 짜고 있죠. 그러지 않으면 하루 종일 정신적으로 육체적으로 다 힘들어서 일 못 해.

높은 자긍심과 만족도

가정도우미는 시작 당시 '가정봉사원'이라는 이름으로 불렸다. 이에 따라 도우미 노동자 스스로나 이를 운영하는 구청에서도 업무에서 '봉사'의 측면을 강조하고 있다.

실제로 설문조사 결과를 보면 도우미 노동자들의 업무에 대한 만족도는 높은 것으로 나타났다. 업무에 대한 만족도를 묻는 질문에 대해서 약간 만족스럽다는 응답이 66%, 매우 만족스럽다는 응답이 24%로 높게 나타났다. 만족스럽지 않다는 응답은 불과 10%로 매우 낮았다(〈그림 1〉). 전반적으로 업무에 대한 만족도는 대단히 높은 상황이라고 할 수 있다.

> (그만두고 싶은 생각은) 전혀 없어요. 자부심을 가지고 열심히 일하기 때문에 정년 때까지 건강하게 일하고 싶습니다.

> 보람을 느끼고 수혜자가 고마워하는 것, 마음으로 하는 일이기 때문에 상대방이 어떻게 받아들이느냐가 중요한 것 같아요.

> 여기는 최선을 다해서 일하는 것 같다. 다른 직종은 대강 대강 게으름도 피우고 하지만, 여기는 그렇게 할 수가 없다는 거. 정말로 열정적으로 최선을 다해서 이분을 정말 사랑하는 마음으로 일한다는 거, 그게 너무 장점인 거 같아요. 그렇게 안 하면 여기서 일을 할 수가 없을 것 같아요.

> 간혹 고약한 분들이 있지만 보람이 큰 직업이죠. 그리고 이 일이 수혜자에게 맞춰야 하는 일이라서 힘들고 그렇죠.

가정도우미 업무에 대한 만족도와 자부심을 다양한 문항을 통해 알아보았다. 응답자들은 가정도우미가 사회에 반드시 필요한 직업(151명)이라고 했으며, 일이 가치가 있다(171명)고도 대답했다. 또한 가정도우미의 목표를 적극적으로 지지하고 있었다(160명). 특히 가정도우미의 일이 사회에 도움이 된다는 응답은 정말 그렇다가 190명, 대개 그런 편이다가 90명으로 나타났다.

〈그림 1〉 업무에 대한 만족도

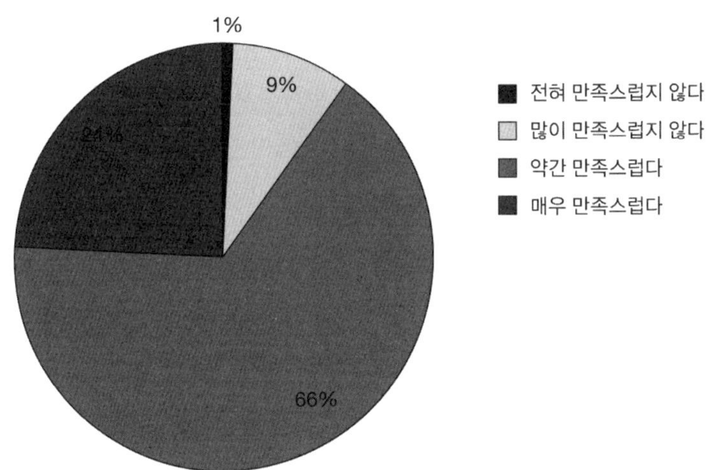

전반적으로 가정도우미의 업무에 대한 만족도와 자부심은 대단히 높은 것으로 나타났으며, 이는 봉사에 기초한 사회적 일자리라는 업무의 특성을 반영한 것으로 생각된다.

노동기본권에 대한 인식의 장애물, 봉사

이러한 인식과 정신적 보상에 따른 만족도는 이들의 노동자성 인정을 어렵게 만들고 노동자로서 당연한 권리를 주장하는 것을 침해하는 경우도 있다. 노동자 스스로도 '봉사'를 하는 사람으로서 노동조건과 관련한 문제는 당연히 참고 인내해야 한다고 생각하는 경우가 있었다. 특히 서울시 예산을 가지고 운영되는 사업임에도 임금단체협상은 구청장과 진행하다 보니 실제적인 노동조건의 개선이 힘들고, 어렵게 체결한 임단협의 조항도 잘 지켜지지 않는다. 각종 수당과 관련한 사항이나 「근로기준법」에 의한 제반 권리조차 지켜지지 않는 상황이었다.

초기에는 치매노인들 병원에 입원하고 하면 주말에는 특별수당이라고 해서 받았었는데 IMF 이후에는 그런 것도 아예 없어졌어요. 그런 추가 노동 수당 같은 거 말로는 있어요. 노조규칙에는 있어요. 근데 서울시에서 인정을 안 해주는 거지. 그래서 초과된 시간들에 대해서 전혀 청구를 안 해요. 그렇다고 해서 일하다가 올 순 없잖아요.

이런 노동조건 속에서 가장 불만이 큰 부분은 임금과 고용에 대한 문제였다. '급여'가 아니라 '활동비'라는 이름으로 월급을 받다 보니 그들의 노동은 정당한 노동이 아니라 봉사로서 인정받게 되고, 이로 인해 임금인상을 주장하거나 정당한 대우를 요구하면 마치 적절치 않은 행동이라고 여겨지게 되는 것이다. 그렇지만 실제적인 임금이 최저임금 수준에 그치게 되면서 이를 가정의 주요한 수입원으로 삼아 생활하는 대부분의 가정도우미 노동자들은 임금에 대한 불만이 높았다.

오히려 더 열악한 환경에서 일하는데도 불구하고 임금이 다른 직종의 절반도 안 된다는 거. 서울시에서 하는 말이 그러잖아요. "봉사하는 마음으로 오지 않았냐." 근데 우리는 간병 같은 것만 하는 게 아니라 모든 일을 다 해야 하잖아요. 가사일, 행정업무, 심지어 망치질 같은 것도 다 우리가 해야 되잖아요.

우리가 최저임금이에요. 제일 먼저 말하고 싶은 게 임금문제지. 처음에 들어올 때 40만 원이었어. 지금 그래도 많이 오른 거야. 솔직히 100만 원 안 되는 임금이 어디 있어. 임금인상 되면 좋지. 도우미 충원도 빨리 됐으면 좋겠고.

〈그림 2〉 가정도우미 노동자의 가구 총소득

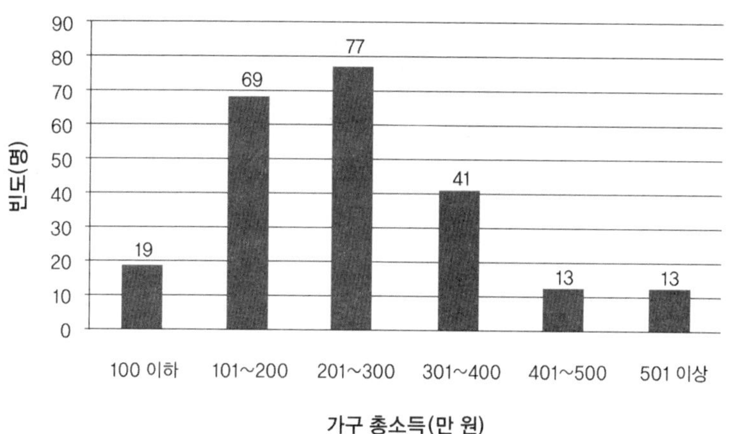

설문조사 결과 응답자의 월 평균 급여는 평균 73.67만 원(표준편차=31.40)으로 나타났다. 응답에서 나타난 임금의 차이가 큰 것은 모두 같은 임금을 받는데도 소득세와 보험, 연금에 대한 부담 여부와 정도가 다른 이유였다. 평균 급여는 최저임금 수준이었다. 가구의 평균 소득에 대해 질문한 결과 평균 가구 소득은 218.02만 원(표준편차=178.2)인 것으로 나타났다. 100만 원 이하라는 대답도 6.2%나 되었는데, 이는 가정도우미의 수입이 가구 소득의 전부인 경우가 있음을 의미한다. 또한 전체적인 가구 소득이 200만 원이 안 되는 경우도 29.7%에 달하여 가정도우미들의 가구 소득이 전반적으로 낮은 수준임을 확인할 수 있었다.

한편, 지난 1년간 근무시간 외에 수혜자를 방문해야 했던 횟수를 조사했다. 한 번도 없었다는 응답은 33명으로 10.7%에 불과했으며 대부분이 시간 외 근무가 있었던 것으로 확인되었다(〈그림 3〉). 시간 외 수당이 따로 없다는 점을 고려할 때 수혜자와의 관계 속에서 편의적으로 이루어지는 무급의 시간외 근무가 많았다고 할 수 있다.

〈그림 3〉 지난 1년간 근무시간 외에 수혜자 가정을 방문한 횟수

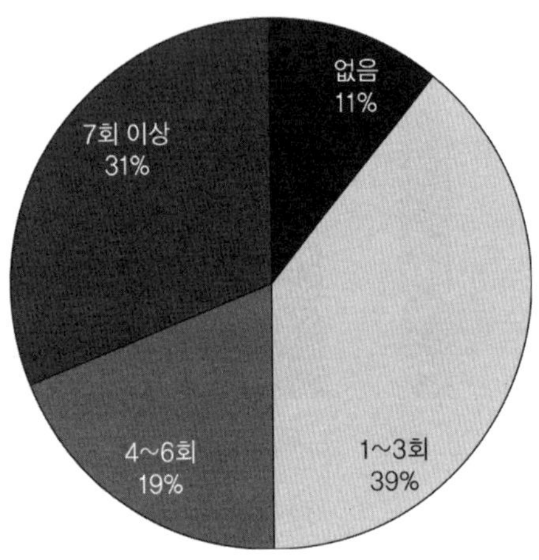

이는 가정도우미와 수혜자의 개인적 관계가 중요한 업무의 특성과 여유가 없는 노동시간을 고려할 때 개인적 친분에 의한 부탁을 거절하지 못해서 근무시간 외의 방문이 이루어지기 때문이었다.

> 수시로 전화가 와서 대소변 보고 싶다, 물 마시고 싶다 이러시면 밤에도 가서 다 해드리고 그랬어요. 그분이 사람들을 너무 배척하니까 가족도 친구도 안 오는 거야. 그래서 나 혼자 다 수발을 했어요. 이때 정말 시간 외에도 수발을 하고 정말 너무 힘들었어요.

즉, 공식적으로 확인되는 노동시간 외에도 수혜자의 필요에 따라서 간헐적인 시간 외 노동이 발생하고 있었다. '봉사'의 의미가 강조되고 사업에 대한 평가가 수혜자에 의해서 이루어지기 때문에 거부하기가 매우 어려운 현실인 것이다.

정규직임에도 느끼는 고용불안정

서울시 가정도우미는 단체협상문에 정년이 보장되어 있는 정규직 노동자이다. 그럼에도 예산권을 쥐고 있는 서울시의 사업에 대한 지속 의지가 부족하고, 나날이 세분화되어 늘어나는 사회적 일자리로 인해 언제든 사업이 중단될지도 모른다는 고용불안에 시달리고 있었다.

고용불안감을 측정하기 위한 하나의 방법으로서 한국형 직무스트레스 측정도구를 사용하여 직무스트레스를 평가했다. 전체적인 직무스트레스 수준은 한국 평균에 비해 낮은 것으로 평가되었다. 직무요구와 직무자율, 조직체계와 보상부적절로 인한 스트레스도 낮다고 나타났다. 그러나 특징적으로 물리환경과 직무불안정에 관련된 스트레스는 전국 평균에 비해서 매우 높은 것으로 나타났다. 물리환경 항목이 높은 이유는 환경이 열악한 수급자의 집을 직접 방문하여 업무하는 특성 때문인 것으로 생각된다. 직무불안정은 55.82점을 기록했는데(〈표 1〉) 이는 전국 상위 25%에 해당하는 점수인 50.1점보다 5점 이상이 높은 것이다. 정규직임에도 직무불안정에 대한 스트레스가 높은 점수를 기록한 것은 단협상의 정년보장으로 노동자의 고용불안감이 해소될 수 없다는 현실을 반영한다고 할 수 있다.

가정에서의 이중부담과 성희롱·언어폭력문제

이렇게 확인이 가능한 기본적인 노동조건 외에도, 개별적으로 방문해서 행해지는 돌봄노동이라는 점과 여성이라는 특성을 감안하여 가사에 대한 이중부담과 성폭력의 현황 및 정신적 스트레스가 어느 정도 수

〈표 1〉 한국형 직무스트레스 평가 결과

항목	평균	매우 낮은	낮은	높은	매우 높은
물리환경	60.36	33.3 이하	33.4~44.4	44.5~55.5	55.6 이상
직무요구	52.40	50.0 이하	50.1~58.3	58.4~66.6	66.7 이상
직무자율	55.20	50.0 이하	50.1~58.3	58.4~66.6	66.7 이상
관계갈등	35.73	-	33.3이하	33.4~44.4	44.5 이상
직무불안정	55.82	-	33.3이하	33.4~50.0	50.1 이상
조직체계	41.19	41.6 이하	41.7~50.0	50.1~66.6	66.7 이상
보상부적절	45.85	44.4 이하	44.5~55.5	55.6~66.6	66.7 이상
직장문화	28.70	33.3 이하	33.4~41.6	41.7~50.0	50.1 이상
단축형 총점	44.96	44.4 이하	44.5~50.0	50.1~55.6	56.0 이상

주: 음영이 들어간 부분은 가정도우미 노동자의 전체 평균이다. 전국 노동자의 스트레스를 '매우 낮은', '낮은', '높은', '매우 높은'의 기준으로 나누었을 때 가정도우미 노동자의 스트레스 수준이 어디에 해당하는지를 표시한 것이다.

준으로 발생하는지를 살펴보았다.

만연한 성희롱과 언어폭력

도우미 노동자들은 성희롱과 관련해 다양한 직간접적 경험을 가지고 있었다. 성희롱을 당한 적이 있느냐는 질문에 대해 111명이 '그렇다'고 대답했다. 성희롱 경험이 없다는 응답은 168명이었다. 성희롱을 당한 적이 있는 경우, 성적인 언어를 들은 것이 8.8%(27명)가 주 평균 1회, 5.2%(16명)가 주 평균 2회라고 응답했다. 그 밖에 주 평균 10회(0.3%, 1명)를 당한다는 응답도 있었다. 3명은 월 평균 2회 정도 신체접촉을 당한다고 했으며 4명은 연 1회 이상 신체접촉에 의한 성희롱이 있었다고 답했다. 기타 의견에 '수혜자가 음란 비디오를 시청하고 있었다'(1명, 0.3%)는 응답도 있었다. 이를 통해 성희롱이 상당히 광범위하게 일어나고 있으며 일부에서는 만성적으로 반복되며 일어나고 있음을 확인할 수 있었다.

면접조사에 따르면 일부 노동자는 남성인 수혜자가 밤늦게 전화를 한다거나 옷을 벗고 있는 등의 성폭력을 경험한 경우가 있었다. 이런 경우 도우미들은 자체적으로 2인 1조를 구성하여 방문한다고 했다. 이러한 상황을 예방하기 위해 수급자들을 교육하는 것과 같은 예방책이나 피해에 대한 체계적인 대비책이 없는 상황에서 노동자들이 스스로 방법을 찾은 결과이다. 그러나 이는 서로의 노동강도를 높이는 것으로 귀결되기도 한다. 특히 개인의 휴대전화 번호를 업무 시작과 동시에 바로 알려주게 되어 있는 현재의 시스템이 성폭력과 같은 문제가 발생할 가능성을 높이고 있다. 이는 수혜자의 전화를 통해 시간 외 노동과 감정노동이 많이 이루어지는 것과도 관련이 있다.

그 아저씨 옛날에 전립선 비대증이어서 그거 오줌도 다 빼줬어요. …… 사람이 저녁마다 전화를 하는 거 있죠. 사랑한다고 그러고. 그때 이후로는 그 아저씨 하고 예, 아니요, 그런 말밖에 안 했어요. …… 할아버지들이 만져요. 여름에 긴 옷을 입으려고 하는데 긴 옷이 어디 있어요. 우리 같은 사람은 치마는 토요일, 일요일이나 입지 평소 때는 치마를 못 입어요. 조금 친절하게 해주면 저 양반이 날 좋아서 그러나 보다 이렇게 생각을 하니까 나는 항시 그 이후로는 예, 아니요, 몰라요, 이렇게 대답하지. 그게 이제 노하우지. 우리는 수혜자들한테 연락처를 처음부터 주게 돼 있어. 그게 잘못됐어. 밤이고 낮이고 전화를 하는 거야. 구청에 전화해서 날 사랑한다고 하더래요.

또 일부에서는 수혜자의 욕설과 의심, 무시로 인한 언어폭력과 이로 인한 스트레스가 매우 심각한 것으로 나타났다. 이는 도우미의 업무평가체계와도 관련이 있었다. 시, 구에서는 수혜자의 집에 직접 전화를 해서 도우미의 업무수행을 확인하는 경우가 있다. 또한 이들이 업무수행을 했는지에 대해 확인하기 위해서 수혜자에게 도장을 받아오도록 하고 있다. 즉, 가정도우미 노동자 업무의 관리와 감독에 수혜자의 평가가 일방적으로 반영되는 것이다. 이러다 보니 이를 빌미로 한 무리한 요구와 무시가 발생하여 이 역시 스트레스를 높이는 하나의 요인으로 작용하고 있었다.

> 치매환자들은 억지소리도 하고, 도둑년 소리 듣는 건 허다하고……. 우리 할머니 금반지 잃어버렸다고 그러고 할아버지들은 옷 벗고 있고……. 우리를 여자로 보는 거지. 이럴 땐 그냥 웃어넘겨 버리고 혼자 안 들어가고 다른 도우미들 하고 같이 들어가고 그러지.

> 할머니들이 의심을 굉장히 많이 한대요. 도둑년이라고 하면서, 도우미 코트를 보고 자기 코트 훔쳐갔다고 하시고……. 그런 일들이 한두 번이 아닌 거 같아요. 또 우리 집에는 자주 안 오고 다른 할머니 집은 자주 간다 이런 질투 같은 거. 다른 할머니들 명절 때 선물 같은 거 들어오면 왜 나는 안 주냐고……. 방학 때 복지관에서 자원봉사 오는 학생들한테 가정도우미 안 온다고 거짓말을 하시고 그러면 그 애들이 그 말 그대로 다 쓰잖아요. 그거 다 구청으로 들어오잖아요. 자기한테 더 많이 와달라는 거예요. 그래서 와도 안 왔다 그러고. 정신적 스트레스 진짜 많아요.

가사노동에 대한 이중부담

가정도우미 노동자들은 모두 여성이며, 대부분 중년 이상이어서 연령이 상대적으로 높다. 따라서 가사노동에 대한 부담도 높을 가능성이 있다. 면접과 설문을 통해 조사한 결과 이런 예상은 대체로 적중했다. 전체적으로 본인이 가사를 모두 하는 경우도 있었으나, 대부분 남편과 자녀가 도와준다고 했다. 그럼에도 가정도우미 업무로 인한 육체적·정신적 피로 때문에 가사와 가정도우미 일의 병행이 힘들다는 의견이었다.

특히 업무와 관련해서 본인보다 수혜자의 주거환경이 훨씬 열악하고 본인의 가정에서는 가족들의 이해도 있고 본인의 몸 상태에 따라 자의대로 할 수 있지만, 수혜자의 집에서는 최대한 수혜자의 요구에 맞춰서 일을 해야 하고 주위 사람들의 이목 때문에 신경도 쓰이므로 수혜자의 집에서 하는 가사노동이 훨씬 더 힘들다는 의견이 있었다.

> 집안일은 가족들이 많이 도와줘요. 집안일 하고 이 일을 병행하는 것이 많이 어렵습니다. 일이 힘들어서 집에 가면 아무것도 못 합니다. 가족들 도움 없이는 일 못 합니다. 집에서는 가족들이 이해해주니까 괜찮은데 타인노동은 의무감으로, 가슴으로 일합니다.

가정에서 주로 가사를 담당하는 사람이 누구냐는 질문에 대해서 1순위로 '본인'을 지목한 경우가 285명(92.5%)으로 절대 다수를 차지했으며, 배우자라는 대답은 16명(5.2%)에 불과했다. 2순위의 경우에는 117명(57.3%)이 배우자를 지목했으나 '딸'이라는 응답이 38명(12.3%)이나 되었으며, '아들'이라는 대답도 16명(5.2%)이 있었다(〈표 2〉). 가사담당은 여성인 가정도우미 노동자에게 절대적으로 집중되어 있는 상황이라

〈표 2〉 가사 담당

	1순위	2순위
본인	285(92.5)	33(10.7)
배우자	16(5.2)	177(57.5)
본인의 어머니	0(0.0)	4(1.3)
배우자의 어머니	1(0.3)	0(0.0)
딸	1(0.3)	38(12.3)
아들	0(0.0)	16(5.2)
파출부나 가정부	1(0.3)	0(0.0)
기타	0(0.0)	0(0.0)

〈표 3〉 가사노동시간

	평일	토요일	일요일
최소값(분)	30	60	0
최대값(분)	720	960	960
평균 시간(분)/(표준편차)	205.14/(101.2)	305.53/(153.7)	275.61/(159.5

할 수 있다.

가사노동시간은 평일이 205.14분으로 3시간 이상이었으며, 토요일이 5시간 이상으로 가장 많았다. 일요일도 4시간 이상이었다(〈표 3〉). 8시간의 정규근무 외에도 가사노동으로 인한 노동시간이 길었다.

가사분담이 이루어지고 있는 구체적인 형태를 알아보기 위하여 6가지의 대표적인 가사노동에 대해서 누가 해당 일을 많이 하는지 물었다. '장보기·쇼핑', '집안 청소', '자녀교육'을 제외하고 '식사 준비', '설거지', '세탁'은 절반 이상 '거의 내가' 한다고 대답했으며 자녀교육을 제외한 5가지 항목이 모두 '거의 내가'나 '주로 내가' 하는 것으로 나타나 해당 업무에 대한 여성의 부담이 매우 높은 것으로 나타났다. 거의 배우자가

〈표 4〉 가사 분담

	식사 준비	설거지	세탁	장보기·쇼핑	집안 청소	자녀교육
거의 내가	222(72.1)	173(56.2)	194(63.0)	148(48.1)	123(39.9)	65(21.1)
주로 내가	54(17.5)	80(26.0)	59(19.2)	59(19.2)	60(19.5)	49(15.9)
부부가 함께	16(5.2)	29(9.4)	29(9.4)	82(26.6)	85(27.6)	125(40.6)
주로 배우자가	1(0.3)	4(1.3)	3(1.0)	0(0.0)	18(5.8)	0(0.0)
거의 배우자가	0(0.0)	0(0.0)	0(0.0)	0(0.0)	1(0.3)	1(0.3)
기타	2(0.6)	10(3.2)	9(2.9)	3(1.0)	7(2.3)	12(3.9)

한다고 대답한 가사노동은 집안 청소와 자녀교육에 각각 1명씩밖에 없었다. 주로 배우자가 한다는 응답도 식사 준비 1명, 설거지 4명, 세탁 3명, 집안 청소 18명에 불과했으며 장보기, 쇼핑과 자녀교육은 한 명도 없었다(〈표 4〉). 가정도우미 대부분이 고령으로 자녀들이 대부분 이미 성인이 된 경우가 많아서 자녀교육에 대한 부담이 상대적으로 적다는 점을 감안하면 대부분의 가사노동이 절대적으로 여성인 가정도우미 노동자에게 집중되어 있음을 확인할 수 있었다.

말 못 하는 위험요인, 감정노동

감정노동은 돌봄노동의 주요한 특성 중 하나이다. 가정도우미의 경우 최초에 사업이 시행될 때부터 지금까지 '봉사'의 측면이 강조되고 있는 돌봄노동이라는 점과 수혜자와의 개인적인 관계형성이 이 사업의 핵심 중 하나라는 점을 감안할 때 감정노동으로 인한 스트레스가 더욱 심각하게 발생할 수 있다.

실제로 면접조사와 설문조사를 통해서 가정도우미들이 감정노동으로 인한 스트레스를 심각하게 느끼고 있음을 확인했다. 특히 업무를 위

〈표 5〉 감정노동 정도

	전혀 그렇지 않다	그렇지 않은 편이다	그런 편이다	매우 그렇다
실제 감정을 숨겨야 하는 경우가 많다.	23 (7.5)	59 (19.2)	184 (59.7)	37 (12.0)
따뜻함과 친절함을 느낄 수 있도록 일부러 노력할 때가 많다.	13 (4.2)	45 (14.6)	183 (59.4)	64 (20.8)
진짜로 웃는 경우보다 일부러 웃는 경우가 더 많다.	48 (15.6)	153 (49.7)	91 (29.5)	14 (4.5)
실제 감정을 표현하지 못하는 것이 대단히 어렵다고 느낀다.	19 (6.2)	133 (43.2)	127 (41.2)	23 (7.5)
수혜자들을 미소로 응대하는 것은 어려운 일이다.	76 (24.7)	145 (47.1)	70 (22.7)	15 (4.9)
기분이 나쁠 때에도 표현하지 않으려고 최선을 다한다.	7 (2.3)	10 (3.2)	187 (60.7)	99 (32.1
수혜자들을 대할 때 나의 실제 감정과 표현하는 것과는 상당한 차이가 있다.	22 (7.1)	144 (46.8)	115 (37.3)	22 (7.1)
표현하는 행위와 실제 감정 때문에 혼란스러울 때가 있다.	49 (15.9)	168 (54.5)	78 (25.3)	10 (3.2)

해 실제 감정을 숨겨야 하는 경우가 있으며, 따뜻함과 친절함을 느낄 수 있도록 일부러 노력할 때도 많다고 했다. 실제 감정을 표현하지 못하는 것이 대단히 어렵다고 느끼고, 기분이 나쁠 때에도 수혜자에게 표현하지 않으려고 최선을 다하는 것으로 나타났다(〈표 5〉).

골병드는 노동자

작업관련성 근골격계 질환

스트레스를 일으키는 사회심리적 요인 외에도 가정도우미의 다양한 업무는 노동자들의 건강을 위협하고 있다. 특히 좁은 공간에서 불편한 자세로 여러 가지 업무를 수행하며 거동이 불편한 장애인과 노인의 활동을 돕고 간병하기 때문에 작업관련성 근골격계 질환에 대한 위험이 높았다.

근골격계 증상유병률을 조사한 결과를 보면 기준1에 해당하는 경우가 69.9%, 기준2에 해당되는 경우가 50.5%로 매우 높게 나왔다. 부위별로 살펴볼 경우 가장 증상유병률(기준1/기준2)이 높은 부위는 등·허리(43.4%/30.4%)인 것으로 나타났으며 뒤를 이어 어깨(34.0%/18.4%), 다리(31.7%/17.3%), 팔·팔꿈치(26.5%/13.0%) 순이라고 나타났다(〈그림 4〉).

근골격계 증상과 관련하여 치료를 받은 비율은 77.3%(238명)이며, 그중 의료기관에서 치료받은 비율은 56.8%(175명), 민간요법 또는 자가치료를 한 사람은 20.5%(63명)로 나타났다. 치료를 받지 않았다고 응답한 비율은 14.6%(45명)로 나타났으며, 치료를 받지 않은 이유는 '증상이 미약해서'가 10.1%(31명)로 가장 많았다. 그리고 3.2%(10명)가 '일하기 바빠서'라고 응답했다.

면접조사에서 가정도우미들은 주요 업무환경인 수혜자의 주거환경이 열악하다 보니 쭈그리고 일을 하거나 손빨래를 해야 하는 경우가 많다고 했다. 또한 물건을 사와야 하는 경우가 많아서 짐을 들고 비탈지고 높은 곳을 이동하는 것이 힘들다는 의견이 많았다. 병원에 동행할 때 수혜자를 휠체어로 이동시켜야 하는 일, 수혜자를 부축해야 하는 일

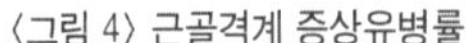
〈그림 4〉 근골격계 증상유병률

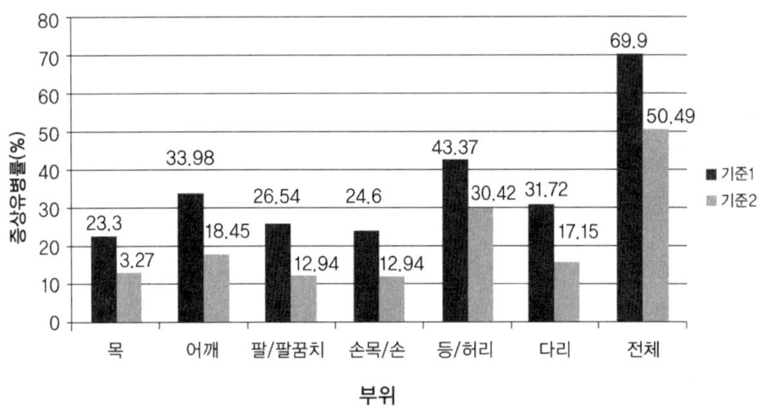

도 힘들다고 했다. 특히 장애인인 수혜자를 목욕 시킬 때가 가장 힘들다는 의견이 있었다. 이러한 업무들로 인해 어깨, 허리, 무릎, 손, 팔 등의 통증을 호소했다. 10년 이상 가정과 직장에서 비슷한 노동을 반복하면서 이러한 근골격계 질환이 더욱 심해지고 있다고 할 수 있다. 그리고 수혜자의 질병으로부터 감염될 가능성에 노출되어 있어서 걱정된다는 의견이 많았으며, 일정하지 않은 식사시간으로 인해 위장병을 호소하는 경우도 있었다. 이러한 건강상의 문제는 가정도우미가 자연적으로 감소하고 있는데도 인력 충원이 이루어지지 않아 업무량이 많아진 것과 직접적인 관련이 있다고 했다. 그 외에도 업무와 관련해서 사고를 당해 다치는 경우가 있으며 일부는 치료를 받고 나서도 후유증이 심해서 일을 하는 데 어려움이 있다고도 했다.

이동거리가 멀어서 식사를 거를 때가 많아요. 그리고 손빨래해라, 청소 깨끗이 해라, 빨간 불인데 길 건너라…… 수혜자 중심으로 보조하다 보니까 힘이 너무 많이 들어요. 그리고 수혜자 집이 너무 좁고 비탈길이고 해서 힘들어요. 몸무게가 많이 나가는 수혜자가 힘들어요. 대소변 처리하고 비탈길에서 휠체어 보조하고 그런 게 힘들죠. 그리고 목욕 시킬 때 너무 힘이 많이 들어요. 일을 하다 보니까 어깨, 허리, 무릎 다 아프고 스트레스도 많이 받죠.

우리가 제일 힘든 부분이 청소하고 빨래인데, 이분들이 물 아끼고 전기 아끼신다고 세탁기를 안 돌리시는 거예요. 그래서 가보면 세숫대야에 빨래를 다 담가놓으셔요. 그러면 그거 우리가 다 빨아야 돼요. 11평짜리 아파트 화장실 한 평 조금 돼요. 그런데 거기서 다 손빨래해야 되는 거야. 구에서 수급자들한테 세탁기를 다 돌렸는데도 안 쓰시잖아. 그래서 쭈그려서 빨래하고 걸레 빨아 가지고 방 닦고……. 저랑 같이 1기생이었던 어떤 젊은 분은 빨래하고 손가락 관절에 무리가 와서 그만뒀잖아. 화상 환자분들 목욕을 시키면 어떤 분은 침대에서 물을 다 떠다가 비닐 커버 깔고 다 씻겨야 되는 분들도 있고, 어떤 분은 화장실로 옮겨서 다 닦아야 되는 분들도 있고. 그러면 허리를 삐끗해서 고생하는 분들도 있고, 다들 고생들 하시죠.

처음부터 이 일을 계속했고 갈수록 더 일이 많아졌지. …… 보따리를 많이 들고 다녀요. …… 도우미들은 대체로 팔부터 목까지 디스크들이 많이 있는 거 같아. 우리 동료들 중에는 팔 못 쓰는 사람들이 많아요. 팔부터 허리디스크까지. 무거운 걸 많이 들고 다니고, 거리가 멀어서 한 번 이동하는데 20~30분 걸리고 어떤 집은 30~40분 걸리니까 물건 들고 다니면 많이 무겁죠.

허리가 제일 안 좋고 다리, 무릎, 어깨가 항상 뻐근하고 아파요. 아침, 저녁에 파스 바르고 나오고 그래요. 다른 도우미 분들도 다리, 허리 거의 다 안 아픈 분들이 없어요. 여기는 시각장애인이다 보니까 팔짱을 끼고 다녀야 하고 이분들이 힘을 주니까 팔이 엄청 아파요. 제가 워낙 많이 돌아다녀요. 2주 동안 만보기를 차봤는데 하루에 만이천보를 걷더라고요. 그러다 보니까 허리가 많이 안 좋아요. 그리고 전염병 같은 거 있잖아요. 여러 사람을 상대해야 하고 병원도 자주 동행해야 되고. 이분들이 대부분 많이 아프신데 그분들을 다 접촉해야 하니까 감기 같은 게 옮는다든지……. 그리고 여기 식사시간도 일정하지 않아요. 처음에 이 일 시작할 때는 다들 위장병이 굉장히 많았었어요. 식사시간이 일정하지 않다 보니까 처음에는 도시락 싸 가지고 다니면서 병원 동행할 때 병원에서 먹고 그랬었어요. 지금도 그래요.

팔, 어깨가 많이 아프지. 이 흉터가 장애인을 너무 부축하고 다녀서 인대가 늘어나서 수술한 자리가 곪아서 이렇게 된 거야. 난 지금도 저녁이면 매일 파스 붙이고. 우리 도우미들 허리디스크는 다반수고, 그래도 그냥 참고 일을 하니까 누가 알아주진 않지. 차라리 할머니들 집 가서 청소해주고 반찬 해주고 장봐다 주고 하는 게 훨씬 나아요. 할머니들 하고 가서 얘기하고 주물러주고 하면 기가 다 빠지고 할머니들 부축하고 병원 갔다 오고 하면 그날은 더 힘들어요. 저녁에는 눈도 뜨기 힘들고 그래요. 그리고 할머니들 집도 열악하고, 할머니들 거의가 가래도 끓고 숨차고……. 할머니들 사진 찍어 보면 폐가 한 쪽 없으신 분들도 있고 건강상에 다 문제 있으시죠. 그러니까 우리한테 그런 균이 다 옮을 수도 있는 거예요. 그걸 모르는 거죠. 이걸 직업병이라고 생각해야지 못 느끼고 그냥 일을 하는 건데 이제는 한계가 온 것 같아.

실제로 근골격계 증상을 호소한 사람들 중에서 의사의 진단이 필요할 것으로 판단된 47명에 대해서 산업의학전문의의 상담을 실시했다. 면담은 도우미노동자들의 접근성을 감안하여 노동조합과 몇 개 구의 사회복지관 등에서 실시했으며 근골격계 질환에 대한 상담을 최우선으로 하되 다른 질환에 대한 상담도 병행했다. 그 결과 47명 대부분이 직업관련성 근골격계 질환이라고 볼 수 있는 수준의 증상과 징후를 보이는 것으로 확인되었으며, 절반 정도는 병원 진료와 치료가 필요한 수준이었다. 허리와 무릎 등 이학적인 검사만으로 정확한 진단을 하기 어려운 부위에 대한 증상을 호소하는 경우가 많아서 정확성은 부족하다고 할 수 있으나, 연령과 장기간의 도우미노동을 감안하면 증상의 심각도와 범위를 살펴볼 때 업무로 인한 영향이 크다고 할 수 있다.

업무 중 사고

업무 중 사고 경험은 총 308명 중 무응답 40명(13.0%)을 제외한 161명이 있다고 응답했다. 전체 응답자의 절반 이상이 업무 중 사고의 경험이 있다고 대답하여 그 심각성을 나타냈다. 사고 횟수는 한 번(21.4%)이 가장 많았으며, 두 번이 10.7%, 세 번이 6.2%로 나타났다. 사고 내용은 수혜자 집의 개한테 물리거나, 수혜자 가정에서 취사 도중 다치거나, 수혜자를 휠체어로 이동시키거나 휠체어 동행을 할 때 또는 물건을 들다가 허리나 무릎, 손목 등을 다치는 경우였다. 가장 많았던 사고는 넘어져서 무릎이나 발목, 손목이 골절되는 경우였으며 교통사고도 많았다.

특히 큰 문제가 된 것은 업무 중 발생한 사고를 산재로 처리할 때 겪은 어려움이었다. 산재를 신청할 경우 목격자의 진술이 필요한데 개별 작업을 하는 도우미노동자들은 목격자를 확보하기가 어렵다. 간혹 산업재해로 인정받아 치료를 받은 경우는 수혜자가 목격자로서 이에 대한 진술을 해주었기 때문이라고 했다. 도우미들은 실효성이 떨어지는 산재보다 실질적인 치료가 보장되면 좋겠다고 이야기를 할 정도로 업무 중 사고에 대한 적절한 대책이 필요하다고 했다.

다리가 부러졌었어요. 수혜자 집에서 일 마치고 계단에서 내려오다가 삐끗해 가지고 깁스를 한 달 정도 하고 있었어요. 제가 우체국 재해보험 들어놓은 게 있어서 거기서 30만 원 해가지고……. 그래도 그 깁스 다리를 해가지고도 근무했었어요. 할머니들이 안 오면 난리하니까. 수혜자 집에서 일 마치고 내려오다가 그래서 수혜자 하고는 상관이 없는 거예요. 그럼 그걸 어떻게 산재를 신청하냐고, 못 하죠. 저번에 그 엄마도 수혜자네 집에서 점심밥 해주고 계단 내려오다가 그래서 산재 신청했거든요. 근데 나는 이렇게 다쳐서 집에 왔는데 시큼시큼하더라고. 다음날 자고 일어나니까 못 걷겠더라고. 그래서 그날 하루 휴가 내서 병원에 갔어요. 그랬더니 뼈가 부러졌대.

수혜자 심부름 같은 거 하다가 넘어지거나 교통사고 같은 게 많아요. 왜냐면 저희는 눈이 오나 비가 오나 일을 해야 되잖아요. 어떤 도우미는 수혜자 하고 병원 동행하다가 택시와 택시가 충돌해서 수혜자는 돌아가시고 도우미는 3~4개월 입원을 했었어요. 이 나가고 허리디스크에……. 몸이 지금도 안 좋아요. 지금 45세인데 도우미 일 하고 계세요. 그 당시 산재 처리 됐어요.

저는 98년도에 수서에 수서 도시개발아파트에서 그랬는데, 수급자 집에 갔다 오는 길에 엘리베이터를 타고 내려오는데 거기 엘리베이터가 항상 흔들리고 불안했어요. 6층에서 엘리베이터가 떨어졌어요. 그런데 1층하고 2층 사이에 엘리베이터가 걸려버린 거야. 정신을 잃었다가 나중에 정신 차리고 비상벨을 눌렀더니 경비 아저씨가 받아서 관리실에서 10분인가 20분 뒤에 온 거야. 그때는 정신이 없어서 어디가 아픈지도 모르고 집으로 갔는데 한두 시간 뒤에 뼈, 관절이 쑤시고 아프고 배가 뒤틀린 것처럼 아팠어요. 그래서 병원에 갔더니 입원하라고 심각하다고 그러는 거예요. 아파트 쪽에서 신고하지 말아달라고 해서 신고는 안 했어요. 열흘 정도 입원해서 치료 받고 병원비는 관리소 측에서 다 해줬어요. 이 사고 때문에 지금도 허리가 아파서 힘들어요. 그때 산재가 없었고 구청에서 보험회사에 보험을 들어서 보험회사에서 나와서 보험 처리를 했었어요. 열흘 일 못 한 거에 대해서 처리해줬어요.

괜찮은 노동에 대한 보장

늘어나는 사회적 서비스와 관련된 일자리와 분화하고 있는 돌봄노동의 현황을 보면서 가정도우미는 본인들의 노동조건이 개선되어야 한다고 했다. 이들은 건강에 관한 부분뿐 아니라 기본적인 노동권의 보장도 함께 요구하고 있었다. 자부심과 보람을 느끼면서 하고 있는 일이 괜찮은 일자리가 될 수 있도록 노동조건을 개선하고 본인들이 하는 일에 대한 가치를 인정해달라고 했다.

건강 관련 요구는 상당히 구체적이었다. 근골격계 질환과 감염에 대한 검사를 요구하기도 했고, 재발이나 후유증 관리에 대한 요구도 있었다. 2년에 한 번씩 시행하는 건강검진 외에 추가 검진에 대한 제도가 없어서 매년 검진을 받지 못하고 있는 지역의 여성노동자는 1년에 한 번씩 건강검진을 해주었으면 한다는 의견을 말했으며, 노조 측에서 도우미 건강에 대한 설문조사를 해서 조직적으로 대응해줄 것을 요구하기도 했다. 산재 신청에 대해서는 산재에 대한 정보를 알려주었으면 좋겠고, 신청을 하는 데 있어 수혜자와 각 해당 구청이 적극적으로 협조해주었으면 하는 의견도 있었다.

노동조건과 관련된 요구는 가장 기본적인 것이었다. 작업 중 일정한 식사시간이 보장되었으면 좋겠다고 했다. 또한 안정된 식사 장소가 있으면 좋겠다는 바람이 있었다. 세탁기 설치 등 수혜자의 열악한 주거환경에 대한 개선을 요구하는 의견도 있었다. 정신적 스트레스와 관련해서는 업무감시를 안 했으면 하는 것과 도우미를 충원할 것 등 서울시에 대한 요구가 있었다.

가정도우미들은 인력 충원이 가장 시급하다고 했다. 도우미 충원은 노동자들의 건강문제와도 직접적인 관련이 있다고 할 수 있다. 그리고 임금인상, 직업병에 대한 인정, 가정도우미에 대한 인간적 대우, 또 노동자로서의 대우를 해주었으면 좋겠다는 의견이 있었으며 가정도우미 사무실, 식사 공간 마련과 건강관리지원에 대한 요구가 있었다.

가정도우미 노동자들은 제도가 생긴 이후로 도우미노동자들에 대한 복지혜택과 자신들에 대한 인식, 임금, 건강관리에 대한 지원 등이 크게 향상되지 않았다고 이야기했다. 또한 자원봉사자가 전보다 많이 늘어났지만 가정도우미의 업무량은 그전과 비교했을 때 큰 차이가 없다고 했다.

서울시에서 도우미를 충원하지 않는 이유가 노조 때문이기에 노조가 필요하기는 하지만 남아 있는 도우미라도 건강하게 일할 수 있도록 차라리 노조를 없앴으면 좋겠다고 하는 사람이 있을 정도로 노동자들의 기본권에 대한 요구는 절실했다. 시, 구에서 이러한 가정도우미의 문제점에 관심을 가져주었으면 좋겠다고 했다. 그 밖에 수혜자 한 사람에게 봉사자가 중복되기도 하는 등의 제도 시행과 관련한 불합리성에 대한 개선을 요구하기도 했으며, 가정도우미 제도를 확장하면 좋겠다고 했다. 또한 수혜자 선정과 관련하여 우리나라 복지제도의 문제에 대한 의견도 있었다.

우리가 일한 지 10년이 넘었으니까 우리를 관리하는 서울시나 각 구청에 일하시는 분들이 우리를 근로자로서의 대접을 해줬으면 좋겠어요. 1~2년 하다가 그만둘 직업도 아니고 우리는 노조까지 있고 다른 근로자들 하고 똑같은데 월급도 아니고 활동비로 받고 하다 보니까 애로점이 있고, 우리를 채용을 해서 근로자로 일을 시키면 조금 대우를 해줘서 동등한 입장에서 일하면 우리도 서로가 기분 좋게 일을 더 많이 하고 할 것 같은데…….

한 2~3년 전에는 우리 담당하는 사회과 직원하고 1년에 네 번에서 두 번씩 간담회를 하게 돼 있었어요. 근데 2~3년 전부터 아예 없어졌어요. 그러니까 도우미의 애로사항이 뭔지를 전혀 모르잖아요. 그러니까 우리만 답답하죠. 그래서 팀장한테 전화하면 팀장이 가서 보고를 하고 그런 실정이거든요. 우리는 바라는 게 차츰차츰 좋아지겠지 하다 보니까 지금까지 온 거예요. 우리가 봉사하면서 이런 거 내세울 필요는 없다고 좋은 생각으로 지금까지 참고 온 거죠. 그렇다고 우리 도우미들이 굳이 돈 벌려고 그러는 게 아니라 주면 주는 대로 최선을 다하는 거니까, 우리는 돈보다는 대접을, 대우를 좀 해줬으면 좋겠어요.

식사시간에 식사를 할 수 있는 여건을 만들어줬으면 좋겠어요. 그리고 사무실이 다 없어요. 각 구마다 도우미 사무실이 다 있으면 좋은데 각 팀별로 각 동사무소로 출근을 해요. 사무실 같은 것도 있고 전화기도 놔주고 아침에 출근해서 팀원끼리 어제, 오늘 있었던 일도 이야기하고 앞으로는 어떻게 해야겠다는 그런 상의도 하면 앞으로 발전도 있고 서로서로 좋고 할 텐데 그런 사무실이 없으니까 각자 각 팀별로 동사무소로 출근을 해서, 그렇다고 동사무소에서 사무실을 마련해주는 것도 아니고 직원들 뒤편에 빈자리 있으면 앉아서 체크하고 그런 식이거든요. 쉴 수 있는 공간이 있었으면 좋겠어요. 그런 게 없으니까 아쉬운 것 같아요.

저희 건강을 좀 보살펴줬으면 좋겠어요. 일주일 동안 밖으로 많이 다니잖아요. 그리고 많은 사람을 접촉하다 보니까 건강이 안 좋아요. 그리고 감기를 굉장히 많이 걸려요. 노인네들 부축하고 다니니까 발목도 자주 삐끗하고 허리도 그렇고……. 우리 도우미들이 다리를 많이 절고 다니고……. 우리 도우미들이 주일도 없이 할머니들이 부르면 가요. 할머니들이 시도 때도 없이 전화해요.

사회적 일자리로서 돌봄노동은 업무를 정형화하기 힘들다는 특성이 있다. 특히 가정도우미는 최근의 사회적 일자리와 다르게 기초생활수급권자에 대해 일상과 질병을 포함한 대단히 포괄적인 서비스를 제공하고 있다. 따라서 수혜자의 만족도는 대단히 높은 반면, 도우미노동자들은 목욕 시키는 일과 대소변 수발 등의 업무에 부담을 느끼고 있었다. 또한 1999년 이후 인력 충원이 이루어지지 않아 인력이 부족해지면서 하루에 서너 집, 많게는 대여섯 집을 방문해야 하는 상황이 발생했다. 이 때문에 각각의 가구에서 업무를 최대한 빠르게 처리해야만 하게 되었고 이로 인해 근골격계 질환이나 작업 중 손상과 같은 건강문제가 발생할 가능성이 더 높아졌다. 특히 서울시의 독자사업이어서 가정도우미 사업의 입지 축소와 인력 미충원으로 인해 직무불안정성이 높은 것으로 보인다. 이러한 상황에서 가정도우미 노동자들은 최저임금 수준으로 일하고 있다. 물론 가구 소득은 가구의 주 소득원에 따라서 다르지만 가정도우미 노동자의 수입이 가구의 유일한 수입인 경우도 있었다.

또한 고령의 여성노동자라는 특성으로 인해 가사노동에 대한 부담이 매우 높았다. 가사노동시간뿐 아니라 구체적인 내용에 있어서도 절대적으로 여성노동자에게 부담되고 있음을 확인할 수 있었다. 성희롱의 경험은 40%가 가지고 있었으며, 특히 장기간에 걸쳐 반복적으로 일어나고 있어 매우 심각한 상태였다. 가정도우미 노동자들 스스로 문제가 있는 수혜자인 경우 2인 1조로 업무를 하는 등의 강구책을 마련하고 있으나 보다 근본적인 대책 마련이 필요하다.

수혜자의 주거환경이 열악하고 수혜자가 만성적인 질환을 가진 경우가 많아서 가정도우미 노동자의 질환(예를 들어 감염병과 근골격계 질환 등)과 재해(예를 들어 업무 중 사고) 위험이 높을 것으로 예상되었다. 실제로 근골격계 증상을 호소하는 비율이 매우 높았으며, 면담 결과 절대 다수가 물리치료 등의 개인적 조치를 이미 취했거나 취하고 있는 상황이었다. 특히 의학적 면담 결과 절반 이상이 병원진료가 필요한 것으로 나타나 매우 심각한 상황이었다.

업무 중 사고의 경험도 50% 정도로 빈도가 매우 높았다. 사고의 원인은 매우 다양했는데, 특히 수혜자의 주거환경과 관련된 경우가 많았다. 집이 좁아서 불편한 자세로 일할 때가 많을 뿐 아니라 사고가 발생할 가능성도 높아 노동자들의 재해위험을 심각하게 높이고 있었다.

그러나 건강검진이나 보상과 관련된 시스템은 부족했다. 건강검진은 건강보험공단에서 진행하는 검진 외에 격년으로 같은 항목의 건강검진이 이루어지고 있으나 고령 여성노동자의 특성을 반영하고 있지 않아서 불만이 많았다. 또한 보상 시스템과 관련해서 산재 신청에 대한 인식이 떨어지는 상황이었고, 인력이 부족하여 병가를 내는 것도 쉽지 않았다.

이러한 상황을 개선하기 위해서 가장 먼저 필요한 것은 가정도우미 노동자들의 노동의 질을 개선하는 것이다. 가정도우미 사업은 서울시에서 자체적으로 예산을 마련하여 진행하고 있는데, 최근 많아진 다른 사회적 일자리에 비해서 제공되는 서비스가 매우 포괄적이다. 따라서 수혜자의 만족도도 매우 높은 것으로 알려져 있으며, 특히 기초생활수급권자를 대상으로 하기 때문에 사회적 안전망으로서의 역할도 매우 크다고 할 수 있다. 따라서 서울시는 가정도우미 사업을 유지·확장하기 위한 장기계획을 세워 도우미 노동자를 충원해야 하며, 이러한 인력 충원을 바탕으로 현재의 업무를 2인 1조로 바꾸어 중량물 작업 등에 대한 부담을 줄여야 한다. 또한 업무량을 고려하여 충분히 임금을 인상해야 한다.

다음으로는 도우미 업무에 대한 체계적인 관리체계를 마련해야 한다. 먼저 구청이나 사회복지사 등의 중간관리자로 인한 직무스트레스를 낮추기 위해 수혜자와 관리자를 교육하고, 도우미 업무와 역할 등에 대한 내용을 포함한 가이드라인을 개발해야 한다. 이는 수혜자가 무리한 요구를 하지 못하도록 하고 가정도우미 노동자들의 기본적인 노동권을 보장하는 방향이어야 한다. 또한 돌봄노동의 특성상 업무의 경계를 나누는 것이 매우 어렵고 이로 인해 무리한 요구가 발생할 수 있다는 점을 감안하여 표준업무수행지침을 개발해야 한다. 이를 통해 도우미의 업무범위를 규정하고 실제로 효율적인 관리가 이뤄질 수 있도록 해야 할 것이다.

한편 여성노동자의 특성을 감안한 건강검진 개편과 성희롱에 대한 대책이 시급히 마련되어야 할 것이다. 그리고 산재가 빈발하는데도 산재 처리에 대한 인식 부족으로 제대로 치료받지 못하는 상황에 대한 대비책을 마련해야 한다. 산재 보상에 대한 교육자료 등을 개발하고 기본적인 안내와 교육을 시행해야 할 것이다. 노동자들이 자신의 노동강도가 강화되는 것을 감수하면서도 자구책으로 활용하고 있는 2인 1조 작업을 공식화하고, 수혜자에 대한 성희롱 예방교육을 실시해야 한다. 또한 성희롱이 발생할 경우 이에 대해 조치를 취할 수 있는 기구와 시스템을 만들어야 한다.

마지막으로 사회적 일자리에 대한 공감이 확산되어야 한다. 대부분의 사회적 일자리는 돌봄노동의 특성을 가지고 있어서 감정노동에 따르는 스트레스가 높은 것으로 알려져 있다. 따라서 사회적 일자리에 대한 공공홍보사업을 통해 실제로 노동자들이 서비스를 진행하는 과정에서 생길 수 있는 다양한 건강위험요인들을 최소화할 수 있도록 노력해야 할 것이다.

사회적 일자리 노동자들의 노동의 질을 높이기 위해서는 운영주체와 직무 사이의 네트워킹으로 노동강도를 낮추고 실질적인 생활이 가능할 수 있도록 임금수준을 향상시켜야 한다. 또한 다양하게 발생할 수 있는 산업보건문제에 대해 관심을 가지고 이에 대한 현황 파악과 이를 바탕으로 한 장기적인 정책적 지원을 마련해야 한다. 즉, 사회적 일자리가 '봉사'가 아닌 정당한 '노동'으로 인정받을 수 있도록 제반의 조처를 취해야 할 것이다.

[참고문헌]

김미정. 2005. 「유급가정보사원 전문직업적 태도와 서비스 질의 관계에 관한 연구: 서울시 가정도우미를 중심으로」. 연세대학교 사회복지대학원 석사학위논문.

김범수·박윤애·우수명. 1998. 「서울가정도우미 사업 2주년 운영평가 및 서비스 전달 체계 개선방안 연구」. 서울특별시, 1~9쪽.

김승권·선우덕·변용찬·황나미·윤상용. 2006. 「지역사회 중심의 돌봄서비스 활성화 방안」. 한국보건사회연구원, 9~58쪽.

박강원. 2001. 「서울시 가정도우미 사업 운영개선 방안에 관한 연구」. 국민대학교 행정대학원 석사학위논문.

박시하. 2006. 「유급가정봉사원의 운영에 관한 연구: 서울시 가정도우미를 중심으로」. 서울시립대학교 도시과학대학원 석사학위논문.

최민희. 2008. 「사회서비스 고용에 관한 연구: 서울시 가정도우미를 중심으로」. 한신대학교 대학원, 8~10쪽.

▸▸▸ 박홍주

입주가사노동자
: 조선족 사례

한 해 120만 명이 넘는 노동자가 국경을 넘어 다른 국가로 일하기 위해 떠나는 국제이주노동의 문제는 이미 우리의 일상 현실에서 큰 비중을 차지하고 있다. 그중에서도 1990년대 이후 '이주여성 가사노동자(transnational domestic worker)'의 등장은 제3세계 여성이 이제까지 사적으로 간주되던 돌봄, 친밀함 등이 결합된 노동을 하면서 지구화 시대의 새로운 노동자 계급으로 범주화되고 있음을 의미한다(김현미, 2005). 지금까지의 여성학 연구는 풍요로운 제1세계의 그림자로 살아가는 이주여성 가사노동자들을 '지구적 하녀(global maid)', '제3세계[1] 여성 서비

1) 제3세계 여성노동자에 관한 기존의 연구는 '산업화 자체가 곧 발전이며, 여성의 지위향상이다'라는 선진 자본주의국가의 경험을 토대로 한 여성노동연구와 여성운동의 이념이 제3세계 여성노동의 문제해결에 제한적임을 규명하는 데 집중되었다(여성평우회, 1985). 신자유주의적 지구화의 확산과 더불어 1980년대에는 제1세계의 여성노동자와 제3세계의 여성노동자가 지구의 반대편에서 동일한 노동을 누가 더 빨리, 그리고 더 많이 생산하는가를 경쟁하는 과정에서 초국적 자본이 초국적 착취공장(transnational sweat-shop)을 임금이 싼 국가로 이동하는 과정을 비판하는 데 집중해온 것이다. 그러나 오늘날 한국사회에서 제3세계 여성은 더 이상 낯선 국가에서 저임금의 미숙련 노동을 수행하는, 공간적으로 분리된 노동주체로 존재하지 않는다.

스계급(serving class)' 등으로 호명하며 지구화 시대의 새로운 노동계급이자 가장 취약한 피해자 집단으로 범주화해왔다(Constable, 1997; Pareñas, 2000). '이주의 여성화'는 젊은 남성이주노동자를 중심으로 진행되었던 초기의 국제이주와 달리, 독자적으로 이주하는 제3세계 여성이주노동자가 근대화가 진행되면서 유지되기 힘들어진 돌봄의 성별분업체계를 지속하거나 새로운 형태로 강화시키는 현상을 설명하는 개념이다(Castle and Miller, 2003).

돌봄노동과 그에 대한 수요는 지구화 현상 중에서도 이주의 여성화를 추동하는 주된 요인으로써, 중·고령 이주여성들을 위한 아시아 지역 내부의 대표적인 이주 형태나 경로를 형성하고 있다. 산업화 이후 사라져가는 대표적인 직업이었던 '가사노동자'는 1980년대 이후 고도로 산업화된 OECD 국가와 산유국을 중심으로 다시 증가하기 시작했다. 가족 내에서 가사노동과 간병, 그리고 양육과 노인돌봄 등의 돌봄을 무급으로 담당해왔던 여성의 임금노동에 대한 참여가 급증하면서 대다수의 OECD 국가뿐 아니라 한국사회 또한 돌봄의 위기를 겪고 있기 때문이다. 특히 노인의 말동무 겸 가사간병인, 또는 맞벌이 가족의 보모 겸 가사도우미로 이주여성을 고용하고자 하는 '이주 가사노동자(Migrant Domestic Worker: 이하 MDW)' 구인광고[2]는 인터넷 어디서나 쉽게 찾아볼 수 있다. 한국의 대중매체에서 '조선족 이모', '필리핀 가정부'로 소개되었던 입주가사노동자들은 중국과 필리핀에서 이주한 여성들이다. 이

2) 1990년대 이후 직업소개소 외에 각종 도우미센터의 난립으로 인해 무료 가판대 신문이나 인터넷에서 조선족, 필리핀, 가정부, 파출부, 가사도우미 등의 키워드만 찾으면 손쉽게 가사노동자의 구인구직정보를 접할 수 있다. 이처럼 이주여성 가사노동자에 대한 수요가 증가하자 이들의 구인구직을 전문적으로 매개해주는 인터넷 중개업체들도 급속하게 늘어나고 있다.

들은 총성 없는 '육아전쟁'에 시달리는 한국의 맞벌이 부부와 '열쇠아동'들에게 없어서는 안 될 '제3의 혈육', '제2의 엄마'로 재현되고 있다.[3)]

1980년대 말부터 한국사회에 이주노동자가 유입되기 시작하면서 이주여성 가사노동자의 존재가 가시화되기 시작했다. 그러나 이주여성 가사노동자에 대해 구체적이고 광범위한 연구가 이루어졌던 유럽이나 북미 국가들과 달리, 한국에서는 1990년대 이후 이들 가사노동자에 대한 조사와 연구가 거의 없는 실정이어서 그 결과 이주여성 가사노동자의 노동실태나 규모조차 파악하지 못하고 있다(이혜경, 2005: 30). 이와 같은 한국사회의 인식은 이미 다양한 방식으로 시장에서 거래되고 있는 돌봄노동의 실태를 반영하지 못한 것일 뿐 아니라 돌봄노동이 수행되는 한국사회의 다양한 맥락과 그 안에 있는 복잡한 의미들을 드러내지 못하고 있다. 그러므로 이 글은 1990년대부터 새로운 돌봄노동자로 부상하고 있는 이주여성의 경험을 통해 이주여성의 비공식부문 돌봄노동이 어떻게 행해지고 있는지를 살펴보고, 이주여성 가사노동자가 한국사회에서 겪는 어려움을 해결하기 위한 대안을 모색하고자 한다.

---

3) "제2의 엄마 '조선족 이모', 제3의 혈육으로", "이방인도, 이방인이 아닌 것도 아닌 그들 '조선족 이모'", ≪경향신문≫, 2007년 10월 24일자; "외국인 보모 '요람을 흔드는 손'", ≪한국일보≫, 2007년 4월 12일자; ""뱃속에 넣어 다닐 때가 그리워" 아이 맡기기 전쟁", ≪매일신문≫, 2008년 6월 30일자,

선행연구 검토 및 연구방법

선행연구 검토

이주여성 가사노동자에 관한 기존의 논의

1980년대부터 이주여성 가사노동자의 유입이 활발하게 진행되었던 유럽과 북미에서는 가사노동자와 돌봄노동에 관한 연구가 많이 진행되었다. 이주여성들에게 요구되는 노동자 자질로서의 여성성이나 돌봄은 본질적이거나 자연스러운 것이 아니라 특정한 사회문화적 맥락 속에서 인위적으로 구성된다. 이주여성 가사노동자의 돌봄에 대한 연구결과는 제1세계 여성이 돌봄노동자로서 이주하는 아시아 여성에 대한 오리엔탈리즘을 내면화하고 있어서 그들의 돌봄을 '노동'으로 보지 못한다는 점을 지적한다. 즉, '멕시코/아시아/필리핀 여성이 모성적이고 가사에 능숙하다', '멕시코/아시아/필리핀 여성은 인내심이 강하다' 등 돌봄 상품화의 요건을 인종적·민족적 특성으로 재현하는 것은 이주 가사노동자가 노동시장에서 팔릴 수 있도록 상품화하는 기재이자 이들을 그 사회의 하층 계급으로 구성하고 이를 정당화하는 담론으로 작동하기 때문이다(Romero, 2002; Ehrenreich and Hochschild, 2002). 이처럼 많은 여성이 상품을 구매하듯 다양한 국적, 인종, 계층의 여성을 골라서 가사노동자로 고용하는 현실은 보살핌 또는 모성이 전 지구적으로 상품화되고 있을 뿐 아니라 계급, 인종문제와 깊은 관련을 가진다는 것을 의미한다.

최근에는 아시아 가사노동자들이 아시아 국가로 돌봄노동을 위해 이주하는 현실에 대한 연구도 본격적으로 이루어지고 있다. 1980년대 이후 동아시아와 동남아시아에서 '이주의 여성화' 현상을 가속화시키는 것은 이주여성 가사노동자의 고용이 증가했기 때문이다. 이들의 고용 유형은 입주보모, 입주/비입주보모 - 가사노동자, 보모, 유급의 친척·친구·이웃 등으로 구분되며, 이주여성의 경우 입주보모 - 가사노동자, 비입주 보모와 가사노동자, 청소부 등으로 나눌 수 있다(Hondagneu-Sotelo, 2001). 모든 가사노동자 개개인의 경험이 동일하지는 않겠지만 이들이 경험하는 차별과 학대는 일반적으로 신체적 폭력, 성폭력, 음식 부족, 감금 등의 끔찍한 학대부터 임금체불, 강제추방, 산재보험 적용 제외 등과 같은 법제도적인 주변화와 배제까지 다양하다(CAW, 2004; Human Rights Watch, 2005; ILO, 2004). 그러나 1980년대 이후 한국사회에도 이주여성 가사노동자의 유입이 늘어나기 시작했음에도 이주여성 가사노동자에 관한 연구는 여전히 미흡하다.

한국의 이주여성 가사노동자에 관한 연구는 거의 중국동포여성의 경험을 중심으로 이루어졌다(유경선, 2002; 이주영, 2005; 이해응, 2005; 이혜경, 2004, 2005, 2006; 김현미, 2008). 주로 정부의 이주노동정책을 위한 실태조사와 석사학위논문을 중심으로 그들의 가사노동 실태와 노동조건이 밝혀졌다. 최초로 국내의 중국동포 가사노동자에 관해 연구했던 유경선(2002)의 연구는 중국동포 입주가정부의 인구학적 특성, 노동조건과 문제점을 밝히는 데 초점을 두었다. 2004년 이후부터는 조선족 가사노동자의 노동경험과 한국사회에의 적응과정, 그리고 조선족 여성의 정체성 형성에 대한 논의가 이루어졌다. 이는 조선족 여성을 젠더와 국적에 의한 이중억압의 '피해자'로 보는 입장과 '능동적 행위자'로 보는 입장으로 나누어볼 수 있다.

그러나 조선족 이주여성 가사노동자에 관한 연구는 '이주 가사노동자'의 문제보다 '조선족'의 정체성과 '국적취득문제', 그리고 '국제혼인 이주'여성의 문제에 집중되었다.[4] 이후 이루어진 대다수 연구들도 국내 이주여성의 노동실태와 현황을 파악하는 데에 치우쳐, 제조업이나 서비스업 등 특정 부문에 고용된 이주여성에 대한 보다 구체적이고 경험적인 연구는 미흡한 실정이다(김엘림·오정진, 2002; 한국염, 2005; 문경희, 2006).

성별화된 감정노동과 돌봄노동

혹실드는 감정이 노동으로 되는 상품화과정을 "표준화된 감정규칙(feeling rules)에 따라 노동자가 스스로 감정관리를 하는 과정"이라고 설명한다(Hochshild, 1983). 감정노동은 감정작업(emotion work)의 변형, 감정규칙(feeling rules)과 표현규칙(display rules), 그리고 사회적 교환의 세 가지 중요한 요소로 구성된다. 사회적 관계 속에서 양식화된 감정의 규칙들을 토대로 개인은 감정작업을 지속적으로 변화시키게 된다. 이 같은 감정관리는 자신이 감정규칙에 부합하는 감정을 느낄 수 없을 때, 그리고 표준화된 감정을 강제당할 때 감정상태를 변화시킬 뿐 아니라 이에 부합되는 감정을 표현하는 노동과정이다. 대다수 국가에서 감정노동은 여성에게 적합한 것으로, '노동'이 아닌 여성의 본성적인 특질로 간주해왔다. 그러나 외부적으로 관찰이 가능한 표정과 몸짓을 표현하기 위해 자신의 감정을 조절하고 관리하는 것은 개인 내부에서 일어나

---

4) 조선족에 대한 연구는 주로 조선족 이주노동자들의 이주과정과 갈등, 그리고 적응양상 등의 '노동문제'를 아시아 지역의 지구화라는 정치경제적 구조변동의 맥락에서 조사한 것이다(설동훈, 2000; 박광성, 2006).

는 단순한 감정의 변화가 아닌 '노동'이다(Hochschild, 1983). 이처럼 혹실드가 말한 '친밀성의 상품화'는 노동과 여성에 관한 기존 노동연구의 한계를 비판하고 현실에서의 균열을 드러낸다.

'돌봄(care)'[5]은 좁게는 "가정에서 무급으로 수행하는 어린이나 노인에 대한 보살핌의 행위"로 이해되지만, 광의로는 "어린이나 성인(장애/비장애)의 일상 활동을 돕는 가정·사회에서의 무/유급의 활동 및 체계"를 총칭하는 포괄적인 개념이다(김혜경, 2004 참조). 그러나 돌봄을 정의할 때 어떤 활동을 '돌봄'으로 정의하고 그 가치를 어떻게 평가할 것인가에 대해서 많은 학자들이 다양한 논의를 전개하고 있다. 돌봄노동은 공/사, 시장/비시장, 공식/비공식 등의 이분화된 영역 모두에서 사고 팔린다. 이주여성의 돌봄노동을 구매하는 유입국의 고용주, 정부, 그리고 이들을 적극적으로 포섭하는 이주 중개업자들은 공통적으로 '조선족/아시아/필리핀 여성이 모성적이고 가사에 능숙하다', '조선족 여성은 한국여성과 마찬가지로 자녀교육에 대한 열성이 강하다' 등 돌봄상품화의 요건을 본질주의적인 인종적·민족적 특성으로 인식한다. 이렇게 '인종화·민족화된 친밀성'은 한편으로 이주여성이 가사노동자로 일할 수 있도록 만드는 유일한 노동자원이지만, 다른 한편으로 이주여성의 돌봄노동을 평가절하시키는 주된 기제로 작동하게 된다. 위계화된 인종, 민족, 국적, 연령에 따라 '입주가사노동자'로서 한국의 돌봄제도로 편입되지만, 돌봄의 문제를 해결하기 위한 정책담론에서 이주여성의 돌봄노동에 대한 논의는 배제되고 있다.

5) 보살핌 또는 돌봄을 혼용하는데, 이 글에서는 '돌봄'이라는 용어를 사용하기로 한다.

이렇게 본다면, 공사영역의 단순한 이분화에 대한 여성학적 비판은 이제 여성의 경험을 이해하는 데에서 한계를 가진다. 모든 것을 상품화하는 자본주의사회에서 상품화 자체는 문제가 아닐 수 있으나, 이 상품화과정에서 여성의 노동이 어떻게 재구성되고 있으며 어떻게 평가되는지에 주목할 필요가 있다.

연구방법

이주여성이 구성하는 돌봄노동의 세계를 드러내기 위해서 10명의 조선족 이주여성을 대상으로 심층면접을 진행했다. 일반적으로 이주여성 가사노동자들은 불법체류자라는 불안정한 신분 때문에 자기노출을 꺼릴 뿐 아니라 직종에 대한 열등의식으로 인해 자신의 상황을 다른 사람에게 쉽게 말하려 하지 않는다(이주영, 2005). 이들과의 심층면접은 신뢰가 형성되지 못하면 믿을 만한 자료수집이 어렵다는 한계를 가진다. 더욱이 '가정집'으로 지칭되는 사적인 노동공간에 대한 현장조사도 어렵기 때문에 이주여성과 만나서 신뢰를 형성할 수 있는 방법으로 이주여성들이 자주 찾는 기관에서의 참여관찰(participant observation)을 병행했다. 서울과 경기도 지역의 조선족 교회를 자주 찾는 중·고령 이주여성의 50% 이상은 가사도우미로 일해본 경험을 가지고 있다. 현재 가사도우미 일을 하고 있지 않더라도 과거 경험이 있는 여성들까지 포함하여 10명의 면접대상자와 심층면접을 진행했다.

10명의 면접대상자 중 8명은 조선족 여성들이 자주 찾는 교회나 상담기관을 통해 소개받거나, 집단면접 대상자가 다른 면접대상자를 소개해주는 과정을 통해 선정했다. 면접내용은 한국에서의 이주노동 이전의 노동경험, 현재 하고 있는 일의 구체적인 내용과 힘든 점, 일과 관련한 건강문제, 한국의 노동현실에 대한 생각, 그리고 그 외 바라는 사항 등에 관한 것이었다. 특히 가사도우미 노동경험을 알아보기 위해서 조선족 여성들이 매일 수행하고 있는 돌봄노동의 구체적인 내용을 중심으로 질문했다. 그리고 더 자세한 노동현실을 살펴보기 위해 면접 대상자 10명 중 2명의 고용주에게 동의를 얻어 1일 동안 참여관찰을 병행하면서 심층면접을 진행했다. 지역 커뮤니티 인터넷 사이트를 통해 알게 된 2명의 여성고용주는 지금까지 입주도우미를 고용해온 한국여성들이다.

조선족 입주도우미 노동자의 이주경로와 구직과정

오늘날 한국사회의 재생산과 돌봄의 공백을 메우기 위해 유입되고 있는 대표적인 여성집단은 조선족 여성이다. 조선족 여성의 경우, 혼인이주여성의 31.6%, 여성이주노동자(13만 6,171명)의 72.9%를 차지하며, 한국으로 이주하는 여성 중에서 특히 '이주의 여성화' 현상을 주도하고 있다. 전체 이주노동자 중 남성의 비율이 68.9%로 다수를 점하고 있지만 조선족의 경우 여성의 비중이 44.6%에 달하고 있다(법무부, 2008). 조선족 여성은 주로 음식점(48.1%), 가사도우미(20.8%), 여관 청소, 간병인, 생산직, 유흥업소 등 성별화된 직종으로 유입된다. 이때 45세 이상의 여성들은 가사도우미 또는 간병인으로 일하고, 45세 미만의 젊은 여성들은 음식점이나 숙박업에 종사하는 경우가 많은 편이다(법무부, 2008). 조선족 입주도우미는 대부분 중·고령 이상이며, 본 연구의 면접대상자 중에는 60대 중반 이상의 여성도 3명이나 포함되어 있다. 한국으로 이주해서 입주도우미로 일하기 전에 그들은 조선족 자치주에서 어떤 일을 하고 있었으며, 왜 한국으로 이주하게 되었는가? 그리고 한국으로 이주한 이후 주로 어떤 일을 해왔는가?

이주경로

한국사회에서 '조선족'은 해외에 정착하여 살고 있는 한민족 가운데 현재 중국 국적을 가진 사람들을 지칭한다. 한국에서 중국 국적을 보유한 '외국인'으로 대우받고 있는 조선족은 한국으로 이주한 이주민 중에서 가장 많은 비중을 차지하고 있다(권태환·박광성, 2004; 김화선, 2007: 276). 특히 조선족의 경우, 다른 이주집단과 달리 '이주의 여성화' 현상을 뚜렷하게 보이는 대표적인 집단이다. 조선족 여성인구는 2001년부터 조선족 남성에 비해 더 많아지기 시작했다(김은실·민가영, 2006).[6] 그 주된 이유는 재외동포를 대상으로 하는 취업관리제에 의해 이전보다 국내 서비스산업에 취업하는 것이 용이해지면서 서비스산업에서 요구하는 여성이주자가 급격하게 증가했기 때문이다. 2004년 고용허가제와 방문취업제도가 시행된 이후 조선족 '동포'의 한국 취업은 이전에

6) 조선족 여성의 비중은 이주노동이 시작된 초기부터 오늘날까지 50% 이상을 차지하고 있다. '한약재 보따리 장사'에서부터 한국에서의 이주노동을 주도해왔던 조선족 여성의 적극성은 중국 내부로의 이주과정에서도 뚜렷하게 찾아볼 수 있다. 1990년대 폐쇄적인 조선족의 삶과 달리 중국 내외부로의 이주노동이 본격화된 이후, 중국 조선족에게서 찾아볼 수 있는 '이주의 여성화' 현상은 조선족 여성의 적극적인 경제참여뿐 아니라 조선족 여성에 대한 시장수요가 지속적으로 증가하면서 더욱 뚜렷하게 나타나고 있다. 중국 조선족의 도시성에 따른 지역별 연령과 성 구성 통계에 의하면 0~14세와 60세 이상으로 구성되는 피부양인구층을 제외한 모든 노동력층에서 여성의 이동이 남성보다 활발하게 이루어지고 있다. 이러한 통계 수치는 조선족 사회에서 여성의 경제적 역할이 바뀌어 모든 연령층에서 여성의 비농산업에 대한 경제적 참여 수준이 높아졌음을 뜻한다(권태환·박광성, 2004: 33~34).

비해 훨씬 쉬워졌고 취업이 가능한 직종도 32개로 늘어났다(법무부, 2007).[7)]

재외동포를 대상으로 하는 이주노동정책은 중국, 러시아, 중앙아시아 등지에 거주하는 재외동포의 국내 취업 욕구를 충족시키고 서비스 분야의 인력 부족을 해소하기 위해 도입된 정책이다. 이러한 이주노동정책은 2002년 12월 9일부터 시행된 취업관리제가 최초이다. '재외동포 취업관리제'는 2002년 7월 15일 국무총리 국무조정실에서 발표한 '외국인력제도 개선방안'의 하나로서, 일부 서비스 분야에 3년간 취업을 허용하는 제도이다. 취업관리제는 중국, 러시아, 몽골 등 아시아 지역의 재외동포를 중심으로 국내에 호적 또는 친족이 있는 외국국적동포에게만 취업자격을 부여했다. 이들에게 취업이 허용된 직종은 음식점업, 사업지원 서비스업, 사회복지사업, 하수폐기물 처리 및 청소 관련 서비스업, 개인간병 및 가사서비스 등 일부 서비스업종이다. 2004년에는 특례고용으로 건설업을 추가적으로 허용했고, 2006년에는 제조업, 농축산업, 연근해어업 등의 인력부족 산업 부문에 대해서도 취업을 허용했다. 산업연수생제도가 폐지되고 고용허가제로 일원화된 2007년에는 '동포특례방문취업제'[8)]를 신설하여 무연고 동포의 국내 취업을

---

7) 법무부에 의하면, 재외동포에 대해서만 방문동거비자나 단기상용비자의 취득절차와 소요시일 등을 대폭 축소시키고 신청인의 편의를 도모하기 위해 여러 가지 시도를 하고 있다.

8) 방문취업제도는 "국내 출입국 및 취업 등 혜택에서 상대적으로 소외받아온 외국국적동포에 대해 자유로운 왕래 및 취업 기회를 확대하기 위한 동포포용정책으로서, 만 25세 이상의 중국 및 구소련 지역 거주 동포 등에 대해 5년간 유효한 복수사증을 발급하여 1회 입국 시 최장 3년간 체류 및 취업을 허용하는 특례고용허가제"이다(한국산업인력공단 외, 2007: 37). 지금까지 정부는 한국으로의 이주노동을 원하는 재외동포들의 이해관계를 반영하여, 2002년 제정된 취업관리제의 잇따른 개정과 허용 직종의 확대를 거듭 발표해왔다.

허용함으로써 재외동포의 취업 기회를 확대했다(법무부, 2008). 오늘날 조선족 가사노동자가 이주여성 가사노동자의 72.9%를 차지하게 된 배경으로는 서비스업으로의 취업을 외국국적동포에게만 허용하고, 이를 적극적으로 지원하기 위한 이주노동정책이 시행된 것을 꼽을 수 있다.

그러나 한중 교류 초기부터 최근에 이르기까지 중국 조선족이 한국으로 들어올 수 있는 가장 안전하고 확실한 방법은 친척, 가족 등의 초청을 통해 방문동거비자를 받는 방법이다(이주영, 2005: 46; 김화선, 2007). 친척방문 초청을 받을 수 있는 조선족은 남한에서 떠나온 중국 조선족 이민 1세대 및 그들의 자녀로서 한국 내에 연고가 있는 사람들이다. 비합법 이주노동자가 급증하면서 1992년부터 한국정부는 조선족의 친척방문을 55세 이상인 사람으로 제한시켰다(설동훈, 2000).

> 나? 산업연수생으로 들어왔어. 한국공장에서 일하고 있어서 신청하면 다 한국으로 들어왔으니까. 공항에 도착하자마자 이모가 소개해준 집으로 바로 왔어. 공장에 갈 생각은 없었고……. 사람들이 다 그랬어. 일할 데도 많고 돈도 많이 벌 수 있다고 해서 왔는데, 그 공장에 왜 가? 입국하면서 바로 불체자다 보니 한국생활이 많이 힘들어.

> 처음 왔던 사람들에 비하면 아무것도 아니지. 그렇게 힘들진 않았어요. 그런데 사증 받는 데 시간이 너무 오래 걸려, 그게 문제예요. 한국정부가 좀 빨리 해주면 좋은데. 4개월이 지나도 소식이 아니 와서 영사관에다 '왜 이렇게 늦는가? 팅(거부) 당한 것인가?' 했더니(문의했더니), 대기자가 너무 많아서 오래 걸린대요. 그래서 브로커한테 800위안(한국 돈으로 10만 원) 주고 빨리 해달라고 했지.(어떻게요? 요즘은 인터넷으로 신청받아서

순서대로 해준다면서요?) 그걸 믿어? 순서대로 아니 해주니까 당겨달라고 돈을 내는 거지. 어떻게 하는지는 모르겠는데, 돈이 좋기는 좋은가봐. 1달 뒤에 받아서 나왔어. 800위안이야 뭐, 여기서 벌면 되니까.

위의 사례에서 보듯, 조선족의 한국이주에 필요한 비자와 서류들을 만들어주는 브로커의 역할은 매우 중요하다. 한국으로의 입국절차가 까다로워지자 거액의 돈을 받고 친척방문비자와 단기상용비자 등의 발급에 필요한 서류를 만들어주는 전문 브로커가 생겨나기 시작했다(이현정, 2000). 한국에 들어오려는 조선족의 수에 비해 한국으로의 이주는 제한적이기 때문에 2004년 방문취업제의 시행 이후에도 비합법 이주자는 여러 가지 경로로 꾸준히 유입되고 있다. 이 과정에 비자와 서류를 만들어주는 브로커가 개입하는 것은 물론이고 그로 인해 입국하는 데 드는 비용도 많아진 실정이다(이현정, 2000; 설동훈, 2000; 김화선, 2007: 276~292). 과다한 입국 비용은 돈을 모으지 못한 이주노동자 스스로 '불법체류자'가 되게 하는 주된 원인으로 지목되어왔다(법무부, 2007). 면접 참여자의 사례처럼 입국비자를 받는 데 필요한 '사소한' 진행과정에까지 브로커가 개입해야 되는 치열한 '경쟁'은 한국생활 자체를 빚으로 시작할 수밖에 없는 이들을 양산하고 있다.

이주동기

조선족 사회와 여성에 관한 대다수 연구들은 조선족 여성들을 한국으로 내몬 가장 중요한 요인으로 '한국 바람'과 '자녀 교육열'을 꼽는다(권태환·박광성, 2004; 이주영, 2005; 이해응, 2005; 이혜경, 2005). 이들은 한국에서 돈을 벌어 중국에서 벌일 사업의 기초를 마련함으로써 이를 통한 본인과 자녀의 지위 상승을 꿈꾸며 더 나은 미래를 위해 일하고 있다.

뭐. 딸, 아들 공부 마치려면 여기서 4~5년은 족히 일해야 되는데……. 언제 들어갈지 그 속사정은 누가 알아요? 우리라고 매일 잠도 못 자면서 이렇게 살고 싶겠어요? 우리도 힘들고 골병도 들고 편하게 살고 싶고 그렇지.

친척 중 누군가는 한국에서 일하는 사람이 있고, 또 부자가 되는 걸 보니까. …… 아무리 한국 바람이 끝물이라는 말을 들어도 한국에 갔다 온 사람하고 못 나간 사람하고는 너무 차이 나니까 어떻게 해서라도 나오지. 평생 일해도 못 벌 돈을 조금만 참고 일하면 벌 수 있다는데…….

2002년 취업관리제가 시행된 이후 조선족의 이주가 급격하게 증가하면서 조선족 여성들은 '한국 바람도 이제 끝물이다', 혹은 '나올 사람은 다 나왔다'는 말을 자주 했다. 그러나 한국 내에서의 조선족을 한국 사회로부터 분리된 자기충족적인 집단으로 만들면서 중국 고향에서의 사회관계를 한국에서 복원시켜 자신들의 독특한 생활세계와 문화를 형성해가는 현상이 나타나고 있다(권태환·박광성, 2004: 174). 오랫동안 한국에서 일하고 있는 조선족 여성들을 살펴보면 대부분 딸, 아들, 남편과 친척 대다수가 함께 체류하고 있다. 그렇지만 많은 사람들이 언젠가는 중국으로 돌아갈 생각이 있기에 국적회복을 신청하지 않고 있다. 그러나 그들의 꿈과 달리 한국에서 이주노동자로서 살아가는 일상은 또 다른 문제들에 직면하도록 만들었다.

한번 들어가면 못 나오니까 3년 동안 얼굴도 못 보고 살았어요. 그런데 남편이 자기도 돈을 벌어야겠으니 불러달라고 해서, 둘이 벌면 더 좋겠다고 생각했지. 그런데 남편이 오면 집 구해야지, 살림살이 사야지, 먹고 자고 입어야지, 건설일이 매일 있는 것도 아니고 내 돈 헐어 살겠구나 싶은데, 이거 큰일 난 거라. 여즉은 먹고 자고 입는 거는 주인집에서 해결을 했으니까 돈이 모였단 말이지. 남편이 오는 건 좋은데 이제 돈 모으기는 틀린 거라.

단신으로 이주한 여성의 대부분은 입주가사노동을 선택하여 생활비가 비싼 한국에서 생활비를 아껴 가족에게 송금하거나 돈을 모아왔다. 그러나 가족이 함께 벌면 단시간에 돈을 벌 수 있을 것이라 생각했던 그들의 계획은 건설업에서 주로 일하는 조선족 남성의 일자리가 불안정한 데다 따로 집을 얻어야 하기 때문에 1~2년 정도 접어야만 한다. 그러나 최장 5년까지의 노동체류를 허용하는 한국의 이주노동정책에 비추어 볼 때 가족이 모일수록, 그리고 체류기간이 길어질수록 한국생활에서 돈을 모으기란 그렇게 쉬운 일이 아니다. 결국 대다수의 이주노동자가 '미등록' 노동자라는 불안정한 법적 지위를 가지게 되어 강제단속과 강제출국의 공포에 시달리며 일상을 영위하게 될 수밖에 없다.[9] 그렇다면 한국으로의 이주노동이 불안정하고 힘든 노동조건을 감내해야 한다는 것을 알면서도 왜 지속적으로 이주가 이루어지고 있는가? 그 대답은 바로 똑같은 일을 해도 조선족 자치주보다 한국에서 일하는 것이 더 많은 돈을, 더 빨리 벌 수 있기 때문이다.

9) 2008년 9월 말, 이주노동정책 관련 회의석상에서 이명박 대통령이 '불법체류자가 거리를 활보할 수 없게 하라'는 지시를 내렸다. 그 후 10월의 마석지구 강제단속으로 인해 벌어진 이주노동자 상해사망사건은 경제적 동기를 가진 장기노동체류가 더 불안한 상태에서 이루어지거나 강제출국 당하는 결말로 귀결될 것임을 암시하는 불운한 단면으로 보인다.

구직과정

한국정부가 이주여성 가사노동자의 도입을 공식화한 것은 2002년 취업관리제를 시행하면서부터이다. 간병인과 가사도우미 직종은 재외동포에게만 허용되는 특례고용의 유형이다. 한국에서는 "1인 이상의 자녀를 두고 있는 맞벌이 부부이거나 6개월 이상의 장기환자를 둔 경우", 그리고 "치매 등 거동이 불편한 65세 이상의 환자가 있거나 80세 이상의 노인이 있는 경우"에만 1가구 1명의 외국인 가정부나 간병인의 고용을 허용하고 있다. 단, 외국인 가정부나 간병인을 고용하기 위해서는 내국인을 구하기 위한 노력을 1개월간 해야 한다(노동부, 2002). 그러나 취업관리제로 서비스업 부문에 취업한 외국국적동포에게는 국내 노동자와 동일하게 노동관계법이 전면 적용되지만, 가정부와 개인 간병인에게는 노동관계법이 적용되지 않는다.[10)]

현재 한국정부가 합법적으로 법적 권리를 보장하는 취업경로는 노동부의 고용안정센터를 통해 취업하거나 자율구직 즉, 합법적인 민간 직업소개소를 통해 '특례고용가능확인서'를 발급받은 업체 또는 개인에게 취업할 경우로 국한된다. 그러나 조선족 여성의 대다수는 불법중개소, 한국 내 네트워크, 인터넷 중개업소 등의 비공식화된 구직경로를 통해 일자리를 구하고 있으며, 한국정부의 고용지원센터를 통해 취업하는 이주여성은 거의 없는 실정이다. 특히 무연고 입국자이거나 한국 내 네트워크가 취약한 이들이 주로 민간 직업소개소를 통해 취업하고 있다. 이주여성의 법적 지위(등록/미등록)와 무관하게 일자리를 알선해

---

10) 한국의 노동법 체계에 의하면, 개별 가구에서 일하는 가사도우미, 간병인, 보모, 운전사, 정원사 등의 가사사용인은 '노동자'로 간주되지 않는다(정형옥, 2006).

주는 '전용(조선족) 직업소개소'는 미등록 조선족 여성이 한국으로 이주하는 시기 전후에 제일 먼저 넘겨받는 전화번호 목록의 하나이다(김화선, 2007: 279). 그러나 동포에게 일을 잘 연결해준다는 소개소조차 이주여성이 안심하고 믿을 만한 곳은 결코 아니다.

> 그런데 소개소에가 문제라요. 일자리를 주갔다고 100분의 10을 먼저 받아요. 그런데 일자리를 준다고 면접을 보고 안 됐잖아요. 되지도 않는데, 맞지도 않는 데다 한두 번 보내고 나서는 돈을 안 준단 말이지. 그러니까 이 사람들이, 금방 와가 돈 없는 사람이 얼마나 많아? 그런데 소개소에 돈을 미리 받아 놓고 하나도 안 돌려주지, 너무나 안 돌려주면 또 다른 소개소에 가서 또 돈을 넣어. 이러니 너무 힘들지. 무조건 소개비 넣어 놓으면 안 돌려줘요. 막 온 사람들 가져와봤자 120만 원 가지고 왔는데, 여기 넣고 저기 넣고 나면 남는 게 없지.

대다수의 한국인 고용주들은 인터넷이나 주변 사람들을 통해 조선족 입주도우미를 고용하고 있다. 그러나 외국인등록증, 여권사본, 건강검진 결과 서류를 한 번에 확인할 수 있어 신분 확인이 가능하다는 점 때문에 일부 한국고용주들은 40~50만 원의 소개비와 80만 원~100만 원의 보험료를 내면서 직업소개소를 이용하고 있다. 따라서 한국의 가정집에서 일하고자 하는 이주여성 가사노동자의 노동조건과 임금은 고용주와의 계약을 주선하는 중개업자를 통해 결정되기 마련이다. 그러나 한국생활에 익숙해지고 조선족 공동체를 알게 되면 소개소에 의존하기보다 공동체나 주변 지인들을 통해 일자리를 구하는 경우가 많다. 이 외에도 주로 이주여성들이 이용하는 곳은 이주노동자상담센터 또는 지원센터의 구인구직 게시판, 가사노동자의 구인구직을 전문으로 하는 인터넷 중개업소, 그리고 인터넷 포털사이트의 게시판 등이 있다.

노동조건

이주여성 가사노동자가 한국의 가정에서 수행하는 구체적인 일의 유형은 돌봄을 필요로 하는 아이와 환자, 장애우, 여성을 대상으로 베이비시터, 가사 보조, 산후도우미, 간병도우미, 실버도우미, 장애우도우미 등의 역할을 포괄하는 복합적인 일이다.[11] 대다수 조선족 입주도우미는 월 2~4회의 휴가를 제외한 나머지 시간 동안 가족구성원을 위한 가사, 보육 또는 간병 등의 돌봄노동을 수행한다. 일일 평균 15시간 이상 일하는 장시간의 가사도우미 노동은 단순한 청소, 빨래, 요리부터 환자 간병, 보육과 양육에 걸친 모든 '집안일'을 수행하는 힘들고 고달픈 육체노동과 감정노동을 수반한다.

등록 가사노동자에게 한국정부가 정책적으로 보장하는 혜택은 고용주에게 상해보험과 보수체불이행 보증보험에 가입하도록 권유하는 것 밖에 없다. 그나마 상해보험의 혜택을 받기 위해서는 앞에서 인용한 김복춘 씨의 경우처럼 이주여성 가사노동자 또한 10~20만 원 정도의 예치금을 노동부에 선불해야 한다. 그러나 이주노동자들이 입국 시 가입하는 상해보험은 만에 하나 있을지 모르는 사고에 대비하기 위한 것으로, 사망을 하거나 장애가 남는 경우에만 받을 수 있다.[12] 단순히 다치

11) 일반적으로 학습도우미는 돌봄노동 중에서도 전문적인 '교육노동'에 속한다. 여기서 학습도우미를 포함한 이유는 고학력 이주여성 가사노동자 중에서 중국어, 영어 강습을 포함한 외국어 강습 중심의 입주노동을 하는 이들이 존재하기 때문이다.

12) "일하다 다쳤는데 상해보험 혜택 받을 수 있나?", ≪중국동포타운신문≫, 2008년 132호(8월 5

기만 한 것으로는 상해보험을 받을 수 없다는 사실을 감안해본다면 가사노동자와 간병인에게 어떠한 의료혜택도 법적으로 보장하지 않은 것이다.

이렇게 본다면 미등록의 법적 지위를 가진 이주여성들은 한국정부로부터 그 어떠한 법제도적인 보호도 받지 못하는 불이익을 감수하면서 일하고 있는 주변화된 돌봄노동자이다. 이주여성 가사노동자의 50% 이상이 미등록 노동자임을 감안한다면 이주여성 가사노동자들이 평준화하기 힘들 정도로 그 격차가 크고 상이한 노동조건에서 일하고 있음을 알 수 있다.

이주여성 가사노동자의 노동현실

이주 가사노동자의 일터는 사적인 가정이다. 지금까지 가정은 공식노동시장과 분리된 사적인 친밀성의 장으로 인식되어왔다. 가족은 가장 사적이면서도 경제력에 따른 그들만의 전통, 가치관, 생활습관 등이 계급화된 정치적 공간인 동시에 은밀한 비밀까지 공유하는 친밀성에 기반을 둔 사회제도이다. 가족구성원이 아닌 이주여성을 '이모', '할머니'로 호명하고, 또 그렇게 불러주기를 원하는 친밀성의 상품화는 이주여성을 '가족'이라는 성별화되고 계층화된 사회로 진입시킬 뿐 아니라 그들의 노동경험조차 가족화(familied)[13]해버린다.

일자).

13) 패트리스 디퀸지오(Patrice Diquinzio)는 여성을 젠더 구조의 관계 속에 있는 존재이자, 가족

입주가사노동자로 일하는 이주여성은 대부분 개별적으로 이주했기 때문에 한국에서 집세와 식대를 아낄 수 있는 입주 형태의 취업을 선호한다. 이들은 고용주의 집에 거주하면서 청소, 식사, 빨래 등의 가사노동과 육아, 환자나 노인을 위한 돌봄노동 등 고용주가 요구하는 다양한 가사서비스 노동을 수행한다. 이주여성의 하루 일과는 개별 가족의 특성과 요구에 따라 구체적인 일의 내용과 그 비중이 다양하지만 휴일을 제외하고는 일정한 편이다. 이 절에서는 가사노동과 간병, 양육을 수행하고 있으나 임금수준과 노동강도가 다른 이주여성의 사례를 살펴보고자 한다.

조선족 입주도우미의 노동과정

가사/간병 입주도우미의 노동경험

김영자 씨(가명)는 국제결혼을 했다가 이혼한 딸과 손자의 생계부양을 책임지고 있는 70세의 조선족 여성이다. 특히 장애를 가진 손자의 양육비와 병원비를 감당하기 위해 '돈 많이 주는 집'만 찾아서 고된 일을 해왔던 이주여성 가사노동자이다. 그녀가 가장 '악독'하다고 기억하는 고용주는 면접을 볼 당시에 시어머니의 간병일을 중심으로 빨래·식사·목욕 등 간병에 필수적인 단순 가사, 통원치료에만 신경 써달라고 했다. 110만 원을 받고 간병만 담당하기로 했던 그녀에게 고용주는 20만 원을 더 얹어줄 테니 '며느리가 잠을 잘 수 없어 힘들어 한다'며 갓

제도와 계급구조의 관계 속에도 있는 계급화된 존재로 보아야 한다고 주장했다(이박혜경, 2008: 178에서 재인용).

〈표 1〉 가사와 간병, 양육을 전담했던 김영자 씨의 노동과정

시간	하는 일	구체적인 활동내용
1~5	1살짜리 손녀와 함께 취침	중간 중간 달래고 분유 먹이기
5~6	할머니 기저귀 상태 확인하고 팔다리 주무르기	소리를 듣고 일어나는 경우도 있어 정확한 시간대를 말하기는 힘들지만 보통 새벽 4시부터 6시 사이에 하는 간병
6~8	식사 준비하고 출근 준비	7시에 등교하는 고등학생 식사 준비 8시에 출근하는 주인 내외 식사 준비 아이 이유식 먹이기
8~11	할머니 목욕과 식사 시중, 약 시중하기	식사 시중하는 데 30분~40분 소요 할머니 목욕하는 데 1시간 이상 소요 옷 입히고 침구 정리하는 데 30분 소요 빨래하기/간단한 샤워
11~12	본인의 식사와 설거지	간단하게 식사하고 주방 청소
12~14	식사 준비와 식사 시중, 약 시중하기	아이 이유식 먹이기 할머니 점심식사 시중/짬짬이 눈 붙이기
14~16	집안 청소, 빨래	기저귀 상태 확인하고 갈기 집안 청소, 쓰레기 버리기 10분 정도 아파트 단지 안 걷기 아이 재우기
16~17	장보기와 식사 준비	기저귀와 시트 빨래 아이 이유식 먹이기 아이 업고 장보기 식사 준비와 요리
17~21	식구들 순서대로 식사 할머니 식사 및 약 시중	귀가 순서대로 식탁 차리기 빨래 정리와 다림질 짬짬이 눈 붙이기 아이 재우기 간단한 식사
21~22	주방 정리 및 고용주와의 대화	설거지 아침식사를 위한 간단한 준비 하루 일과에 대해 고용주와 이야기
22~23	할머니 상태 확인하고 잠 시중	팔다리 주무르기 잠들기 전까지 상태 확인
23~24	문단속 점검 및 수면	아이와 함께 취침

돌이 지난 손자도 맡아달라고 했다. 지금까지 살면서 가장 많은 돈을 벌었던 2년 동안 김영자 씨는 제대로 잠을 자지 못했고 제때 식사도 할 수 없을 정도로 바쁜, '밥 먹을 시간도, 잠 잘 시간도 없는' 중노동에 시달렸다. 김영자 씨의 하루 일과를 시간대별로 정리해보면 〈표 1〉과 같다.

입주가사노동자의 노동과정은 개별 가구의 사회경제적 조건과 가구 구성원의 연령별, 건강별 상태에 따라 다르게 구성되며, 구체적인 가사노동의 내용과 노동조건은 지속적인 협상에 따라 결정된다. 김영자 씨의 하루 일과를 시간대별로 정리한 〈표 1〉에서 알 수 있듯이 가정집 일은 식사 준비에서 청소, 집안 정리, 세탁과 다림질, 아이 돌보기와 할머니 간병 등에 걸친 집안의 '모든 일'로 나타난다.

> 돈은 많이 받았어요. 2004년도? 그때 180만 원을 받았으니까. 그래도 너무 힘들어서 사람이 살 수가 없더라고. 잠은 자야 사람이 일을 하지. 그래 돈을 더 준다고 해도 나왔어. 밤에는 돌쟁이를 재우면서 (중풍과 당뇨병을 앓고 있는) 할머니도 간병하고. 아침에는 눈뜨자마자 식구들 순서대로 밥상 차리고, 할머니 목욕 시키고. 그리고 돌쟁이 이유식 먹이고 나면 11시 넘어 한 숟가락 뜨고. 목욕 한 번 시키는 게 얼마나 힘든데. 할머니가 중풍이라 몸이 굳어서 움직이지도 못하고 그러니 온몸이 땀으로 흠뻑 젖을 정도로 힘을 써야 간신히 목욕탕으로 옮기고, 팔다리 주무르는 거까지 하면 힘이 하나도 없어……. 탈진하는 거지. 그래도 돌쟁이 우유부터 먹여야지. 그러고 나면 배는 고픈데 입맛이 없어요. 대충 먹고 집 청소하다 짬짬이 할머니 보고, 돌쟁이 보고. 또 저녁 준비하고 밤늦게까지 식구들 들어오는 대로 상 차리고 치우고. (한숨)
>
> 여기(교회) 사람들은 돈 많이 받는다고 샘(부러워하는)내는 이도 있는

데, 하라고 해도 못 해. 온 동네가 다 알더라고. 그 집 일이 힘들어서 한 달도 못 채우고 다 그만두고 나갔다고. 애 기저귀랑 할머니 병수발 든 것들만 버려도 큰 쓰레기봉투로 몇 봉지가 나올 정도니까. 하루에 빨래를 두 번 할 정도로 빨랫감도 많아서 일회용 기저귀를 썼더니 쓰레기가 많이 나와. 매일 큰 걸로 한 봉지 이상은 버리거든요. 그래 쓰레기봉투를 들고 나서면, 아줌마는 오래 하시네, 아파트 경비 아저씨가 나한테 그래.

'잠도 제대로 잘 수 없었던' 김영자 씨의 노동과정은 간병과 가사, 또는 양육과 가사 등의 두 가지 일을 병행하고 있는 입주가사노동자들도 공통적으로 경험하는 일상이다. 물론 임금수준에 따라 노동강도의 차이는 있지만, 높은 임금을 받는 간병가사 이주노동자의 노동과정은 대체적으로 비슷했다.

항상 너무 피곤해요. 돈은 많이 받지만 아이나 환자를 간병하는 건 보통 일이 아니거든요. 환자가 원하는 걸 먼저 해주고 내 일을 보는 거니까. 한 번은 애가 장애인데, 시설에 안 보내고 엄마가 집에서 데리고 살았어요. 중증장애라 못 움직이는 것도 그렇지만, 한 번 밥 먹이는 게 얼마나 힘든지, 두 명이 땀 뻘뻘 흘려가면서 1시간 반 동안 밥 한 끼 먹이는 거예요. 밥 먹고 나면 씻겨서 병원 데리고 가야지. 병원 한 번 데리고 갔다 오면 하루가 지나가는데, 난 그때부터 집안일을 시작하는 거예요. 사모님은 애를 재워 놓고 자기도 쉬고.

그 집 일을 하면서 살이 내리는데 10킬로그램이 쫙 빠져. 너무 힘이 들어서. 그리고 거의 매일 병원까지 택시를 타고 왔다 갔다 하는데, 멀미가 심해서 내가 못 살겠더라고. 그래, 다른 사람 구하시라, 나는 도저히 멀미 때문에 힘들어서 일을 못 하겠다, 그랬더니, 돈 때문에 그러느냐고, 돈은 올려줄 테니 있어달라고. 써 본 사람 중에 제일 일을 잘 한다는 거야. 깔끔하게. 내가 일 하나는 깔끔하고 똑 부러지게 하거든.

위의 사례에서 보듯, 이 글의 면접 대상자 중에서도 치매노인을 간병하거나 중환자 혹은 만성질환병자, 특히 둘 이상의 아이를 둔 집에서 일하는 이주여성은 높은 임금을 받으면서 일했다. 그러나 위의 두 사례에서 나오는 일을 한국인 간병인과 한국인 가사노동자가 한다면 고용주는 입주 간병 혹은 가사만 하는 한국 가사노동자에게 한 달에 200만 원 이상 지급해야 할 정도로 강도 높은 중노동이다.

양육/입주도우미의 노동경험

일반적으로 한국에서 이주여성을 입주가사노동자로 고용하는 대표적인 이유는 하루 종일 옆에 있어야 하는 아이 또는 환자가 있는 경우, 가족 내 여성의 힘으로 집안일을 하기 힘든 상황에 처한 경우이다(유경선, 2002). 일이 덜 힘들거나 임금수준이 전반적으로 낮은 지역에서 거주하는 이주여성들은 평균적인 임금을 받으면서 일하는데, 주로 고용주의 자녀가 취학연령 이상이거나 단순한 노인돌봄노동을 수행하는 경우가 많았다. 이 글의 면접대상자 중에서도 60세 이상의 고령 여성이 개인 간병을 하거나 노인돌봄을 담당하는 경우, 주로 평균 수준 혹은 그 이하의 임금을 받으면서 앞의 사례들과 다른 비교적 손쉬운 노동과정을 경험하고 있었다.

〈표 2〉에서 현복자 씨가 하는 일과의 중심은 두 살배기 아기를 돌보는 일로, 아이가 깨거나 잘 때 함께 일어나고 잠을 자는 일이 많다. 아

〈표 2〉 현복자 씨의 구체적인 양육가사노동

시간	하는 일	구체적인 활동내용
23~08	2살 아기와 취침	취침 1~2회 잠깰 때 분유 먹이고 기저귀 확인
08~10	일어나기 분유 먹이고 기저귀 갈기 식사	주인 내외 출근 아기 분유 먹이고 재우기 식사/옷방 정리
10~13	집안 청소 아이 깰 때 분유 먹이기/목욕	집안 청소 아이 돌보기/유아체조(마사지) 시키기
13~14	식사/설거지, 집안 청소 유모차 태우고 산책하며 도우미들과 대화	식사/빨래, 설거지 아파트 놀이터에서 대화, 단지 안 산책
14~16	빨래 정리 아이 낮잠 재우기 할머니와 외할머니 방문(1주일에 2~3회) 예방접종 등 병원 가기/휴식	빨래하기와 다림질 가끔 함께 낮잠 자기/동화책 읽어주기 문화회관 영유아 프로그램 참가 식구나 친척의 방문 대접, 다른 집안일 한국 내 지인과 전화통화하기
15~18	장보기와 식사 준비/요리	장보기/식사 준비
18~21	식사/청소	귀가 순서대로 식탁 차리기/간단한 식사
21~22	아이 재우면서 함께 취침 준비	간혹 할머니나 외할머니 집에서 잠

이와 함께 잠을 자는 것은 힘든 일이지만, 고용주 부부가 아침식사를 커피 한 잔으로 해결하고 있어 일찍 일어나지 않아도 된다. 이전 집에서 아이 양육과 가사를 함께할 때는 힘들었지만 현재의 고용주 부부는 무척 점잖은 사람들이어서 크게 힘든 일은 없다. 현복자 씨의 월 급여는 처음 일을 시작할 때 110만 원이었지만, 2년이 지난 현재는 130만 원이다. 개별 고용주의 요구사항에 따라 보육노동의 내용이 달라지지만, 대부분 함께 데리고 자야 하는 영유아가 있는 맞벌이 가족에서 입주가사노동자를 채용하는 경우가 많다.

이주여성의 돌봄노동과 감정노동

'한 식구처럼 일해주실 분을 구합니다', '가족처럼 함께 지내실 분을 구합니다.' 이주 가사노동자를 원하는 인터넷 구인광고의 대부분은 '가족'처럼 대우하겠다는 문구로 시작된다. 고용주와 이주 가사노동자 사이의 호칭도 가족관계인 것처럼 '이모', '할머니', '고모' 등이 대부분이다. 이주여성 가사노동자가 가사노동을 수행하면서 가장 힘들어하는 것은 사적 일터에서 지속적으로 요구되는 돌봄노동과 감정노동을 수행하는 일이다. 가정집 내부에서 구성되는 감정각본과 직무규칙에 따라 수행되는 이주여성의 감정노동과 돌봄노동은 본질적인 것이 아니라 고용주가 구상하는 노동과정과 노동통제 속에서 학습되고 훈련되어지는 '노동력 상품'이다.

이주여성 가사노동자는 '진짜 내 가족인 것처럼, 진짜 내 아이인 것처럼, 진짜 내 부모인 것처럼' 생각하도록 강제당하고, 또한 그렇게 생각하기 위해서 지속적으로 감정을 관리한다. 고용주 가족의 특정한 요구에 부응해서 '웃는 얼굴'로 다양한 가사서비스를 제공해야 하는 이주여성의 일상생활에서 무조건적으로 인내하고 참아내는 자기조절의 과정은 필수적이다.

> 우리를 보소. 나처럼 나이 많은 사람이 일할 데가 많이 없으니까 하는 거지. 가정집 일이야 늘 하던 일이고, 크게 힘든 일도 아니고. …… 생활비도 안 들어가니까 돈도 수월하게 모을 수 있고. 다른 이유가 어디 있나? 이 일밖에 할 게 없어 하는 거지.

위에서 보듯, 이주여성이 입주도우미로 일하게 되는 이유는 한국사람들이 하기 싫어해서 나이 많은 이주여성도 쉽게 구할 수 있는 일자리이기 때문이다. 쉽게 구할 수 있는 일자리 이상의 의미를 부여하지 않는 이주여성과 달리, 한국인 고용주에게 입주도우미를 고용하는 일은 일가족양립의 부담을 해소하는 동시에 가족구성원의 육체적·심리적 평안을 꾀하는 중대한 결정이다. 그로 인해 조선족 입주도우미 여성은 강도 높은 육체노동과 감정노동을 통해 '아줌마(치울 사람)'를 고용한 가족구성원의 평안한 일상 영위를 목적으로 하는 다양한 돌봄노동을 수행한다. 아무리 '아이에게 잘하라'라고 요구해도 이주여성이 24시간 내내 친밀한 감정상태를 생산하고 지속하기란 매우 어려운 일이다. 따라서 대다수의 이주여성은 강도 높은 육체노동뿐 아니라 극심한 스트레스, 차별대우로 인해 고도의 감정노동을 수반해야 하는 돌봄노동을 하는 것이다.

강도 높은 육체노동

가정 내 유급 보살핌노동자는 여전히 저임금의 평가절하된 노동을 수행하는 취약한 노동자이다. 이주여성의 대다수는 처음 한국인 가정에 입주했을 때 고용주의 과도한 육체노동과 돌봄 요구에 시달리면서 '극심한 스트레스'를 받았다고 토로했다. 이주여성이 가정에서 행하는 노동은 일상적으로 해왔던 일 외에도 사적인 관계로 인식되는 고용주와의 관계 속에서 예측할 수 없는 요구에도 응할 것으로 인식되기 때문이다. 실제로 고용주는 자신이 필요할 때라면 언제라도 불러서 무슨 일이든지 시킬 수 있다고 믿기 때문에 이주가사노동자들은 일하고 있지 않은 시간에도 항상 대기 상태에 있다.

돈을 많이 받은 것도 아닌데, 70평짜리 집을 물걸레질하고 손빨래하는 게 힘들어. 주인 여자가 구석이랑 다 닦이지 않는다고 밀대로도 못 밀게 하고 꼭 손으로 닦게 했어. 애들 빨래도 세탁기 쓰지 말고 손빨래하고……. 비싼 옷은 뜨거운 물로 빨면 안 된다고 겨울에도 찬물로 하고.

한국 엄마들이 유난스럽지, 암만. 이런 일 저런 일을 하라는 이야기를 할 때, 한마디씩 하지. '깨끗하게 하라', '락스 너무 쓰지 마라', '물때도 제대로 닦아라'. 나는 '물때'라는 걸 여기(한국)와서 처음 알았소. 집안일이야 (연변에서도) 늘 하던 일인데 이렇게까지는 안 했지. 깨끗한 집을 왜 그렇게 하루 종일 그렇게 쓸고 닦으라고 하는지. 돈을 주고 부리니까 그런지 마루를 닦아도 반짝반짝 광이 나야 하고, 설거지를 해도 물때 하나 없이 마른수건으로 닦아야 하고.

더욱이 이주여성이 과중한 돌봄에서 잠시나마 벗어날 수 있는 유급 휴일조차 고용주의 편의에 따라 조정되는 경향을 보였다.

하라는 일은 하고, 하지 말라는 건 안 하고. 그냥 시키는 대로 하는 거지, 우리가 뭐 힘이 있나. 한 달에 네 번 쉬는 날이라도 갑자기 손님이 오거나 애가 아프거나 큰일이 있으면 당연히 일하는 거지. (그런 일이 자주 있어요?) 우리가 머슴처럼 시키는 일만 하는 거니까, 일 시키면 해야지. 그래도 쉬는 날 자꾸 일 시키면 속상하지. 그래도 가정집 일이라는 게 '서로 맞추는 일'이니까 내가 참고 맞추는 거지. 이 일은 하고 싶은 말 다하면서 못 해. 그래야 서로 편하게 오래 일할 수 있고.

이주여성에게 주어지는 유급휴가는 2주 또는 3주에 1회 정도지만, 일반적으로 한 달에 두 번(격주)에서 네 번 정도의 휴일을 받고 있다. 그러나 높은 임금을 받으면 받을수록 입주가사노동자의 휴일이 제한적이거나 고용주의 편의에 따라 조정되는 경향을 보였다. 숙식 제공의 측면이 최저임금을 보상한다고 하지만 아이와 같은 방을 사용해야 하거나 충분한 음식을 제공받지 못하는 경우도 많은 편이다.

극심한 스트레스로 인한 분노와 짜증

대다수 이주여성 가사노동자가 주로 40~60대 이상의 중·고령 여성들인 반면, 이들과 가사를 분업하고 일을 지시하는 한국인 고용주는 20~60대 이상의 여성이다. 이 같은 가사노동자와 고용주의 연령 차이는 이주여성의 노동경험을 '굴욕적인 일'처럼 느끼게 만드는 주된 원인이다. 그로 인해 이주여성은 육체적인 가사노동을 수행하는 것보다 고용주와 그 가족구성원과의 관계 속에서 경험하게 되는 분노와 짜증, 그리고 극심한 스트레스를 참아내는 것이 가장 힘든 일이라고 말한다. '새파랗게 젊은' 한국인 여성고용주와의 갈등은 입주노동의 힘듦과 서러움을 토로하는 이야기에서 빠지지 않고 등장한다.

> 어른이 날 괄시하니까 애들도 아는 거지. 부리는 아줌마란 걸. 그래서 하루는 맘먹고 없을 때 애들이 말을 안 듣는다, 일이 너무 힘들다, 딱 잘라 말했지. 일이 힘든 게 아니라 스트레스가 폭발할 것 같은데 화를 낼 수가 없으니 더 힘들다고. 주인 여자나 애들이나 입으로는 '아줌마 없으면 못 산다' 하는데 누가 속나?

한 집은 먼지라도 들어와서 묻으면 여자가 '할머니, 발이 이렇게 더러워요'. 다 알지. 일 안하고 뭐했냐, 당장 닦으라는 거야. 부엌에서 다른 일 하고 있어도 부르면 바로 가야지. 청소를 미룰 수도 없어. 부엌에서 요리하던 거 불 약하게 하는 그새도 못 참아. 청소 안 하고 뭐하냐고. 시키면 바로 그 자리에서 딱딱 하기를 원하는 거지. 그래, 마루에 먼지부터 닦고, 또 저녁 밥 준비하고.

이주여성이 여성 특유의 인내심으로 지루함을 이겨내고 고용주가 원하는 서비스를 제공하기 위해서는 기다리는 대기과정에서의 짜증과 육체적 피로, 아무 일도 하지 않으면서 쉴 수도 없는 상태를 참고 이겨내는 감정노동이 필수적으로 요구된다. 잠을 잘 수도 없고, 편하게 쉴 수도 없는 상태에서 계속 대기하며 기다리는 노동과정은 특히 입주노동을 하는 이주 가사노동자에게 육체적인 피로를 축적시키고 감정적으로 짜증을 유발시키는 대표적인 어려움 중의 하나이다.

서로 모르는 사이니까 맞춰줄려고 노력은 하는데, 주인들이 너무 이렇게 막 대하는 거예요. 함부로 막 무시하고, 그런 거 있어요. 보통 3개월 일하다 그만두는 사람이 많은데 도저히 못 참겠다 싶으면 옮기는 거지. 주인이 집 나가겠어, '하녀'인 우리가 나가야지.

가사서비스 노동자 대부분이 가족들이 없는 낮 시간에 일하기 때문에 저녁에 귀가한 고용주 여성의 눈에 띄는 먼지나 얼룩은 제대로 일하지 않는 증거로 인식되기 십상이다. 실수를 지적하고 시정할 것을 요구하는 여성고용주의 노동통제와 관리방식에 대한 이주여성의 불만은 스스로의 노동을 '하녀'처럼 일하는 것으로 의미화하도록 만들고 있다.

소수자 차별

이주여성 가사노동자는 '한국인'의 문화와 가치관이 암묵적으로 전제되어 있는 가족 안에서 '한국적인 것'과 지속적으로 경합하면서 노동하는 타자이다. 이주여성에게 돌봄노동을 수행하는 데 적합한 유입국의 문화와 감성적 소통은 중요한 노동능력이다. 그로 인해 학력, 계급, 연령, 인종과 출신국적에 따라 같은 돌봄노동을 수행하면서도 위계적이고 차별적인 임금체계와 노동조건에서 일하게 마련이다.

> 돈을 많이 벌려면 한국사람들이 하기 싫어하는 일을 해야지. 같은 값이면 나라도 한국사람 쓰지.

> 병원에서 기다리고 있는데 옆자리 여자가 이런저런 말을 하다가 얼마 받냐고 물어. 130 받는다고 하니까 같은 일을 하는데 자기는 200 받는다고, 자기가 소개해주는 데 가면 더 좋은 일자리가 많다고. 그래서 아프다고 이야기하고 옮겼어.

실제 중국동포의 경우 한국인 가족에서 가사노동자로 일하는 여성이 늘어나고 있지만 이들의 임금은 최저임금보다 낮게 책정되고 있다(김현미, 2008). 이 글의 심층면접 대상자인 이주여성 입주도우미 대다수는 내국인 입주도우미 여성에 비해 30~40% 이상 낮은 임금을 받으며 일하고 있었다. 이뿐만 아니라 이주여성 가사노동자가 '동포'인 자신들을 '외국인 노동자', '저임금 노동력'으로 간주하는 한국에 대해 느끼는 실망과 분노는 매우 크다고 볼 수 있다.

> 중국사람이라 불결하고 청소법도 모른다고 하니까 화가 팍 나더란 말이지. 같은 동폰데 '중국사람'이라고 대놓고 무시하는 거, 그거 한국사람이 잘못하는 거라. 내 이래도 독립유공자 후손인데 '중국사람'이라 그렇다고 흠을 잡는 건 무슨 경우인가 말이다. 내 조상은 독립항쟁을 했는데, 조국이 나이 70 먹은 나한테 이렇게까지 괄시할 수 있냐는 말이지.

조선족 이주여성은 '중국사람'이라고 무시하는 언행이나 '중국으로 돌아가라'라고 말하는 한국사람에 대해 분노와 실망감을 느끼고 있었다. 이들은 한국사람이 '자신들을 무시한다'고 생각하고 있을 뿐 아니라 일상적인 노동과정에서 인격적 무시와 차별을 경험할 때마다 심한 분노와 더불어 고국에 대한 실망감을 느낀다고 했다.

불법체류로 인한 불안정한 법적 지위와 착취

이주노동자에게 등록과 미등록, 혹은 합법체류와 불법체류라는 한국의 법제도적 경계는 노동현실과 삶의 질에 매우 큰 영향을 끼친다. 한국의 이주노동정책은 국내 고용시장의 안정을 크게 저해하지 않는 범위 내에서 합리적인 이주노동자의 관리와 통제를 '적법한 절차'에 따라 시행하는 것이다(법무부, 2008). 명백한 사실은 한국에서 일하고 있는 미등록(불법체류) 이주노동자들이 인권의 사각지대에 놓여 있으며, '불법'[14]체류자라는 신분 때문에 법적인 보호를 받지 못하고 있다는 것이다. 그동안 자진출국을 유도하고 합법화해왔던 정부의 정책이 2003년 11월 17일부터 불법체류 이주노동자에 대한 강제단속 및 강제출국 조치로 전환되면서 이들에 대한 인권침해문제는 심각한 사회문제로 부상했다. 법무부의 강제단속을 피하기 위해 많은 이주노동자들이 도피,[15] 자살[16]하거나 단속반원을 공격했던 사건[17]들은 추방이 이주노동자에게 얼마나 극단적인 선택을 하도록 만드는 조치인가를 단적으로 보여준다. 이 글의 면접 대상자인 이주가사노동자 중 대다수는 한국에 입국한 시점부터 법적으로 미등록 상태였거나, 고용주가 한국정부의 가이드라인을 잘 모르거나 따를 수 없는 상황에 처해 있어 부득이하게 미등록 체류 상태에서 일하고 있었다.

---

14) 외국인노동자대책협의회(2001: 16)는 '불법'체류자라는 표현이 범죄자와 동일하게 받아들여질 수 있을 뿐 아니라 이주노동자의 존재 자체가 불법적으로 인식될 여지가 있으므로 '미등록(undocumented)' 노동자라는 개념을 사용해야 한다고 주장해왔다. 한편, 불법체류는 체류기간 초과, 자격 외 활동, 밀입국 등에 의해서도 발생하는 것일 뿐 아니라 불법체류자의 75%가 관광, 사용, 친지방문 등 단기체류사증을 가지고 입국한 자들이기 때문에 이들 모두를 '미등록 노동자'로 호명하는 것은 문제가 있다고 비판하는 이들도 있다(이규창, 2006). '미등록 노동자'라는 개념이 정확한 것은 아니지만 이 글에서는 등록 노동자와 '미등록 노동자'라는 개념을 사용하고 있다. 간혹 인터뷰 내용 맥락에 따라서 '불법체류' 혹은 '불법' 등의 개념을 발췌해서 사용하기도 한다.

15) "불법체류 강제추방이 능사 아니다", ≪서울경제≫, 2003년 11월 17일자.

16) 2008년 1월 17일 불법체류자 단속을 위해 모텔에 진입한 법무부 단속반원을 피해 도주하던 조선족 여성이 8층에서 추락, 사망하는 사건이 발생했다. 이 사건은 무단건물진입 및 강제단속의 심각한 문제를 드러낸 대표적인 사례로, 중국 조선족뿐 아니라 모든 이주노동자가 함께 모여 2회에 걸친 대규모 반대시위를 하는 계기가 되었다. 강제추방의 권리는 한 국가의 주권행사라고 주장하는 법무부의 정책지침과 '자유왕래'와 '불법체류자의 완전합법화'를 외치는 이주노동자들의 목소리는 합치되기가 어려운 것이 사실이다. 이주노동운동가들에 의하면, 다른 이주노동정책을 통한 보완책보다는 현재 불법체류자의 완전합법화가 가장 현실적인 대안일 뿐 아니라, 불법체류자의 완전합법화와 중국 조선족에 대한 자유왕래 허용정책이 발표되기 전까지는 이들의 불만이 높을 수밖에 없다고 설명하고 있다.

17) 2008년 1월 조선족 여성의 자살사건과 비슷한 시기에 방글라데시 노동자가 법무부 단속반원을 칼로 찌르는 사건이 발생했다. 방글라데시 노동자의 체포와 강제출국 이후, 법무부 장관은 이주노동의 합법화와 합리적인 규제정책을 정착시키기 위해 불법체류자의 강제단속과 추방조치를 더욱 강화, 지속하겠다는 입장을 밝혔다.

난 아무것도 필요 없고, 중국으로 다시 나갔다 들어올 필요 없이 여기서 합법으로만 전환시켜주면 좋겠다. 벌금만 내고. (벌금이 무거울 수 있잖아요?) 내 비행기 값(대략 50~70만 원)이나 100만 원을 내라 그래도 내겠어. 다시 나갔다 못 들어오는 것보다는 헐하거든.

여기(쉼터) 오래 있다가 할머니 혼자 사는데 부잣집이다, 잘하면 편하게 돈 벌 수 있다면서 소개받았는데, 처음에는 할머니가 나한테 참 좋게 했어. 자식들한테는 소리 지르고 물건을 집어던지고 해도, 나랑 오래 지내자, 이랬거든. 그런데 별일도 아닌 걸 흠잡아서 2주일 만에 당장 나가라, 너 같은 거한테 한 푼도 줄 수 없다 그래. 할 수 없이 그럼, 할머니, 여권이랑 한 달 동안 일한 돈만 주세요, 하고 사정했는데, 불법이제? 너한테 돈 주느니 벌금 내겠다, 나 부자라 그 정도 아무렇지도 않다, 이카는 거라. 그래 돈도 못 받고 여권도 사정사정해서 돌려받고 나왔어요.

'가정집에서 일하면 불법체류단속과 강제추방을 피할 수 있다'는 이유 때문에 입주가정부로 일하고 있는 여성이주자들은 육체노동과 감정노동으로 인한 다른 유형의 스트레스를 경험하고 있다. 불법체류 이주노동자의 이 같은 불안과 공포심은 폭력과 폭언, 임금체불 등과 같이 착취당하기 쉬운 노동조건을 감내해야 하는 주된 원인이기도 하다. '불법으로 일한다'는 불안과 강제단속이나 강제추방에 대한 공포에 시달리며 일하는 데 지친 일부 이주노동자들은 '국적회복' 또는 '시민권'을 통해 안정적으로, 그리고 한국인과 동등한 대우를 받으면서 일하고 싶어한다.

이주여성의 건강문제

전통적으로 여성의 일이라고 인식되어왔던 비공식 돌봄노동은 노동조건은 열악하지만 구직이 상대적으로 용이할 뿐 아니라 시간을 사용하는 것이 상당히 자유로운 장점을 가지고 있다(김종숙 외, 2006). 반면, 시간제로 일하는 한국인 가사노동자와 달리 대부분 입주하여 일하는 이주여성들은 시간 사용의 자유를 속박당하는 노동조건에서 일한다. 이주여성은 하루 15시간 이상씩 가족구성원을 위한 가사, 보육 또는 간병 등의 돌봄노동을 수행한다. 그들의 일상적인 노동과정에서 가장 큰 비중을 차지하는 일은 새벽부터 밤까지 '대기'하는 일이다. 그러다 보니 이주여성 입주도우미 대부분은 규칙적인 식사나 휴식시간을 제대로 가지기 힘들 정도로 육체적·정신적 노동강도가 높은 노동을 수행하고 있다.

해외 취업이나 이주는 그 상황이 일시적이라도 이주노동자에게 상당한 문화적·심리적 적응을 요하는 직업 스트레스의 주요 원인이다(석현호 외, 1998; 정기선, 2003). 이주노동자는 현지 언어에 익숙하지 않을 뿐 아니라 유입국의 생활습관이나 사고방식, 가치관 등을 잘 이해하지 못하기 때문에 문화적으로 적응하는 데 많은 어려움을 겪게 된다. 1996년과 1998년, 두 차례에 걸쳐 이루어진 국내의 이주노동자 정신건강조사 결과에 의하면 특정한 질병이 없는데도 이들 대다수가 신경과민, 힘없고 몸이 처지는 느낌, 외로움, 입맛 없음, 불면 등과 같은 심리적 부적응 현상을 자주 경험하고 있는 것으로 밝혀졌다(정기선, 2003: 329).

> 잠을 못 자는 거? 그게 제일 힘들어요. 애를 데리고 자야 되니까. 중간중간 깰 때마다 기저귀를 갈아주거나 업고 재우느라 잠을 깊게 잘 수도 없

고. 매일 잠을 푹 못 자고 자다가 깨다가 하니까 온몸이 아픈데, 병원에 가면 푹 쉬라고만 하고. 어디가 나쁜지는 모르겠고. 여기서 비싼 돈 주고 약을 사먹으려고 해도 도통 무슨 약인지도 모르겠고. 성분도 모르겠고. 무슨 약 이름이 그렇게 어려워요? (잘 아는) 한국인 약사가 허리 아픈 데는 이 약을 먹으면 된다고 하는데, 약이 듣는 것 같지도 않고. 내 그래, 연변의 친척들한테 약 좀 싸 보내라고 해서 먹고 있어요. 여기서 사먹는 것보다 헐하고(싸고).

위에서 보듯, 이주여성 입주가사노동자의 대다수는 병원에 갈 시간조차 내기 힘든 처지에 놓여 있다. 따라서 이들은 주로 재중동포를 지원하는 종교단체에서 한 달에 두 번씩 하는 무료 한방치료에 의존하고 있다. 의료보험에 가입되어 있지 않은 이주노동자를 위해 보건복지부는 2005년부터 이주노동자의 응급입원진료와 당일외래수술 등에 대해 최대 천만 원까지 지원하는 무료 진료사업을 시행해왔다.[18] 그러나 이주여성 대다수는 무료 지원의료기관에서 한 번도 검진을 받거나 치료를 받아본 적이 없다고 응답했다.

우리가 인터넷을 할 줄 아나. 가르쳐주는 사람도 없고. 우리가 일할 시간에만 병원을 하니까 가기도 힘들고. 쉼터에 있을 때 몸이 아파서 가려고

---

18) 보건복지부는 로또복권기금을 활용하여 이주노동자 무료 의료지원 사업을 시행해왔으나 2007년 10월 복권기금의 지원이 끊어지면서 석 달 동안 사업이 중단되기도 했다. 올해 초 보건복지부의 자체 예산 48억 원을 투입하여 사업을 시행하고 있으나 지정의료원이 60여 곳밖에 되지 않은데다 치료시설조차 못 갖춘 곳이 많다. 복지부는 무료 지원 대상자가 아닌데 지원금을 악용하는 사례가 많아 예산이 부족한 실정이라며, 이주노동자 본인 부담을 늘리는 쪽으로 시행지침을 변경했다(보건복지부 인터넷 홈페이지 참조).

했는데, 뭐가 그렇게 복잡한지 찾기도 힘들고, 검사를 받아보려고 해도 기계가 없다 하고. 그래서 그냥 여기 나오는 한의사 선생님한테 한방치료나 받고 있는 거지.

이들이 약물을 복용하게 만드는 근본 원인은 과도한 스트레스와 만성적인 근골격근계 질환들이다. 이주여성의 표현에 의하면, 지나치게 청결을 중시하는 한국주부들의 입맛에 맞추다 보니 과도하게 신체적 통증을 유발하는 '골병'에 시달리게 된다는 것이다. 아래 사례들에서 보듯, 이들은 스팀 청소기나 대걸레, 스팀 세탁기 등의 청소도구가 있는 집에서 '원목마루 때문에', '물걸레질이 깔끔해서', '고급 재질의 옷이라서', '아이들 옷이기 때문에' 물걸레질과 손빨래를 해야 한다는 고용주의 요구에 따라 일했다.

소위 '골병'을 야기하는 성별화된 노동경험은 미숙련 여성노동자에게 지속적으로 약을 먹도록 만드는 만성질병을 유발한다(박홍주 2005; 쓰지모토, 2006). 어깨와 목의 통증, 무릎 및 손목/손가락 관절의 신경통, 다리와 팔의 근육통, 허리통증과 디스크 등의 질환은 그들의 일상적인 노동과정과 밀접한 관련을 가진다. 이주가사노동자는 '미등록' 또는 '등록'이라는 법적 지위와 무관하게 한국의 의료보험 혜택을 받지 못한다. 가사노동자는 한국의 법체계상 '노동자'가 아니기 때문에 노동자에게 제공되는 의료복지의 수혜를 받을 수 없다. 한국정부는 식당이나 숙박업체에서 일하는 다른 서비스업 부문에 취업한 이주여성에게는 노동관계법을 전면 적용시키면서 간병인과 가사노동자에게는 노동관계법을 적용하지 않고 있다(법무부, 2004).

실제로 가사, 간병, 재가보육 등의 비공식부문에서 돌봄노동 종사자로 일하고 있는 한국인 여성들도 현재의 노동 관련 법·제도하에서 보호를 받지 못하고 있다. 그로 인해 비공식부문에서 일하는 돌봄노동자는 '꾸준하고 안정적인 일자리 알선', '아프거나 일이 없을 때 보장받을 수 있는 사회보험 적용', '가사서비스 일에 대한 사회적 편견 제거', '임금 등 근로조건 등을 대변해줄 소속기관의 필요성' 등의 정책을 한국정부에 바라고 있다(민현주, 2009).

오늘날 한국사회에서 '조선족 이모'라고 불리는 조선족 입주도우미는 1980년대 후반부터 '방문취업제'라는 이원화된 한국의 이주노동정책을 통해 한국사회에 유입되기 시작했다. 그러나 20년이 지난 오늘날에도 대다수 이주여성은 불안정한 고용, 저임금, 임시적이고 유동적인 노동조건에서 일하고 있다. '조선족 여성이 모성적이고 가사에 능숙하다', '조선족 여성은 한국여성과 마찬가지로 자녀교육에 대한 열성이 강하다' 등의 '한민족 동질성'은 조선족 여성에게 가사노동자로 일할 수 있는 유용한 노동자원이 되기도 하지만, 한국여성이 아니라는 이유로 저임금의 강도 높은 돌봄노동을 수행하도록 만들었다.

이 같은 한국사회에서 이주여성 가사노동자의 노동현실을 점검하는 것은 그들의 노동경험을 통해 한국사회에서 이주여성이 맡고 있는 돌봄노동의 실태를 구체적으로 점검하고 현실적인 대안을 모색해나가기 위한 출발점이다. 무엇보다 이주여성 입주가사노동자가 공통적으로 경험하고 있는 노동시장의 차별, 즉 취약한 노동법상의 지위로 인한 착취와 임금체불, 그리고 내국인 가사노동자보다 낮은 임금과 장시간 노동, 건강권의 미보장 등은 정부가 이주노동정책의 보완을 통해 시정해

나가야 할 것이다. 또한 근본적으로는 여성의 돌봄노동을 '비용'의 문제로만 논의하는 경제적인 접근법의 한계를 여성주의 시각으로 비판하고, 돌봄노동의 가치를 평가하기 위한 사회적 승인과 재평가 작업을 적극적으로 모색해야 할 것이다.

[참고문헌]

권태환·박광성. 2004.『중국 조선족사회의 변화: 1990년 이후를 중심으로』. 서울대학교 출판부.

김엘림·오정진. 2002.『외국인 여성노동자의 인권보장 연구』. 한국여성개발원.

김은실·민가영. 2006.「조선족 사회의 위기담론과 여성의 이주경험 간의 성별 정치학」. ≪여성학논집≫, 제23집 1호, 35~72쪽.

김종숙·이선행·윤병욱. 2006.『여성 근로빈곤계층과 노동시장정책』. 한국여성개발원.

김현미. 2005.『글로벌 시대의 문화번역: 젠더, 인종, 계층의 경계를 넘어』. 또 하나의 문화.

_____. 2007.「아시아 여성의 이주: 신화와 현실들」.『제국, 지구화, 아시아 여성들의 이주』. 제9회 서울여성영화제 국제포럼 2007 자료집(주최: 서울여성영화제, 아시아여성학센터).

_____. 2008.「중국 조선족의 영국 이주 경험: 한인 타운 거주자의 사례를 중심으로」. ≪한국문화인류학≫, 제41집 2호, 39~77쪽.

김혜경. 2004.「보살핌노동의 정책화를 둘러싼 여성주의적 쟁점: '경제적 보상'을 중심으로」. ≪한국여성학≫, 제20권 2호, 75~104쪽.

김화선. 2007.「재한 조선족 1세의 여성화 현상 연구: 정책과 브로커의 관계를 중심으로」.『흔들리는 가부장제: 새로운 젠더질서를 향하여』. 2007년 한국여성학회 제23차 추계학술대회 자료집, 276~292쪽.

문경희. 2006.「가사/보살핌노동의 상업화와 여성의 초국가적 이주노동」.『보살핌노동의 사회화, Impossible Dream?』. 제12차 여성학강사 워크숍 자료집, 47~64쪽.

민현주. 2009.「비공식부문 돌봄노동종사자의 근로실태와 문제점」.『비공식부문 돌봄노동종사자의 노동권, 현황과 대안』. 한국여성정책연구원 제53차 여성정책포럼, 1~36쪽.

박광성. 2006.「세계화시대 중국조선족의 노동력이동과 사회변화」. 서울대학교 사회대학원 사회학과 박사학위논문.

박홍주. 2005.「여성노동자의 '건강권' 개념 확대를 위한 시론」. ≪여성건강≫, 제6권 1호, 71~92쪽.

석현호·정기선·이정환·이혜경 공저. 2006.『해외 한국기업과 현지인 노동자: 중국 및 동남아지역』. 집문당.

석현호·정기선·이정환·이혜경·강수돌 공저. 2003.『외국인 노동자의 일터와 삶』. 지식마당.

석현호·정기선·장준오. 1998.『외국인 노동자의 노사관계와 사회적 적응』. 집문당.

설동훈. 2000.『노동력의 국제이동』. 서울대학교 출판부.

여성평우회 편. 1985.『제3세계 여성노동』. 창작과 비평사.

외국인노동자대책협의회. 2001.『외국인 이주노동자 인권백서』. 다산글방.

유경선. 2002.『중국동포 입주가정부 실태조사』. 국회통일시대평등사회정책연구원.

윤인진. 2005.「장래 우리나라 인력난 문제 해결 및 재외동포 인력 활용방안」.『법무부 연구용역과제 최종결과 보고서』(2005년 9월 13일).

이규창. 2006.『추방과 외국인 인권』. 한국학술정보(주).

이박혜경. 2008.「신자유주의적 주부주체의 담론적 구성과 한국 중산층가족의 성격: 미디어 담론분석 및 면접조사를 바탕으로」. 이화여자대학교 여성학과 박사학위논문(미간행).

이주영. 2005.「한국 내 조선족 여성이주자의 가사노동 경험」. 연세대학교 대학원 사회학과 석사학위논문.

이해응. 2005. 「중국 조선족 기혼여성의 한국 이주경험을 통해 본 주체성 변화에 관한 연구」. 이화여자대학교 대학원 여성학과 석사학위논문.

이현정. 2000. 「'한국 취업'과 중국 조선족의 사회문화적 변화: 민족지적 연구」. 서울대학교 대학원 인류학과 석사학위논문.

이혜경. 1997. 「아시아 지역의 외국인 가정부 고용에 관한 연구」. ≪사회과학연구≫, 제15집, 227~247쪽.

_____. 2004. 「한국 내 외국인 가정부 고용에 관한 연구」. ≪한국인구학≫, 제27권 2호, 121~153쪽.

_____. 2005. 「한국의 국가발전 정책과 이주정책의 상호보완 가능성: 이주여성 문제를 중심으로」. 『법무부 연구용역과제 최종결과 보고서』(2005년 9월 30일).

_____. 2006. 「세계화와 이주의 여성화」. 『사회변동과 여성주체의 도전: 성불평등을 야기하는 사회구조적 조건들에 대한 비판』. 굿인포메이션, 342~373쪽.

정기선. 2003. 「외국인 노동자의 정신건강」. 석현호 외. 『외국인 노동자의 일터와 삶』. 지식마당.

정형옥. 2006. 「노동법 적용 대상의 성별효과: 남성우선보호와 여성적용배제」. ≪여성학논집≫, 제23집 1호, 109~139쪽.

쓰지모토 도시코. 2006. 「디아스포라로서의 주체 형성을 위한 이주여성의 저항과 전략: 한국으로 이주한 필리핀여성들의 경험을 중심으로」. 성공회대학교 대학원 사회학과 박사학위논문.

한국 법무부. 1999. 『유엔여성인권관련보고서』.

_____ 『출입국관리통계연보』. 각 연도(1992~2008).

한국산업인력공단 외. 2007. 「동아시아의 저숙련 외국인력정책」. 고용허가제 시행 3주년 기념 국제회의 자료집.

한국염. 2004. 『지구화와 이주의 여성화, 한국 이주여성의 실태』. 한국이주여성인권센터.

Castles, Stephen and Mark J. Miller. 2003. *The Age of Migration :International Population Movements in the Modern World*. MacMillan: London.

Chee·Bharathi·Lee(CAW). 2004. Reclaiming Dignity: Struggles of Local Domestic Workers in Asia. Committee for Asian Women.

Constable, Nicole. 1997. *Maid to order in Hong Kong: Stories of Filipina Workers*. Ithaca, N.Y.:Cornell University Press.

Ehrenreich, Barbara and Arlie Hochschild. 2002. *Global Woman: Nannies, Maids, and Sex Workers in the New Economy*. New York: Metropolitan Books.

Hochschild, Arlie. 1983. *The Managed Heart: Commercialization of Human Feeling*. Berkeley. Calif: University of California Press.

Hondagneu-Sotelo, Pierrette. 2001. *Domestica: Immigrant Workers Cleaning and Caring in Shadows of Affluence*. University of California Press.

Human Rights Watch. 2005. "Maid to Order: Ending Abuses against Migrant Domestic Workers in Singapore." Human Rights Watch Report.

ILO. 2004. "Towards a fair deal for migrant workers in the global economy." Geneva: ILO.

Parreñas, Rhacel Salazar. 2005. "The International Division of Reproductive Labor: Paid Domestic Work and Globalization." Richard P. Appelbaum and William I. Robinson. *Critical Globalization Studies*. Routledge, pp. 237~248.

_____. 2000. "Migrant Filipino Domestic Workers and the International Division of Reproductive Labour." *Gender and Society*, Vol. 14, No. 4, pp. 560~580.

Piper, Nicola. 2003. *Wife or Worker?: Asian Women and Migration*. Lanham, Maryland: Rowman & Littlefield Publishers.

Romero, Mary. 2002. *Maid in the U.S.A.* Routledge.

인터넷 홈페이지

서울조선족교회 http://www.koreanchinese.or.kr

연변통보 http://yanbianews.com

출입국외국인정책본부 http://www.immigration.go.kr

Human Rights Watch http://hrw.org/reports/2005/singapore1205

KALAYAAN http://www.kalayaan.org.uk

제3부

건강한 돌봄노동을 위한 제언

➡ 비공식부문 돌봄노동자의 노동권 보장방안 · 박선영

이 장에서는 이미 여러 실태조사에 의해 드러난 돌봄노동자의 열악한 근로조건, 불안정한 고용 현실을 다시 한 번 확인한다. 돌봄노동자는 개인 가정에 고용되어 가사업무에 종사하거나 간접고용 형태의 고용관계에 있기 때문에 근로기준법의 적용에서 배제되거나 부분적으로 적용받음으로써 법적 보호의 사각지대에 존재하고 있다. 따라서 이 장에서는 돌봄노동자의 근로조건과 노동환경 개선을 위해 현행 법적 구조를 비판적으로 검토하고 돌봄노동자가 노동자로서의 권리를 보장받을 수 있는 방안에 대해 고찰해본다.

➡ 돌봄의 윤리와 페미니즘 · 오카노 야요

이 글은 타인의 욕구를 충족시켜주는 돌봄의 윤리가 비판 없이 받아들여지는 것에 대한 여성주의자들의 당혹감에서 출발한다. 돌봄이란 '수선(repairing)에 다름 아니다'라고 선언하며, 사람들과 같이 생활하며 사회의 규칙을 정하고 그 속에서 역할을 담당하는 세상에 사는 한 모두에게 필요한 것이라 보고 있다. 그리고 이러한 돌봄의 행위는 사적으로만 그치는 것이 아니라 공적인 도덕과 권리가 요구되므로 돌봄노동에 대한 논의는 돌봄제공자의 행복이 전제되어야 함을 역설한다.

▸▸▸ 박선영

비공식부문 돌봄노동자의 노동권 보장방안*

: 간병노동자를 중심으로

돌봄노동은 사회구성원의 유지와 재생산을 위해 요구되는 사회적 활동이자 노동으로 인류가 존속하는 데에 필수적인 요소이다. 그러나 돌봄노동은 그동안 개별 가정에서 여성에 의해 무상으로 수행되어왔고, 정책적으로도 별다른 주목을 받지 못하는 영역이었다.

그런데 고령화, 여성의 경제활동참여율 증가, 2인 소득자 가족의 증가 등 우리 사회의 인구·사회학적 변화는 사회적으로 돌봄의존성을 확대시키고 있다. 또한 고용정책 측면에서 돌봄서비스는 여성노동력의 비교우위를 기대할 수 있는 분야로서, 아동돌봄과 가사, 간병 등을 사회적으로 분담하는 기제로 활용됨으로써 여성의 경제활동참여를 더욱 활발하게 만들 수 있다.

그러나 이러한 중요성을 갖는 돌봄노동자는 「근로기준법」 등의 보호에서 제외되어 노동권의 사각지대에 놓여 있다. 대다수의 간병노동

---

* 이 글은 장혜경·박선영·민현주·김영란(2008), 「돌봄노동종사자의 근로여건실태조사 및 선진사례연구」(노동부)의 일부 내용을 수정·보완한 것이다.

자는 간병이라는 업무의 특성으로 인해 24시간씩 연속으로 6일을 일하고 일당 5만 5,000원~7만 원을 받는다. 시급으로 따지면 최저임금의 절반 수준이다. 또한 간병인의 안전보건과 관련하여 간병업무 수행 중 항상 환자의 일상생활 및 거동과 환자의 체위 변경을 도와주는 데에 따르는 근골격계 질환, 24시간 간병 때문에 수면 부족에 기인한 안구질환, 환자로부터의 감염, 환자 또는 환자 보호자로부터의 비인격적인 대우 등에 노출되어 있다. 황나미 외(2006)에 의하면 2005년 12월 말을 기준으로 병원급 이상 의료기관 1,449개소를 통해 파악한 1일 활동간병인 수는 총 3만 명 정도라고 한다.[1] 이 중 50~60대 여성이 90% 이상을 차지하고 있다.

간병노동자 등 돌봄노동자의 노동인권이 제대로 보장되지 않는 것은 이들이 법적 보호 대상에서 배제되고 있기 때문이다. 즉, 「근로기준법」은 이 법의 적용 대상에서 가사사용인을 제외하고 있다. 따라서 가사사용인에 해당되면 노동법적 보호를 전혀 받을 수 없다. 여기에는 돌봄노동이 여성에 의해 무상으로 제공되던 노동이었다는 점, 돌봄노동의 사회화 방안에 대한 정책적 논의가 사회서비스 분야의 일자리 창출과 사회복지 및 사회서비스의 관점에 치우쳐 돌봄노동자의 노동조건과 노동환경에 대한 사회적 관심이 미약한 점도 원인으로 지적할 수 있다.

이러한 상황에서 이 글은 비공식부문 돌봄노동자 중 간병노동자를 중심으로 노동권 보장방안에 대해 살펴보는 것을 목적으로 한다.

---

1) 정부의 사회적 일자리 사업 관련 간병도우미, 노인복지시설 등에서 일하는 간병인 및 대기 중인 간병인력, 비공식적으로 가사서비스의 일부로 취급되어 간병노동을 제공하는 간병노동자 등을 고려하면 실제 간병노동자는 훨씬 큰 규모일 것으로 보인다. 시민사회단체는 20~25만 명 정도로 추정하고 있다.

간병노동자의 법적 지위

간병노동자는 간병서비스의 제공 장소에 따라 '재가 간병', '병원/시설 간병'으로 크게 구분할 수 있다. 이하에서는 간병노동자 대한 이러한 구분에 따라 각각의 법적 지위를 살펴본다.

재가 간병노동자

재가 간병노동자는 「근로기준법」(이하 '근기법')의 적용이 제외되는 근로자이다. 현행 근기법 상에서 근로자란 "직업의 종류와 관계없이 임금을 목적으로 사업이나 사업장에 근로를 제공하는 자"(제2조제1항제1호)를 말한다. 이 정의에 의하면 근로자이기 위해서는 직업의 종류를 불문하고 '임금을 목적'으로 '사업이나 사업장'에 '근로를 제공하는 자'여야 한다. 그러면 실제 어떤 사람이 「근로기준법」이 말하는 근로자인가에 대해서 판례는 다음과 같이 판시하고 있다. "근로기준법상의 근로자에 해당하는지 여부는 계약의 형식이 고용계약인지 도급계약인지보다 그 실질에 있어 근로자가 사업 또는 사업장에 임금을 목적으로 종속적인 관계에서 사용자에게 근로를 제공했는지 여부에 따라 판단하여야 하고, 여기에서 종속적인 관계가 있는지 여부는 업무내용을 사용자가 정하고 취업규칙 또는 복무(인사)규정 등의 적용을 받으며 업무수행과정에서 사용자가 상당한 지휘·감독을 하는지, 사용자가 근무시간과 근무장소를 지정하고 근로자가 이에 구속을 받는지, 노무제공자가 스스로 비품·원자재나 작업도구 등을 소유하거나 제3자를 고용하여 업무를 대행케 하는 등 독립하여 자신의 계산으로 사업을 영위할 수 있는지, 노무제공을 통한 이윤의 창출과 손실의 초래 등 위험을 스스로 안고 있는지, 보수의 성격이 근로 자체의 대상적 성격인지, 기본급이나 고정급이 정하여졌는지 및 근로소득세의 원천징수 여부 등 보수에 관한 사항, 근로제공관계의 계속성과 사용자에 대한 전속성의 유무와 그 정도, 사회보장제도에 관한 법령에서 근로자로서 지위를 인정받는지 등의 경제적·사회적 여러 조건을 종합하여 판단하여야 한다. 다만 기본급이나 고정급이 정하여졌는지, 근로소득세를 원천징수했는지, 사회보장제도에 관하여 근로자로 인정받는지 등의 사정은 사용자가 경제적으로 우월한 지위를 이용하여 임의로 정할 여지가 크기 때문에, 그러한 점들이 인정되지 않는다는 것만으로 근로자성을 쉽게 부정하여서는 안 된다." (대법원 2006.12.7. 선고 2004다29736 판결, 대법원 2007.9.7. 선고 2006도777 판결 등 참조, 대법원 2009. 10. 29. 선고 2009다51417 판결)

위와 같이 근로자성 여부를 판단할 때 판례는 '종속성'의 유무를 중요하게 본다. 이는 노동법 자체가 바로 종속노동에서 출발했기 때문이다. 그러나 사회경제적 변화에 의해 판례가 요구하는 종속성도 점차 완화되어왔다. 예컨대, 2000년대 초반까지의 판례에서는 업무수행과정에서 사용자의 지휘·감독이 "개별적이고 구체적"일 것을 요구했다. 그러나 위 판례처럼 2000년대 중반 이후의 판례에서는 "상당한" 지휘·감독으로 완화되었다. 또 "노무제공을 통한 이윤의 창출과 손실의 초래 등 위험을 스스로 안고 있는지"와 같은 판단기준 역시 2000년대 중반 이후의 판례부터 추가되고 있는데, 이것은 "노무제공을 통한 이윤의 창출과 손실의 초래 등 위험을 스스로 안고 있는" 자영업자와 같은 경우가 아니라면 근로자로서의 성격을 부인해서는 안 된다는 취지로 보인다.[2)]

그러나 근기법상 근로자에 해당된다고 해서 모든 근로자가 근기법의 적용을 받는 것은 아니다. 동법 제11조제1항에 의하면 근기법은 상시 5명 이상의 근로자를 사용하는 모든 사업 또는 사업장에 적용되고, 동거하는 친족만을 사용하는 사업 또는 사업장과 가사사용인에 대해서는 적용되지 않는다.

이와 같은 근기법의 적용제외규정은 「최저임금법」, 「남녀고용평등과 일·가정양립지원에 관한 법률」, 「근로자퇴직급여보장법」, 「기간제 및 단시간근로자보호 등에 관한 법률」, 「산업안전보건법」, 「고용보험법」, 「산업재해보상법」 등 개별적 노사관계, 사회보장 관련법 등에 광범위하게 활용되고 있다(〈표 1〉참조).

문제는 이러한 국가의 강행적 보호가 근기법을 중심으로 노동법과 사회법 체계를 구성하기 때문에 근기법의 적용이 배제되고 있는 가사사용인은 노동관계법에 의한 보호를 전혀 받을 수 없다는 것이다 (이승욱 외, 2006: 26).

이런 근기법상의 가사사용인에 대한 적용제외규정은 다음과 같은 점에서 문제가 있다. 첫째, 가사사용인의 정의를 명확하게 하고 있지 않아 일반 가정의 '가사'에 종사하는 모든 자를 가사사용인으로 넓게 해석할 수 있게 한다. 둘째, 가사사용인으로 인정되면 노동관계법의 적용에서 배제되어 법적 보호의 사각지대에 놓이게 된다는 것이다.

근기법은 가사사용인에 대한 정의 규정을 두고 있지 않아 법에서 상정하는 가사사용인이 누구인지는 불명확하다. 그러나 근기법 해석서 등을 통해 보면 가사사용인은 '가정부, 파출부, 유모, 집사 등 일반 가정의 가사업무에 종사하는 자'이며, 근로계약의 당사자와 상관없이 직업

2) 손향미, 「돌봄서비스 종사자의 노동권의 쟁점과 과제: 돌봄서비스 종사자의 근로자성을 중심으로」, 2010년 11월 여성노동법률지원센터 세미나 자료집(미발간), 8면.

〈표 1〉 개별적 노사관계법 등의 적용 범위

분류	법률	근로자 정의	적용 범위
개별적 노사관계	「근로기준법」	직업의 종류를 불문하고 사업 또는 사업장에 임금을 목적으로 근로를 제공하는 자(제2조제1항제1호)	- 상시 5인 이상의 근로자를 사용하는 사업장(상시 4인 이하 사업장은 일부 적용)에 적용 - 동거의 친족만을 사용하는 사업 또는 사업장, 가사사용인 등은 적용제외(제11조제1항)
	「남녀고용평등과 일·가정양립지원에 관한 법률」	사업주에게 고용된 자와 취업할 의사가 있는 자	- 근로자를 사용하는 모든 사업 또는 사업장에 적용(제3조) - 동거의 친족만을 사용하는 사업 또는 사업장, 가사사용인 등은 적용제외(시행령 제2조)
	「최저임금법」	근기법과 동일(제2조)	- 근로자를 사용하는 모든 사업 또는 사업장에 적용 - 동거의 친족만을 사용하는 사업 또는 사업장, 가사사용인 등은 적용제외(제3조)
	「근로자퇴직급여보장법」	근기법과 동일(제2조)	- 근로자를 사용하는 모든 사업 또는 사업장에 적용 - 동거의 친족만을 사용하는 사업 또는 사업장, 가사사용인 등은 적용제외(제3조)
	「기간제 및 단시간근로자보호 등에 관한 법률」		- 상시 5인 이상의 근로자를 사용하는 사업장(상시 4인 이하 사업장은 일부 적용)에 적용 - 동거의 친족만을 사용하

			는 사업 또는 사업장, 가사사용인 등은 적용제외
	「산업안전보건법」	근기법과 동일	- 근로자를 사용하는 모든 사업 또는 사업장에 적용. 단, 대통령령이 정하는 사업에 대해서는 적용제외
사회보장법	「산업재해보상법」	근기법과 동일	- 근로자를 사용하는 모든 사업 또는 사업장에 적용. 단, 대통령령이 정하는 사업에 대해서는 적용제외(가구 내 고용활동 적용제외, 시행령 제3조)
	「고용보험법」		- 근로자를 사용하는 모든 사업 또는 사업장에 적용. 단, 대통령령이 정하는 사업에 대해서는 적용제외(가사서비스 적용제외, 시행령 제2조)

의 종류, 성질 등을 감안하여 구체적으로 당해 근로자의 근로 실태에 따라 판단된다. 따라서 회사에 고용되어 사업주의 집안일을 돌보는 자는 회사와 근로계약을 체결했다고 하더라도 가사사용인이다(하갑래, 2002: 87; 임종률, 2003: 310).

이와 같은 해석에 의하면 재가간병인 등은 가사사용인에 해당된다. 그러나 가사사용인 적용제외규정이 1953년 근기법이 제정될 당시부터 존재한 규정이라는 점은 근기법에서 말하는 가사사용인의 범위를 확정하는 데 중요한 단초를 제공한다. 1950년대의 가사사용인이란 지금과 같이 일반 가정의 가사업무에 종사하는 자를 지칭한다는 점에서는 다르지 않다. 그러나 당시의 가사사용인은 근로시간과 생활시간의 구별이 없는 넓은 의미의 가족의 일원으로서 가사와 숙식이 교환(약간의 금전도)되는 관계였다고 할 수 있다. 따라서 당시의 가사사용인과 가정 고용주의 관계, 근로 형태 등을 감안하면 근기법이 가사사용인을 적용시키지 않는 것에는 합리성이 인정된다.

그러나 이 규정이 만들어지고 58년이 지난 오늘날, 이른바 '가사'로만 여겨져 왔던 돌봄노동이 사회화되어 돌봄노동에 종사하는 노동자군이 대규모로 존재하고 있고 하나의 산업을 형성하기에 이르렀다. 또한 돌봄노동의 제공방식, 업무내용, 근로 형태, 돌봄노동 종사자와 개별 가정의 고용주와의 관계 등에서도 현저한 변화가 있다. 이런 변화는 당시의 입법자로서는 상상할 수 없는 것이었다. 따라서 가사사용인을 일반 가정의 가사업무에 종사하는 자, 즉 업무내용만을 가지고 판단하는 것은 돌봄노동을 둘러싼 변화된 현실을 전혀 반영하지 못하는 해석이라고 할 수 있다.

병원/시설 간병노동자의 법적 지위

노동부는 가정집이 아니라 병원에서 근무하는 간병노동자의 경우조차도 환자로부터 간병료를 지급받는다면 가사사용인에 가까워 근기법의 적용 대상이 되지 않는다며 가사사용인을 매우 넓게 해석하고 있다.

재가 간병이 아닌 병원/시설과 같은 사업조직에 실질적으로 편입되어 조직적으로 간병노동에 종사하는 간병노동자가 근기법상의 근로자에 해당되는지 여부를 살펴보면 다음과 같다.

행정해석

간병인이 근로자인지에 대한 행정해석의 입장은 간병인이 환자 측과 직접 계약을 맺고 간병료를 환자 측이 간병인에게 직접 지급하는 경우라면 사용자는 계약당사자인 환자 측이 되며, 이 경우 간병인은 근로기준법이 적용되는 '사업 또는 사업장'에 고용된 것으로 보기 어려울 뿐 아니라 간병인의 지위도 동법의 적용이 배제되는 가사사용인에 가깝다고 본다. 그러나 간병인이 간병사업을 영위하는 회사에 소속되거나 병원에 고용된 경우는 그 실질적인 종속관계 등에 따라 근로자성 여부를 판단해야 한다고 한다.

예컨대, 노동부는 병원이 무료 직업소개소(소장: 간호부장)를 두고 간병인을 모집하여 근무지침, 임금규정, 근로계약 등을 작성·시행하고 있다 하더라도, 병원이 간병인을 필요로 하는 환자에게 간병인을 소개하고 간병료는 환자 측에서 지불하는 방식으로 운영하는 경우라면 근기법상 사용자는 계약당사자인 환자 측이 되기 때문에 간병인과 환자 측과의 관계에 있어서 사업 또는 사업장에 해당한다고 볼 수 없고 근기법 적용이 배제되는 가사사용인에 가깝기 때문에 근기법상의 근로자에 해당하지 않는다고 했다(근기 68207~2409, 2001.07.27).

그러나 간병사연합회가 병원 측과 용역계약을 체결하고 간병사를 모집·교육한 후, 동 연합회 소속의 간병사로 등록시켜 월 4만 원의 회비를 받고 간병사들을 병원에 보내 근무하게 하며, 병원으로부터 용역금액을 받아 간병사에게 지급하는 경우라면 다음과 같은 판단에 따라 간병인의 근로자성을 인정했다.

간병인이 간병사연합회와의 관계에서 근로자성이 인정되는 요소를 보면 ① 간병인은 간병사연합회와 3개월 단위로 2회에 걸쳐 일용직 근로계약을 체결하여 근무했고, 그 이후부터는 특별히 근로계약서를 작성하지 않았으나 동일한 업무를 수행했으며, ② 간병사연합회가 개괄적인 작업지시, 작업장소 지정, 출근부 관리, 매월 2~3회 소양교육 및 업무교육 등을 행했고, ③ 임금은 간병사연합회가 간병료를 일괄 청구하여 정산(회비 및 보험료 공제)하고 간병인에게 지급하며, ④ 간병인이 근무 중 사고로 인해 환자 등에게 피해를 입힌 경우는 간병사연합회에서 배상하고 있는 점 등이 있는 반면, 근로자성이 부인되는 요소로는 ① 간병사가 유료 직업소개사업을 행하는 간병사연합회의 유료 회원으로 등록되어 매월 일정액의 회비를 납부하며, ② 4대보험이 적용되지 않고, ③ 대체근로가 불가능하지는 않은 점 등이 있다. 이상의 사실들을 종합하여 판단컨대, 간병인은 「근로기준법」상의 근로자로 보기 어려운 요소들이 일부 있음에도 일용직 근로계약체결, 작업지시, 근무장소의 제한, 출근부 작성 등 근로관계를 부인하기 어려운 요소가 많은 점을 고려할 때 간병사연합회에 대하여 근로자의 지위에 있음을 부인하기 어렵다.

이상과 같은 행정해석에 따르면 간병인이 환자 측과 근로계약을 맺고 간병료를 환자 측이 지급하면 근로자에 해당되지 않는다. 그러나 이런 형식적 관계보다 근로관계의 실체에 주목한다면 병원이 무료 직업소개소를 운영하여 간병인의 채용과 교육을 전담하고 근무지침, 임금규정, 근로계약서 등을 작성한 후 간병업무에 대한 지시와 통제를 하고 있다면 간병인과 병원의 관계는 사용종속관계에 있다고 보인다.

판례와 결정례

지금까지 간병인의 근로자성이 다투어진 판례와 결정례는 다인간병시스템[3]하에서 간병인을 병원에 고용된 근로자로 볼 수 있는지의 여부를 다룬 '가은병원 사건'과 '부산센텀병원 사건'의 두 가지가 있다.

간병인이 근로자에 해당되는지가 다투어진 사건에 대한 판례와 노동위원회의 결정례를 살펴보면 다음과 같다.

가. 가은병원 사례

이 사건은 간병협회에 천사간병인 회원으로 등록하여 간병협회와 병원으로부터 근무시간과 장소, 간병인이 기본적으로 지켜야 할 수칙 등에 대해 안내받은 후 가은병원에서 근무하던 간병인이 여러 차례 지각·조퇴를 하는 등 업무를 소홀히 하자 근무불성실을 이유로 병원 측으로부터 천사회원이 아님을 통보받고 문자메시지로 병원 출입이 거부된 사건이다.

이 사건에 대해 지방노동위원회는 '피신청인1(병원) 또는 피신청인2(알선소개업체)로부터 간병료를 지급받았다고 하나 이는 다인간병시스템하에서 입원 환자들이 개별적으로 간병인을 고용하고 간병료를 산정하여 지급하는 불편함을 해소하기 위한 서비스 대행 차원의 조치로 판단되는 점, 피신청인들이 신청인의 간병료에서 근로소득세나 4대 보험료를 공제한 사실도 없는 점, 신청인이 회원으로서 준수사항 등을 위반하는 경우에도 회원에서 탈퇴시키면 그만이고 피신청인1이나 피신청인2에게 신청인에 대한 징계권이 없다는 점 등을 종합하여 감안해보면, 이 사건 신청인은 피신청인들의 소개 등으로 가은병원 202호실 환자들에 대하여 간병서비스를 제공했을 뿐 피신청인1 또는 피신청인2에게 종속되어 임금을 목적으로 근로를 제공한 근로자로 보기는 어렵

---

3) 공동간병서비스는 여러 명의 간병인이 교대로 다수의 환자를 공동으로 보살피는 것으로서, 최소의 비용으로 최대의 효과를 거두고자 도입된 시스템이다.

다'고 결정했다.

이에 대해 중앙노동위원회는 다른 결정을 했다. 이 사건 사용자1의 가은병원은 노인전문병원으로서 치매, 뇌졸중(중풍), 뇌출혈 등 노인환자가 대부분이고 이들은 간병인을 필요로 하고 간병인의 역할은 가은병원 경영에 있어서 중요한 부분을 차지하며 간병인의 업무가 중요하다. 그렇기 때문에 이 사건 사용자1은 간병인을 상대로 월 1회 정기적으로 업무수행 관련 교육을 시키고 출석점검, 업무감독 등을 했으며, 임금은 이 사건 사용자1이 입원환자들로부터 일정액의 간병료를 받아서 그것을 가지고 이 사건 근로자에게 일당 7만 3,000원을 지급했기에 사용자1은 사용자로서의 당사자 자격이 인정된다. 그러나 사용자2는 단지 이 사건 근로자를 회원으로 등록시켜 이 사건 사용자1에게 소개시켜 주었기에 사용자로서의 당사자 자격이 없다고 했다. 따라서 이 사건 사용자1이 이 사건 근로자의 회원자격 미비를 이유로 한 해고는 부당해고에 해당된다는 것이다.

그러나 서울행정법원[4]과 서울고등법원[5]은 다음과 같은 판단에 따라 간병인의 근로자성을 부인했다.

이 사건에 있어서 참가인(간병인)이 원고들에 대하여 임금을 목적으로 근로를 제공한 근로자인지 여부에 관하여 살피건대, 위 인정사실에 의하면 ① 가은병원 운영자들인 원고들과 사이에 근로계약이나 고용계약 등의 약정을 체결하지 않았고, 직원 채용 시에 일반적으로 요구되는 절차를 거치거나 신원보증서 등의 서류제출을 한 바도 없으며, 천사간

4) 서울행정법원 2008. 7. 22. 선고 2008구합7694 판결.

5) 서울고등법원 2009. 9. 18. 선고 2008누24011 판결.

병인 등 전문 직업소개소를 통하여 간병인을 소개받아 간병업무를 수행하도록 하여온 점, ② 간병인의 업무 대부분은 원래 환자 또는 그 보호자가 하여야 할 일을 대신하는 것으로 병원이 입원한 환자들에게 당연히 제공하여야 하는 용역은 아니므로, 비록 가은병원이 노인전문병원으로 다른 병원에 비하여 간병인의 필요성이 크고 간병인의 업무가 가은병원의 업무와 밀접한 관련이 있다고 하더라도 간병인이 병원 운영에 있어서 필요불가결한 인력이라고 볼 수는 없는 점, ③ 간병인은 가은병원의 채용·인사·승진·근무시간·보수·징계 등에 관한 취업규칙 또는 인사규정의 적용을 받지 않고 별도의 징계절차도 없으며, ④ 가은병원이 간병인의 근무병실과 근무시간을 지정하고, 출근부를 비치하여 출·퇴근, 교대시간 준수 여부를 확인하며 간병과 관련한 업무를 지시하고 간병인을 관리한 사실은 있으나, 이는 다인간병을 행하는 병원의 특성상 병원운영자가 간병인이 근무할 병실 및 근무시간을 미리 지정하는 것은 불가피하다고 할 것이고, 간병인의 업무수행이 병원 안에서 병원의 고객들인 환자들을 대상으로 이루어지고 병원의 의료행위와도 밀접한 관련이 있는 것이어서 병원 시설을 관리하고 의료용역을 제공하는 병원운영자로서는 원활한 업무협조와 환자들의 편의 등을 위하여 간병인에 대한 일정한 규제를 하지 않을 수도 없으므로 위와 같은 행위를 원고들이 간병인의 업무수행과정에서 그 업무의 수행방법이나 내용에 관하여 구체적이고 직접적인 지시를 하거나 명령을 한 것으로 보기는 어려운 점, ⑤ 원고들이 환자들로부터 직접 간병료를 진료비와 함께 수취했고, 참가인들은 간병료를 납부한 환자의 수와 금액에 관계없이 근무 일수에 따라 매월 정액의 간병료를 원고들로부터 수령했으나 이는 원고들과 직업소개소인 천사간병인의 합의에 의하여 원고들이 간병인 또는 천사간병인의 업무를 대행하여준 것이어서 위 사실만으로 간병인이 지급받은 간병료가 원고들에게 제공한 근로에 대한 대가인 임금에 해당한다고 보기는 어렵고, 그 밖에 원고들이 간병인에게 간병료 이외에 임금의 성격을 가진 금품을 제공했음을 인정할 자료는 전혀 없는 점(비록 원고들이 환자로부터 간병료를 수취한 금액과 천사간병인 및 참가인에게 지급한 금액의 차액을 취득하여 이익을 얻었다 하더라도 그러한 사정만으로 참가인이 지급받은 간병료가 원고들에게 제공한 노무의 대가라고 단정할 수는 없다), ⑥ 원고들은 근로소득세를 원천징수하지 않았고 4대보험에 가입하지 않았으며, 간병업무 수행과정에서 사고가 발생한 경우 원고들이 아닌 간병인 본인이 실질적으로 그 책임을 부담했던 점 등의 사정을 종합하면 가은병원에서 일하는 간병인인 참가인은 가은병원 운영자인 원고들에 대하여 사용종속관계하에서 임금을 목적으로 근로를 제공하는 「근로기준법」 제2조에서 말하는 근로자에 해당하지 않는다는 것이다.

나. 부산센텀병원 사례

이 사건은 소개업체(나누리간병센터) 소속으로 병원에서 근무하던 간병노동자가 전국공공서비스노동조합에 가입하면서 소개업체를 탈퇴하자 소개업체는 탈퇴에 의한 자격상실을 통보하면서 부산센텀병원장으로 하여금 간병인A 등이 간병업무를 수행하지 못하도록 할 것을 요청했고, 부산센텀병원은 간병인A 등의 병실 출입을 저지한 사건이다.

이 사건에서 노동위원회와 법원(서울행정법원)은 일관되게 간병인들의 근로자성을 부인했다.

노동위원회는 병원과 간병인들 간에 다음과 같은 이유로 사용종속관계가 인정되기 어렵다고 하여 부당해고 및 부당노동행위구제신청을 모두 각하하는 판정을 했다.

이 사건 사용자가 병원의 공동간병인 병실을 운영하면서 2006. 7. 20. 경남간병협회와 체결한 약정서 제2조에 '간병인의 채용유무는 갑과 을이 협의하여 결정한다'고 규정하고 있으므로 간병인 채용과정에서 간호과장, 행정부장이 면접을 보고 경남간병협회와 협의하여 채용을 결정했다고 하더라도 이 사건 사용자가 직접 채용했다고 단정하기 어려운 점, 이 사건 근로자들은 근로계약을 구두로 체결했다고 주장하나 이 사건 사용자와 근로시간, 임금 등에 관련한 근로계약을 체결한 근거를 확인할 수 없는 점, 매월 102만 원의 간병료를 지급받은 재원은 이 사건 근로자들이 환자로부터 직접 수령한 금품을 간병인 총무에게 주면 총무가 경리담당에게 맡겨 두었다가 경리담당자가 매월 이 사건 근로자들에게 송금했고, 2008. 6월경 간병인 총무가 사직한 후 경남간병협회 회장은 직접 간병료를 걷어 이 사건 근로자들에게 송금했음에도 이에 대한 이의나 의문을 제기하지 않았던 점, 이 사건 근로자들은 회비 명목으로 매월 2만 원을 경남간병협회 회장의 계좌로 송금한 사실로 보아 경남간병협회와 계속적으로 관계를 유지해온 것으로 보이는 점, 이 사건 근로자들은 근로소득세를 납부하거나 고용보험 등 사회보험에 가입된 사실이 없는 점, 이 사건 사용자와 경남간병협회 회장이 체결한 약정서에 따르면 간병인의 인사책임과 환자간병비 영수증 공급, 간병사가 근무 중 재산상 손해를 발생시켰을 경우에는 경남간병협회가 책임지도록 규정되어 있으며 2008. 6. 28. 체결한 약정서와 2009. 6. 28. 나누리간병협회와 체결한 약정서에도 동일한 내용이 규정되어 있는 점 등을 종합하여 보면, 이 사건 사용자가 이 사건 근로자들을 직접 채용하여 근로

계약을 체결하고 임금을 지급한 주체로서 근로기준법상의 사용자로 보기 어렵다.[6)]

행정법원 역시 "간병인의 근무장소, 보수, 근무시간 등은 이 사건 병원에서 일방적으로 정한 것이 아니라 참가인과 간병협회 원장과의 협의를 통하여 이루어진 것이고, 이 사건 병원에서 간병인에 대하여 구체적인 준수사항을 마련하여 지시를 했다고는 하나, 간병업무는 병원에 입원한 환자들의 진료 및 치료와 밀접한 관련이 있는 것이어서 병원으로서는 입원 환자들의 진료 및 치료와 관련된 범위 내에서 간병업무가 원활하게 수행될 수 있도록 어느 정도 관여할 필요성이 있다고 보여지므로 위와 같은 사정이 있다고 하여 참가인이 원고들을 포함한 간병인의 업무내용이나 업무수행방법에 관하여 구체적이고 직접적인 지휘, 감독을 한 것으로 보기는 어렵다고 할 것이다. 따라서 이 사건 병원에서 일하는 간병인인 원고들은 이 사건 병원의 운영자인 참가인에 대하여 사용종속관계하에서 임금을 목적으로 근로를 제공하는 근로기준법 제2조에서 말하는 근로자라고 할 수 없다"(서울행정법원 2010. 6. 10. 선고 2010구합4209 판결)고 판시했다.

이처럼 판례와 행정해석은 간병노동자와 병원/시설 간에 명시적으로 근로계약을 체결한 사실이 없고, 업무대체가 가능하며, 업무상 특성에 기한 지휘감독의 범위를 넘어서 실질적인 사용자로서의 구체적인 업무상 지휘감독을 행사하고 있는 것으로 보이지 않는 점, 간병노동자

6) 초심결정: 부산지방노동위원회 2009. 9. 24. 판정, 2009부해470/부노49 병합.
재심결정: 중앙노동위원회 2009. 12. 24. 판정, 중앙2009부해912/부노185 병합.

는 간병업무 제공에 따른 대가로서 환자 및 환자보호자로부터 보수를 직접 지급받는 점, 병원의 취업규칙이나 복무규정을 적용받지 않고 다만 간병업무수행에 필요한 최소한의 복무지침을 준수하여야 할 의무만을 부담하는 점, 기타 사회보험에 가입되어 있지 않고 근로소득세를 원천징수하지 아니하는 점 등 제반 사정에 비추어볼 때 간병인과 병원/시설 간에 직접적인 사용종속관계를 인정하기 어렵다는 입장을 유지하고 있다. 그러나 간병노동자가 병원/시설, 소속업체와 맺고 있는 관계에 주목하면 간병노동자와 병원/시설 간에 사용종속관계가 없다고 단정하기 어렵다.

대다수의 간병노동자는 유·무료 소개업소와 병원이 맺은 협약에 의해 일정 기간 동시에 여러 병원의 일을 할 수 없으므로 한 병원에 전속되어 있고, 병원이 결정하는 근로조건(임금, 근로시간, 업무내용 등)을 일방적으로 받아들일 수밖에 없는 상황이다. 또한 병원과 소속업체의 관계에 따라 실업과 고용이 반복되는 등 불안정한 고용 상태에 놓여 있다. 유·무료 소개업소는 간병인의 교육을 책임지고 그 결과 등에 대해 병원 등에 보고하는 등의 1차적인 지휘감독을 한다. 병원은 간병료 등을 결정하고, 간병료 외에 추가 비용을 받을 수 없도록 제한하고 감시하며, 환자와의 문제가 발생될 경우 교체(해고)를 요구하고, 간병인의 업무를 지정하고, 병원규칙 등 제반 지침을 준수하도록 하는 등의 실질적인 지휘감독을 하고 있다. 따라서 병원/시설과의 형식적인 계약은 존재하지 않는다고 하더라도 실질적인 사용종속관계가 인정될 수 있다 (윤정향·이수정, 2006: 248).

또한 대법원은 2006년 판결[7]에서 종래의 근로자성 판단표지를 다음과 같이 수정했고, 그 이후 일관된 태도를 견지하고 있는 점을 감안하

면 병원/시설에 근무하는 간병노동자의 근로자성을 쉽게 부정할 수 없다.[8)]

근로기준법상의 근로자에 해당하는지 여부는 계약의 형식이 고용계약인지 도급계약인지보다 그 실질에 있어 근로자가 사업 또는 사업장에 임금을 목적으로 종속적인 관계에서 사용자에게 근로를 제공했는지 여부에 따라 판단하여야 하고, 위에서 말하는 종속적인 관계가 있는지 여부는 ① 업무내용을 사용자가 정하고 취업규칙 또는 복무(인사)규정 등의 적용을 받으며 업무수행과정에서 사용자가 상당한 지휘·감독을 하는지, ② 사용자가 근무시간과 근무장소를 지정하고 근로자가 이에 구속을 받는지, ③ 노무제공자가 스스로 비품·원자재나 작업도구 등을 소유하거나 제3자를 고용하여 업무를 대행케 하는 등 독립하여 자신의 계산으로 사업을 영위할 수 있는지, ④ 노무제공을 통한 이윤의 창출과 손실의 초래 등 위험을 스스로 안고 있는지와 보수의 성격이 근로 자체의 대상적 성격인지, ⑤ 기본급이나 고정급이 정하여졌는지 및 근로소득세의 원천징수 여부 등 보수에 관한 사항, ⑥ 근로제공관계의 계속성과 사용자에 대한 전속성의 유무와 그 정도, ⑦ 사회보장제도에 관한 법령에서 근로자로서 지위를 인정받는지 등의 경제적·사회적 여러 조건을 종합하여 판단하여야 한다. 다만, 기본급이나 고정급이 정하여졌는지, 근로소득세를 원천징수했는지, 사회보장제도에 관하여 근로자로 인정받는지 등의 사정은 사용자가 경제적으로 우월한 지위

7) 대법원 2006. 12. 7. 선고 2004다29736 판결.

8) 대법원 2009.10.29. 선고 2009다51417 판결; 대법원 2009.4.23. 선고 2008도11087 판결; 대법원 2007. 9.7. 선고 2006도777 판결; 대법원 2007.1.25. 선고 2006다60793 등.

를 이용하여 임의로 정할 여지가 크다는 점에서 그러한 점들이 인정되지 않는다는 것만으로 근로자성을 쉽게 부정하여서는 안 된다.(번호는 인용자 추가).

앞서 살펴본 바와 같이 대법원은 종속성 판단에서 "개별적이고 구체적"일 것을 요구하던 것에서 "상당한" 지휘·감독으로 완화했다. 또한 "기본급이나 고정급을 정했는지, 근로소득세를 원천징수했는지, 사회보장제도에 관하여 근로자로 인정받는지 등의 사정은 사용자가 경제적으로 우월한 지위를 이용하여 임의로 정할 여지가 크다는 점에서 그러한 점들이 인정되지 않는다는 것만으로 근로자성을 쉽게 부정하여서는 안 된다"고 판시한 것을 보아, 근로자성의 결정에서 중요하게 고려해야 할 실질적 징표(사실적 징표)와 사용자가 경제적·사회적 지위의 우월성을 이용하여 일방적으로 결정할 수 있는 부수적 징표(형식적 징표)를 구별하는 한편, 근로자성 판단에서 후자의 징표에 대한 비등가성을 확인했다고 볼 수 있다.

간병노동자의 노무공급체계와 「직업안정법」

〈그림 1〉은 병원에서 이루어지는 일반적인 경우를 도식화한 것으로, 요양기관 등에서 주로 공동간병을 하는 경우에는 기관 측이 간병료를 환자로부터 받아 간병노동자에게 지급하거나 소개업체에 보내 소개업체가 간병노동자에게 지급하기도 한다.

위의 4자 관계의 성격을 파악하기 위해서는 이와 가장 유사한 ① 직

〈그림 1〉 유료 직업소개소, 간병노동자, 병원, 환자의 4자관계

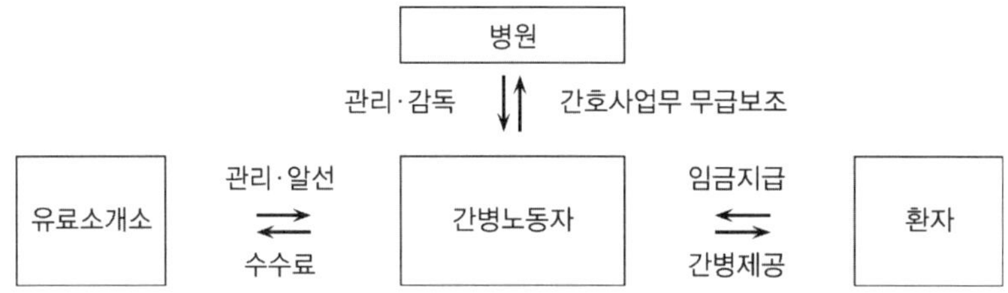

업소개 ② 근로자 공급 ③ 근로자 파견에 대해 살펴볼 필요가 있다.

근로자 파견은 파견사업주·사용사업주·파견근로자, 근로자 공급은 근로자를 공급하는 자·근로자를 제공받는 자·공급근로자, 직업소개는 소개자·구인자·구직자 등과 같은 삼면관계를 전제하고 있다. 또, 근로자 파견은 파견근로자와 사용사업주 간에, 근로자 공급은 공급근로자와 근로자를 공급받는 자 간에, 직업소개는 구인자와 구직자 간에 모두 노무를 제공하고 제공받는 관계가 성립한다.

이와 같이 근로자 파견, 근로자 공급, 직업소개는 공급, 소개 등과 같은 형태로 노동력을 제공한다는 점에서 유사성을 갖지만 다음과 같은 점이 다르다.

근로자 파견을 살펴보면, 파견사업주와 사용사업주는 근로자를 파견하고 파견받는 근로자 파견 계약관계에 있고, 파견사업주와 파견근로자 간에는 고용관계의 유지가 필요하다. 이 고용관계에 의해 파견근로자는 파견사업주의 지시에 따라 사용사업주에게 파견되어 노무를 제공하고 파견사업주로부터 임금을 지급받는다. 한편, 사용사업주와 파견근로자는 파견근로자가 사용사업주의 지휘·명령을 받아 사용사업주를 위해 노무를 제공하는 관계이며, 사용사업주와 파견근로자는 고용

관계가 아니지만 사실상의 지휘·명령관계가 성립한다.

다음으로 근로자 공급은 공급계약에 의해 근로자를 타인에게 사용하게끔 하는 것을 의미한다. 이에 대해 대법원은 「파견근로자보호 등에 관한 법률」의 제정을 전후하여 일관되게 근로자 공급사업에 대하여 "공급사업주와 근로자 간에 고용 등 계약에 의하거나 사실상의 근로자를 지배하는 관계에 있어야 하고, 공급사업자와 공급을 받는 사용자 간에 제3자의 노무제공을 내용으로 하는 공급계약이 있어야 하며, 근로자와 공급을 받는 자 간에 사실상 사용관계가 있어야 한다"(대법원 1999. 11. 12. 선고 99도3157판결 등)고 판시했다. 또한 근로자 공급은 ① 공급사업자와 근로자 간, 근로자와 사용사업자 간에 모두 고용계약이 있는 경우, ② 근로자와 공급사업주는 고용계약이 있으나 근로자와 사용사업자 간에 사실상의 지배관계가 있는 경우, ③ 근로자와 공급사업자 간에는 고용계약이 아닌 사실상의 지배관계가 있고, 근로자와 사용사업자 간에 고용계약이 존재하는 경우, ④ 근로자와 공급사업자, 근로자와 사용사업자 간에는 모두 고용계약이 아닌 사실상의 지배관계가 있는 경우로 구분할 수 있고, 이 중 ②의 유형이 근로자 파견에 해당된다.

반면, 직업소개란 구인 또는 구직의 신청을 받아 구직자 또는 구인자(求人者)를 탐색하거나 구직자를 모집하여 구인자와 구직자 간에 고용계약이 성립되도록 알선하는 것을 말한다(「직업안정법」 제2조의2제1호).

따라서 근로자 파견, 근로자 공급, 직업소개는 사용사업자와 근로자의 사이에 지휘명령관계가 인정되는 점은 동일하지만, 직업소개와 근로자 공급은 공급사업자와 근로자 간 지배종속관계의 유무에서 차이가 있다. 즉, 직업소개는 지배종속관계가 인정되지 않고 근로자 공급은 지배종속관계가 인정된다는 점에서 차이가 있다. 그리고 근로자 파견과 근로자 공급도 차이가 있다. 공급사업자와 근로자 사이의 지배종속관계 측면에서 보면 근로자 파견은 고용계약관계의 존재가 필요하나 근로자 공급은 고용계약관계를 전제로 하지 않는다. 나아가 사용사업자와 근로자의 관계를 보면 근로자 파견에서는 고용계약관계가 없음을 필요로 하나 근로자 공급은 이를 전제로 하지 않는다(민주사회를 위한 변호사 모임, 2004).

병원이나 시설에서 이루어지는 간병노동의 실태를 보면, 알선소개업체는 간병노동 종사자를 병원 등에 알선하는 것으로 그친다고 보기 어렵다. 대다수의 간병인 알선소개업체는 간병인에 대해 직무교육을 실시하고 있고, 회원제로 운영한다. 또 돌봄노동자를 징계할 수 있고, 배상책임보험에 가입되어 있다. 중개업체에 의해 서비스 내용이 규격화되어 있는데 이는 간병노동 종사자가 병원 등에 손해를 끼쳤을 경우 중개업체도 연대책임이 있기 때문이다. 이상을 종합해보면 알선소개업체는 간병인의 알선에 그치는 것이 아니라 근로자를 지배하는 관계에 있다고 할 수 있다.

병원이나 시설 역시 간병인을 알선 받아 환자 측에 소개시켜주는 것에 그친다고 보기 어렵다. 병원 등은 간병인에게 업무를 지정해주고 병원규칙 등의 제반 지침을 준수하도록 하고 있다. 또, 병원 측이 간병인의 업무를 평가하고 교체를 요구할 수 있다. 간병료에 대해서도 환자와 간병인이 정하는 것이 아니라 병원과 알선소개업체 측이 정하고 있는 현실 등을 통해 볼 때 병원 등은 간병인에 대해 사실상의 사용자관계에 있다고 할 수 있다. 간병노동 종사자에게 미치는 실질적인 지배력은 병원의 1대 1 간병보다 시설 등에서 행해지는 공동간병의 경우에 더욱 명확하게 드러난다.

알선소개업체와 병원의 관계에 대해서 볼 경우 병원이 협약서 등을 통해 간병인의 기준을 설정하고, 간병인에게 통일된 복장을 요구하며, 간호사가 간병인에 대한 업무평가를 하고 간병인의 교체를 요구할 수 있는 점, 간병인의 고의·과실 등으로 병원에 피해를 줄 경우 알선소개업체가 배상책임 등을 지는 실태에 의한다면 병원과 알선소개업체의 사이에 제3자 노무제공을 내용으로 하는 공급계약이 있다고 할 수 있다.

이러한 상황은 알선소개업체의 불법행위에 대한 대책이 마련되어야 할 필요성이 있음을 보여준다. 유료 직업소개소가 수수료 등을 과다징수하고 있는지, 불법 근로자 공급사업[9]을 하고 있는지 등 유료 직업소개소의 불법행위를 근절시킬 수 있는 대책이 필요하다.

간병노동자의 노동권 보장방안

간병노동자의 '근로자'성 인정방안

앞에서 살펴본 바와 같이 간병노동자가 가사사용인에 해당되면 근로기준 보호 법령의 적용이 전면적으로 배제된다. 이는 사생활 보호와 행정감독이 미치기 어렵기 때문이다. 그러나 사용자의 사생활보호와 노동자의 보호는 상호 배타적인 관계에 있다고 하기 어렵다. 노동자의 근로조건에 관한 규율을 목적으로 하는 노동법의 적용은 사생활을 침

9) 2004년 노동부는 서울대병원의 아비스, 유니에스의 두 업체를 '간병노동자 소개를 넘어 사용자가 행하는 전형적인 지휘감독행위를 했다'는 이유로 '불법 근로자 공급사업 혐의'로 고발 조치한 사례가 있다.

해하지 않고서도 규율할 수 있으며, 행정감독이 미치기 어렵다는 것도 가사사용인의 노동법적 적용을 배제할 만한 중대한 이유가 되기 어렵다. 이미 근기법은 4인 이하의 사업장에 대해서도 일부 적용되고 있고, 「남녀고용평등법 및 일·가정양립지원에 관한 법률」은 1인 이하의 사업장에도 적용된다. 이러한 법률 적용에도 행정감독이 미치기 어려운 것은 마찬가지이다. 또 근기법에서는 근로 형태의 특성에 따라 임금, 근로시간 등에 대한 예외 또는 적용제외조항이 존재한다. 따라서 가사사용인에 대해서도 그 근로의 특성에 맞게 법을 규정하거나 적용 여부를 결정할 수 있다(정형옥, 2006: 117~119).

외국의 입법례를 보면 한국과 같이 가사사용인에 대해 개별적 근로관계법 전반에 걸쳐 적용을 배제하고 있는 입법례는 일본 정도밖에 없으며, 개별 법령에 따라 적용제외규정을 두고 있다. 가사사용인은 근로시간법제의 적용이 배제되는 경우가 많다. 이는 가사사용인의 근로 형태와 밀접한 관련이 있다고 생각된다. 미국의 경우, 입주가사서비스 제공자는 근로시간법제의 적용이 제외되고, 프랑스는 가사사용인, 독일은 입주가사사용인, 이탈리아는 가사사용인에 대해 근로시간법제의 적용을 배제하고 있다. 한편, 대다수의 국가에서는 가사사용인에 대해 일정 조건하에서 최저임금을 적용하고 있다. 미국은 가사사용인이라도 한 사용자로부터 받는 현금 임금이 1년에 1,000달러 이상이거나 단일 또는 복수의 사용자들을 위해 일하는 총 근로시간이 주 8시간을 초과하는 경우에는 최저임금이 적용된다. 스페인에서도 가사사용인의 경우 다른 업종과 동일한 1일 또는 1개월 최저임금이 적용된다. 프랑스의 경우에는 가사사용인도 최저임금의 적용을 받는다(박선영 외, 2006: 34).

그동안 근기법상의 가사사용인에 대한 적용제외는 그 규정의 현실정합성 문제에 대해 특별히 관심이 주어지지 않은 채 57년간 유지되었다. 이는 가사사용인의 대다수가 여성, 그것도 저학력의 고연령 여성이라는 점과 무관하지 않다. 돌봄노동 제공방식의 변화와 돌봄노동이 여성일자리로 주목받고 있는 현실, 그리고 돌봄노동의 제도화가 우리 사회의 중요한 정책과제로 등장하고 있다는 점을 감안하면 이 규정에 대한 전면적인 재검토가 필요하다.

장기적으로는 근기법상의 가사사용인에 대한 적용제외규정을 삭제하여 돌봄노동자에게 근기법 등의 법적 보호를 받을 수 있는 방안이 마련되어야 한다.[10] 그러나 이것은 근기법 체계에 대한 변화를 동반하기에 현실적인 어려움이 따를 것으로 예상된다. 따라서 현행 법체계 안에서 가사사용인에게도 근로자로서의 권리를 보장할 수 있는 방안이 요구된다. 중장기적으로는 가사사용인의 범위를 가정 내에서 행해지는 가사업무에 한정하고, 병원이나 시설 등에서 이루어지는 간병의 경우 간병료를 환자 측이 지불한다고 하더라도 근로제공방식의 실체에 주목하여 병원이나 시설의 사용자성을 인정해야 한다.

또, 가사사용인에 대한 근기법의 전면 적용제외규정은 가사사용인의 근로실태에 따라 부분 적용제외규정으로 개정될 필요가 있다. 근기법에 근거하여 그 적용이 제외되고 있는 노동관계법령 가운데 「최저임

---

10) 현재 국회노동환경위원회에는 「근로기준법」의 적용 범위에 가사사용인을 포함하여 가사사용인은 대통령령으로 정하는 일부 규정만을 적용할 수 있도록 하고, 상시 4명 이하의 근로자를 사용하는 사업 또는 사업장의 노동자와 가사사용인이 근로자로서의 기본적인 생활을 보장받을 수 있도록 노력해야 하며 이들의 근로조건의 실태를 조사하고 그 결과를 공개해야 하는 것을 주요 내용으로 하는 「근로기준법」 개정안이 계류 중이다(김상희 의원 대표발의, 의안번호: 9237, 발의년월: 2010.9.1).

금법」 제3조제1항의 단서조항 중 가사사용인에 대한 적용제외규정은 시급히 삭제되어야 한다. 이렇게 해야 임금의 최저기준을 국가가 정하여 사용자를 강제하는 것을 통해 노동자의 생존권을 보장하는 최저임금제도의 목적에 합치하는 것이다. 단기적으로는 간병노동자의 근로조건 등에 대한 지침 마련을 통해 근로의 최저기준을 명문화할 필요가 있다. 지침의 주요 내용으로는 알선 시 근로시간, 휴일, 임금, 휴게시간 등에 대한 최저기준과 간병노동 종사자의 근무 시 상해에 대한 대비로 단체상해보험의 가입, 간병노동 종사자의 과실로 인한 고객(구인자) 상해를 대비한 배상책임보험의 가입 등이 있겠다.

간병노동의 제도화 방안

유료 직업소개소에 의한 불법행위를 방지하고 간병노동자의 노동권을 보장하기 위해서는 첫째, 간병노동자를 병원/시설에서 직접 고용하도록 유도하는 것이 필요하다. 간병서비스는 입원환자에게 필요한 필수의료서비스이다. 따라서 간병서비스가 별도의 서비스가 아니라 의료기관에서 제공되는 간호간병서비스의 한 부분으로서 다른 의료서비스와 연계되고 통합적으로 제공되도록 해야 한다.

직접고용을 유도하기 위한 방안으로는 간병수가를 차등 지급하여 직접고용을 한 병원에게 돈을 더 많이 보상함으로써 자연스레 유도하는 방안과 더불어 의료기관 평가에 간병서비스에 대한 평가항목을 신설하여 간병인의 노동환경을 개선할 수 있도록 하는 것이 필요하다(이상윤, 2010).

둘째, 간병노동을 공식화하여 건강보험에서 간병급여를 현물급여방식으로 공식화하는 것이다. 이를 위해서는 현행 「국민건강보호법」 제

39조(요양급여)의 급여항목에 간병을 추가하는 것이 필요하다.

병원 내 간병서비스를 사회화하여 재원을 조달하기 위해서는 간병서비스의 질이 어느 정도 보장되어야 한다. 간병서비스의 질 보장을 위해서는 간병인력에 대한 교육과 인증이 중요하다. 그런 면에서 현재 노인장기요양보험에서 요양서비스를 제공하고 있는 '요양보호사'를 병원 내 간병서비스 인력으로 공식화하는 것이 필요하다. 기존 요양보호사의 업무와 병원 내 간병인의 업무는 상당 부분 겹치기 때문에 병원 내 간병서비스 인력을 위한 별도의 인증 기준을 정하는 것은 크게 효용이 없다. 그러므로 병원 내 간병서비스 역시 기존 요양보호사가 제공하는 것으로 공식화하는 것이 바람직하다(임준, 2007: 118~128; 이상윤, 2010).

이상에서 간병노동자를 중심으로 비공식부문 돌봄노동자의 노동권 보장방안에 대해 살펴보았다.

현행 노동관계법은 돌봄노동의 사회적 측면을 도외시하고 돌봄노동자를 가사노동의 한 유형으로 분류하여 법적 보호 대상에서 배제하고 있다. 돌봄노동의 특성상 고용관계에 있는 가사사용인에 대해서 근기법에 의한 근로자의 보호 수준을 그대로 적용하는 것은 어려울 수 있다. 그러나 'all or nothing'의 방법으로 적용 범위를 양극화하는 것은 현실에 맞는 규범태도라고 할 수 없다.

2009년에 정부는 여성일자리 창출과 환자보호자의 부담 감소 차원에서 "2010년부터 간병서비스를 제도화하고, 2011년부터 간병서비스를 건강보험급여 대상에 포함하겠다"고 발표했다. 이에 따라 지난해 5월부터 12월까지 10개 병원을 대상으로 간병서비스 제도화를 위한 시범사업을 실시했지만, 아직까지 간병노동은 제도화되지 않았다.

간병노동자를 병원/시설이 직접 고용하게끔 유도하거나 간병서비스를 제도화하면 현재와 같이 간병노동자를 근기법상의 근로자로 인정하지 않아서 발생하는 문제는 상당 부분 사라질 것으로 보인다. 간병노동자의 노동인권을 보장하는 것은 양질의 돌봄서비스를 제공하고 제공받을 수 있는 전제가 된다는 점에서 시급히 해결되어야 한다.

[참고문헌]

강혜용 외. 2007.「사회서비스 산업의 인력 및 훈련 수요 연구」. 노동부·한국보건사회연구원.

김소영·이인재. 2007.「근로기준법 적용확대 시 파급효과 분석 및 효과적인 방안 연구」. 한국노동연구원.

김영옥·민현주·정병은. 2006.「가사서비스의 제도화 방안 연구」. 여성가족부.

김형배. 1999.『노동법 제11판』. 박영사.

민주사회를 위한 변호사 모임. 2004.「서울대병원의 유료직업소개업체를 통한 간병인 공급이 불법근로자 공급에 해당하는지 여부에 대한 민변 노동위원회의 법률적 의견」.

박선영 외. 2006.「제2회 현행 법령상 남녀차별 규정 발굴·정리」. 여성가족부.

박지순 외. 2009.「돌봄노동 등 특수형태근로종사자의 취업경로에 대한 제도적 개선연구」. 노동부.

서문희 외. 2007.「한국 베이비시터 실태 파악 및 관리방안 연구」. 육아정책 개발센터.

윤정향·이수정. 2006.「특수고용 연구포럼 실태조사결과발표」. 노동기본권실현 국회의원연구모임.

이계경 의원실. 2007.「가사사용인의 근로자성 인정 및 지원방안」. 가사사용인의 법적 지위 확보를 위한 토론회.

이상윤. 2010.「병원 내 간병서비스 제도화 어떻게 할 것인가」.『간병서비스 건강보험 제도화 어떻게 할 것인가 토론회 자료집』.

이승욱 외. 2006.「특수고용직 노동권 침해 실태조사 보고서」. 국가인권위원회.

이승욱. 2006.「특수형태근로종사자에 대한 노동법적 보호방안의 모색」. ≪한국노동법학≫ 제23호.

이인재 외. 2006. 『사회보장론 개정 2판』. 나남출판.

임종률. 2003. 『노동법 제4판』. 박영사.

임준 외. 2007. 「요양병원간병실태조사 및 간병서비스 제도 개선 연구」. 국민고충처리위원회.

장혜경 외. 2008. 「돌봄노동종사자의 근로여건실태조사 및 선진사례연구」. 노동부.

정인수 외. 2006. 『특수형태근로 및 관련업종의 실태·쟁점·정책과제』. 한국노동연구원.

정형옥. 2006. 「노동법 적용 대상의 성별효과: 남성우선보호와 여성적용배제」. ≪여성학논집≫, 제23집 1호.

하갑래. 2002. 『근로기준법』. 중앙경제.

허재준·유길상. 2001. 「일용근로자 고용보험 적용방안」. 한국노동연구원 고용보험연구센터.

황나미 등. 2006. 「의료기관 간병서비스 사회제도화 방안」. 여성가족부.

▸▸▸ 오카노 야요(岡野八代)

돌봄의 윤리와 페미니즘*

아이들은 자기를 대하는 어머니의 몸짓이나 표정을 통해서 자신의 존재에 대해 처음으로 의식(意識)을 갖는다. 어머니의 눈이 전하는 메시지, 미소, 어루만져주는 손에서 아이들은 처음으로 '넌 거기에 있어!' 라는 메시지를 읽는다. — 에이드리언 리치(Adrienne Rich), 『더 이상 어머니는 없다(Of Woman Born)』

돌봄의 윤리 앞에서

캐럴 길리건(Carol Gilligan)이 『다른 목소리로(In A Different Voice)』를 저술한 이래, 타자의 요구(needs)에 어떻게 응할까, 타자의 요구에 어디까지 책임을 져야 하는가, 대체 사람이 살기 위해 필요한 요구란

* 원래의 제목은 '수선(修繕)의 페미니즘'이나 이해를 돕기 위해 제목을 수정했다.

무엇인가에 대한 문제를 고민하는 '돌봄의 윤리'는 다양한 페미니스트들의 이슈 중에서도 많은 논쟁을 불러일으켰다.

1980년대 이후 교육현장에서 돌봄의 중요성, 도덕교육과 돌봄의 관계에 대해 논해온 넬 노딩스(Nell Noddings)에 따르면, '돌봄의 윤리'가 목표로 하는 것은 **타인뿐 아니라** 자기 자신에게도 가해질 우려가 있는 "위해를 방지 또는 완화"하는 것이고, 보다 넓은 의미로는 "사람들의 요구를 구체적으로 규정하고 그 요구를 충족시키는 것"이다(Noddings, 2002: 53).

'돌봄의 윤리'가 많은 페미니스트의 관심을 끈 이유는 에이드리언 리치가 말한 "모든 사람은 여자에게서 태어난다"라는 불변의 사실 때문이다. 따라서 전혀 힘이 없는 갓 태어난 사람을 보살피는 것 역시 여성이 담당해야 한다고 여겨져 왔다. 실제로 육아뿐 아니라 돌봄노동이라고 여겨지는 여러 가지 행위[1)]는 여성에게 적합한 행위로 간주되어 많은 경우 여성들이 그 일을 맡아왔다.

그러한 상황이 현재까지도 이어지고 있는 가운데, 페미니스트들은 돌봄이라는 행위에서 긍정적인 가치를 발견하려는 '돌봄의 윤리'를 무조건 칭송하는 것에 주저하게 되었다. 우리는 누구든 혼자서 살아갈 수 없는 존재로 태어나기 때문에 돌봄노동의 존재를 부정할 수 없다. 또한 여자에게서 태어난다는 사실이 여성 개개인에게 자신이 낳은 아이에 대한 책임

1) 여기에서는 돌봄노동이 무엇인지를 정의하지 않지만, 에바 키티에 따라 돌봄을 맡는 자들에게 요구되는 배려, 책임은 돌봄을 받는 자들에 대한 호혜적인 관계를 요구하지 않는 것을 특징으로 한다는 느슨한 의미로 사용하고 있다(Kittay, 1999: 53~54). 따라서 노동시장에서 돌봄노동으로 간주되는 노동이 저임금인 것은 대가를 요구하지 않는 것이야말로 돌봄이라고 여겨진다는 점으로 설명된다. 물론 무엇이 돌봄노동에 해당하느냐를 결정하는 데에는 젠더 질서에 의한 가치판단이 작용하고 있다는 점을 밝혀둔다.

을 느끼게 하는 것도 틀림없다. 많은 여성은 자발적으로 돌봄의 책임을 완수해왔다. 여성들의 돌봄역할은 역사적 시기와 문화적 맥락에 따라 다르게 나타났다. 여성은 돌봄의 역할이 어머니로서의 책무이자 즐거움이라고 생각하려고도 했을 것이다. 그렇기 때문에 '돌봄의 윤리'를 둘러싼 페미니스트의 입장은 신중하지 않을 수 없다.

'돌봄의 윤리'에 대해 주저하게 된 원인은 서로 밀접하게 연관되어 있지만, 다음과 같이 크게 구분할 수 있다.

① 애초에 돌봄이라고 하는 행위는 기존의 권력관계에서 주변화되어온 여성들의 입장을 더욱 악화시키는 행위가 아닐까?: 여성의 자립을 방해

② '돌봄의 윤리'란 가부장적인 젠더 질서를 긍정하는 의미가 아닐까?: 여성을 공적 영역이 아닌 사적 영역에만 제한

③ 돌보는 사람과 돌봄을 받는 사람은 배타적 관계에 쉽게 빠지는 것이 아닐까?: 여성성과 모성의 동일시

①은 돌봄이라는 행위가 돌보는 사람과 돌봄을 받는 사람 간의 비대칭적인 관계, 즉 한쪽이 다른 한쪽에 절대적으로 의존하는 관계 속에서 이루어진다는 점으로부터 비롯되는 당혹감이다. 노딩스는 많은 모자(母子)관계에서 보이는 대면적 돌봄(care for)관계와, 전혀 모르는 타자의 요구를 고려하는 돌봄(care about)을 분리하여 생각하는데(Noddings, 2002: 22; 1984: 112), 여기에서 이야기하는 돌봄은 전자에 해당한다.

즉, 실제로 무엇인가를 원하는 무력한 존재가 눈앞에 있고, 방치해두면 생존마저도 위험하다는 것을 알고 있으며 더군다나 자신만이 그의 요구에 응할 수 있는 상황에서의 돌봄관계이다. 다시 말해, 돌봄을 맡는 자는 돌봄을 받고 있는 자의 요구에 맞춰 행동할 뿐 아니라 그 요

구에 재빠르게 대응할 수 있는 상태여야 한다. 돌봄관계에서는 의존하는 자의 반응이 주(主)가 되며, 돌보는 자는 의존하는 자의 반응을 읽는 능력을 갖춰야 하고, 그 능력은 감수(感受)하는 힘이자 돌봄을 받는 자의 반응에 좌우된다.

따라서 돌봄의 윤리를 부정하지 않더라도, 혹은 돌봄의 윤리가 갖는 사회적 가치를 긍정적으로 평가한다고 하더라도 돌봄노동이 그것을 맡는 자의 자유와 활동을 제약한다는 사실은 부정할 수 없다.[2] 가족 역시 사회제도의 하나이니 분배정의의 원리를 가족구성원에게도 적용하라는 주장은 이 같은 맥락에서 발생하는 것이다. 페미니스트들이 돌봄노동의 남녀분담을 주장하는 것은 돌봄윤리의 사회적 가치를 부정하는 것과 전혀 별개인 것이다. 일찍이 수전 오킨(Susan M. Okin)은 다음과 같이 주장했다.

> 우리는 아이를 양육하는 여성이 그 선택 때문에 양육 이외의 가능성을 넓힐 기회를 제한받고 있는지를, 그래서 사회의 모든 가치나 방향에 거의 영향을 미치지 못하게 되는지를 얼마나 인식하고 있을까? 우리는 가족이라는, 우리의 가장 친밀한 사회집단이 이따금 일상적인 부정(不正)을 가르치는 학교라는 점을 얼마나 의식하고 있을까? 또한 우리는 얼마나 정의로운 가족을 원하고 있을까? 다시 말해, 우리는 정의로운 사회를 이루기 위해 그

2) 예를 들어 에바 키티는 다음과 같이 돌봄노동에 대하여 논하고 있다. "이러한(돌봄노동 등의 — 인용자 삽입) 노동 형태에서는 자유에 대한 제약을 없앨 수 없다. 특히 스스로 타당한 권리요구를 한다는 의미의 자유가 이처럼 높이 평가되는 근대에서는 그러하다. 의존하는 자를 돌보는 것이 자연스럽다고 보았고, (예를 들어 여성이 아이들이나 병자나 노인을 보다 잘 배려하는 것은 자연스럽다고 생각한다) 그러한 생각으로 인해 이데올로그들은 여성들의 자유를 제약하는 것만은 근대의 감수성에 저촉되지 않는다고 생각해왔다"(Kittay, 1999: 95).

러한 사회에 필요한 시민을 키울 수 있는 정의로운 가족을 얼마나 **원하고 있을까**.(Okin, 1989: 186)

②의 의문은 캐서린 매키넌(Catherine MacKinnon)이 길리건에게 보낸 직접적인 비판에서 분명하게 읽을 수 있다. 즉, 타자의 요구를 배려하고, 타자의 반응을 주시하고 요구에 응하는 것을 자신의 책임으로 여기는 태도야말로 억압하는 자가 원하는 것을 피억압자가 스스로의 욕망이라고 내면화한 결과라는 비판이다. 길리건이 임신중절을 경험한 여성들로부터 들은 '책임'에 대한 이야기는 '권리'를 말하는 남성들의 발이 목구멍에 처박혀 있기 때문에(MacKinnon, 1985: 74~75) 남성들과는 다른 목소리가 된다. 따라서 그녀들의 이야기에서 메아리처럼 울리는 '돌봄의 윤리'는 여성에 대한 오랜 억압의 증표이자 공적 영역에서의 침묵의 비명이라는 것이다.

매키넌의 길리건 비판에 대해서는 이미 드루실라 코넬(Drucilla Cornell)이 반박하고 있기 때문에 여기서는 상세히 논하지 않는다(Cornell, 1999: Chap 3).[3)]

여기서 강조하고 싶은 점은, 실제로 돌봄관계가 요구하는 태도가 태생적인 특징과는 별개라고 해도 사회가 (그것을) 여성스러운 태도라고 반복하여 강요해온 역사 앞에서 여성 스스로가 그 가치를 찬양하는 것에는 신중해야 한다는 점이다. 코넬도 매키넌 비판에서 엄격히 구별하려 했듯이, 사실로부터 규범을 도출하는 것은 현상의 정당화에 빠져버

---

3) 코넬의 매키넌 비판에 대한 상세한 내용은 오카노(岡野, 2003: 152~153) 참조.

리기 때문이다. 따라서 돌봄의 윤리적 가치가 어떠한 맥락에서 평가되고, 그 가치가 누구에 의해서, 어떠한 맥락에서 누구에게 설명되어지는가를 항상 명확히 해야 한다.

③은 ①, ②로부터도 쉽게 추측할 수 있는 '돌봄의 윤리'를 둘러싼 의문이다. 역사적으로 대다수의 여성이 돌봄을 맡아왔기 때문에 돌봄노동이 여성'스러운' 행위로 여겨져 온 것인가, 아니면 처음부터 여자'이기 때문에' 돌봄노동을 맡게 되었는가에 대한 논의는 여기서 하지 않겠다. 그러나 그와 같은 의문을 차단해온 것이 애초에 모자의 농밀한 관계성을 '자연스럽게 보는' 사고방식이었음을 기억해야 한다. 돌봄을 담당하는 자로서의 여성의 경험이 쉽게 어머니로서의 이야기로 환원되고, 나아가 경험에 기초한 이야기가 무비판적으로 여성의 속성에 대한 기술로 받아들여져 버리기 때문이다.

피할 수 없는 경험으로서 돌봄이라는 행위는 여성의 삶의 방식에서 매우 일부분의 경험임에도[4] 다음과 같은 이유로 여성들은 오늘날에도 2급 시민으로 취급받기 일쑤다. '어머니의 성격은 쉽게 감정적이게 되고, 일반적인 선(善)이 아니라 개인의 요구나 이해에 관심을 갖는 경향이 있기 때문에' 시민으로서의 덕(德)이 부족하다는 것이다(Young, 1997: 124).

실제로 어머니로서의 경험에 근거하여 애정, 공감, 평화, 비폭력을

4) 예를 들어 리치는 모성에 대해 다음과 같이 말한다. "모성을 어느 특정 아이(들)와의 강한 상호관계라고 이해할 경우, 그것은 여성이 살아가는 과정의 <u>극히 일부분에 불과하다</u>. 여성의 일생을 정의하는 것이 아니다. 40대 중반의 주부는 농담조로 이야기할지도 모른다. '엄마가 되지 않았다면 실업자 같았을 것'이라고. 실제로 사회적으로 보면, 한 번 엄마였던 우리들이 그대로 계속 엄마를 하지 않으면 도대체 무엇이란 말인가(밑줄은 원문)"(Rich, 1976: 36, 51).

설명하려는 모성주의적 페미니즘은 대면적이고 비대칭적인 관계성과 친밀한 관계 안에서 자라는 인간관계에 기초하고 있다. 하지만 이러한 모성주의적 페미니즘은 본 적도, 알게 된 적도 없는 사람들이 서로 만나 종종 이해가 대립되곤 하는 공적인 영역의 인간관계에는 통용되지 않는다고 하여 페미니스트로부터 준엄한 비판이 퍼부어졌다(Dietz, 1998 참조).[5] 더구나 모성주의는 어머니가 되지 않는 여성을 2급 여성으로 취급하고, 기존의 가족 형태를 옹호하며, 새로운 친밀권의 구상 가능성을 막아버릴 위험이 있다.

가족 안에서 어머니의 역할을 기존의 정치적 가치를 전복시킬 위력이 있는 것으로 이상화할수록 외부로부터 어머니의 존재를 멀리 분리시켜 어머니를 정치적인 영향을 받지 않는 순수한 존재로 개인화시켜 버리게 된다. 그리고 아이러니하게도 '개인적인 것은 정치적인 것'이라는 2세대 페미니즘의 슬로건 아래에서 주창되었던 모성주의는 '공적 영역과 사적 영역의 추상적 분단을 재강화하는 것이 된다'(Dietz, 1998: 51).

이상의 세 가지로 크게 구분되는 돌봄의 윤리를 옹호하는 관점에 대한 페미니스트들의 망설임은 돌봄이라는 행위의 특징 때문에 필연적으로 발생하는 것일까? 다음 절에서는 돌봄의 윤리에 대한 망설임이 생기는 이유가 공적 영역은 타자에게 열려진 영역, 사적 영역은 배타적 영역이라고 하는 공사(公私)이원론의 무비판적인 수용 때문이라는 점을 밝혀보고자 한다.

5) 디에츠가 비판하고 있는 대상은 어머니의 역할을 '연약한 인간의 생명을 보호하는 자'로 보는 진 엘슈딘의 이론이다.

돌봄관계 이후

앞 절에서 페미니스트들의 돌봄윤리에 대한 당혹감을 논하면서 돌봄이라는 행위의 특징이 비대칭적인 관계, 타자의 개별적이고 구체적인 요구에 대한 주시, 타자에 대한 헌신이라는 점이 분명하게 드러났다고 말할 수 있다. 한편, 그와 같은 돌봄행위의 특징 때문에 돌봄을 맡는 자들은 공적 영역에서 배제되어왔다. 즉, 타자의 요구를 감수하는 자는 주체적으로 스스로의 의지에 입각하여 행동하는 시민으로 간주되지 않았다. 정치사상사적으로도 오랫동안 논의되었고, 현재의 정치세계에서도 관통하고 있는 이와 같은 공사이원론이야말로 돌봄을 둘러싸고 페미니스트들을 괴롭혀온 문제의 핵심에 있음을 재론할 필요는 없을 것이다.

가령 서양정치사상사에서 말하는 자유론을 '주체'에 주목하면서 비판적으로 다시 읽은 알베르트 허쉬만(Albert Hirschman)에 따르면 "17세기에 사회계약론이 등장한 이래 자유주의를 기반으로 한 정치는 시민, 즉 재산을 가진 백인 남성이 한다는 사고에 의해 지탱되었다. 그 시민성은 백인 여성, 빈민, 비백인을 배제해왔을 뿐 아니라 그와 같은 배제에 의거하고 있다"(Hirschmann, 2002: 218). 실제로 개인에게 불가결한 자유란 자율(自律)이라고 주장했던 칸트는 시민에 대해 다음과 같이 논하고 있다. 그에 의하면 시민이란 다음과 같은 존재여야 한다.

> 자기가 **자기 자신의 지배자**이다. 따라서 생계를 유지하기 위한 어떠한 **재산**(거기에는 모든 기술, 장인적 기술, 예술, 학문이 포함된다)을 가지고 있다. 바꿔 말하면, 자신이 살기 위해 타인에게 무언가를 얻어야 할 경우

자신의 모든 능력을 타인이 사용하도록 인정함으로써 얻는 것이 아니라, **자신의 소유물을 양도함으로써만** 그것을 얻는 것, 따라서 공동체는 별도로 치고 그 이외의 누구에 대해서도 말 그대로 **봉사** 등을 하지 않는다는 것이다.(Kant, 2000: 194~195, 강조점은 원문대로)

이 짧은 문장은 많은 것을 이야기하는 동시에 많은 것을 이야기하지 않고 있다. 우선 시민은 '자신의 지배자', '재산을 가지고 있다', '누구에게도 의존하지 않는다', '타인을 위하여 노동하지 않는다'고 지적하고 있다. 칸트가 시대적 제약 때문에 이와 같은 배타적인 시민상(市民像)을 논한다고 비판하는 것은 너무 성급하다.[6] 칸트를 원용하는 것에서 확인하고자 하는 바는 허쉬만이 논하는 바와 같이 여기서 배제되어 있는 것이 무엇인가 하는 것뿐 아니라, 그와 같은 배제에 의해서만 칸트적인 시민상이 성립된다는 점이다. 칸트의 자율적인 개인, 공적 존재로서의 시민상이 사적 영역에서의 인간관계를 전부 사상(捨象: 현상의 특성이나 공통성 이외의 요소를 버림 — 옮긴이 주)함으로써 성립한다는 것은 명백하다. 공적 존재를 이야기하고 있기 때문에 사적 영역을 언급하지 않는 것은 당연하다고 할 수도 있다. 하지만 돌봄관계에 대해 고찰해온 우리들은 그럼에도 여전히 많은 의문을 던지지 않을 수 없다.

칸트가 상정한 시민은 가정 내에서도 '살기 위해서 타인으로부터 무언가를 얻지 않으면 안 되는 경우에' 재산을 양도하여 그것을 얻는 것일까. 가정 내에서 이 시민은 아무도 배려하지 않고 살피지 않아도 좋은

6) 여기서는 '자율적 주체'를 논하는 전형적인 예로서 칸트를 참조하고 있으나, 오카노(岡野, 2004)에서는 현대의 자유주의에서 롤스가 상정하는 주체상에 대해서도 비판적으로 고찰한다.

것일까. 칸트는 시민이 자기 자신의 지배자라고 하지만, 실은 사적 영역에서 타자의 노력에 가장 의존하고 있는 것은 그 당사자인 시민이 아닌가. 왜 시민은 공동체 이외의 누구에게도 봉사해서는 안 되는 것인가.

칸트의 자율적 주체는 사적 영역에서 모든 개인의 존재방법을 일체 묻지 않는다는 전제에서 성립하는 주체이다. 자율적 주체는 사적 영역을 버림으로써[사상] 존재한다. 이는 너무나 많은 이의 희생 위에 성립되는 주체가 아닐까? 실제로 그와 같은 사상 때문에 많은 사람이 공적 영역에서 배제되어 위해나 폭력에 노출되기도 했다. 그뿐만 아니라 시민으로서 인정받았던 자율적인 주체도 자율적 주체라는 것 때문에 잔혹한 삶을 강요받지 않았던가. 그 주체는 사람으로서 불가피한 의존, '나'라는 의식이 길러진 친밀권(親密圈), 그리고 자기 자신의 신체를 살아 있게 해준, 그리고 지금도 나를 지탱해주고 있을 타자에 대한 배려를 공식적으로는 계속 부인해야 하기 때문이다.

현재 공사이원론의 양극성과 생물학적인 성차(性差)의 관련성은 분명히 희박해져 있다. 여성이기 때문에 돌봄노동을 하라, 또는 돌봄노동을 하는 자는 시민으로서의 자격에 걸맞지 않다는 따위의 논의를 정당화하는 것은 거의 불가능하다. 그러나 다른 한편에서 우리 다수는 '자립, 자족, 자율적인 개인'이라는 젠더 중립적으로 보이는 개인관을 긍정적으로 받아들이고 있다. 이 점에 대해 정신분석의 대상관계이론에 근거하여 젠더 대극성(大極性)이 가져오는 잔혹한 — 타자에 대한 의존 상태를 부인함으로써 자아를 확립하는 — 타아(他我)의 경계설정을 비판하는 제시카 벤저민(Jessica Benjamin)은 다음과 같이 말하고 있다.

여성들이 사회의 공적·생산적인 영역에 더욱 많이 진출하게 되었는데도

> 불구하고, 그 영역은 실천적으로도 원리적으로도 '남자의 세계'이다. 여성의 참여는 영역의 규칙과 방법에 하등의 영향도 미치지 않는다. 공적인 제도와 생산관계는 대단히 비인칭화(非人稱化)되어 보이며, 성차가 없는 것처럼 과시하고 있다. 하지만 **개인의 필요에 전혀 관심이 없는, 그야말로 이런 객관적인 특성이야말로 남성 권력의 특징**이라고 인식해야 한다. 자비심, 양육을 사적 영역으로 추방하는 비인칭성이야말로 남성의 지배 논리, 여성에 대한 멸시와 배제의 논리를 드러내는 것이다.(Benjamin 1988: 187, 254. 강조점은 인용자)

페미니즘 이론은 오랫동안 '자율적 개인'이라는 주체상에 문제가 있다고 밝혀왔다. 그와 같은 개인상은 '자기가 현실에서 행하고 있는 의존과 사회적 종속을 부인하는 사상의 행위에 의해 만들어졌기' 때문이다. "그 결과 이 인간의 자유란 타자에 대한 통제나 침입으로부터의 방어만으로 이루어진다"(Benjamin, 1998: 187~188, 255). 벤저민과 마찬가지로 정신분석에 의거한 버틀러도 "자율이란 부인된 의존의 논리적 귀결"이라 하며 자율적 주체를 환상이라고 비판한다(Butler, 1995: 45~46; 2004a: 149). 두 사람 모두 개인이 처음으로 사회에 편입되어 주로 모친과의 동일시에 의해 자기를 형성해가는 과정, 그 완전한 의존관계의 부인이야말로 자율적 개인이라는 환상을 지탱해주고 있음을 밝히고 있다.

그녀들이 자율적 개인을 비판적으로 보는 것은 의존을 부인함으로써 지탱되는 개인이 형성하는 공적 공간은 욕망이나 목적, 능력까지 포함하여 스스로의 상상을 초월한 타자와의 불안정한 관계성을 분명하게 보여주는 공간일 수 없고, 반대로 어떤 특정한 주체상만이 행위할 수 있는 영역, 복수의 존재 간의 공통성에 대한 동일화를 강제하는 영역으로 축소되기 때문이다.

예를 들어 공약불가능(incommensurability: 공통의 척도, 즉 중립적인 관찰 및 언어가 존재하지 않음 — 옮긴이 주)한 가치의 다원성을 전제하면서 정의에 적합한 사회를 구상하려는 자유주의에서 상정된 개인은, 타자를 위하여 행위하는 사회적 역할로부터 분리된 자율적 주체이다. 그때 자율적이라는 점이 강조되는 것은 개인의 삶의 구상이 존중받기 위해서 개인은 자기 자신에 뿌리를 둔(Self-originating) 타당한 권리요구를 주장할 수 있는 주체여야 하고 그와 같은 주체로서 취급되어야 한다는 요구 때문이다(Rawls, 1980: 544). 그러나 사회를 구성하는 주체가 이처럼 규정되어버리면 원래 자유주의가 지향하는 다원적 가치가 공존하는 사회, 이질적인 타자와의 공생을 가능케 하는 사회에 대한 구상과 배치되는 것이다.

다시 벤저민의 말을 빌면, 그와 같은 자율적인 주체를 상정하는 것은 "자기 자신, 그리고 자신의 욕망을 항상 알고 있는 자기 폐쇄적인 주체, 이질성을 포함하고 많은 부분으로 성립된 존재가 아닌 통일체인 주체라고 하는 규범을 되살리게 될 것이다. 그것은 또한 공통성과의 동일화만이 타자를 존중하는 근거라고 인정해버리는 것이 된다. 그 결과 타자성에 대한 경의가 아닌 쇼비니즘이나 내셔널리즘이 싹트기 쉽게 될 것이다"(Benjamin, 1998: 101).

여기서 우리는 공사이원론이 당연한 것처럼 말해온, 공적 영역은 미지의 타자와 자신이 만나는 장, 사적 영역은 차이를 받아들이지 않는 배타적 영역이라고 하는 사고방식을 재검토해야 한다(Arendt, 1958 참조).

가령 앞서 말한 칸트의 시민상에서 명확히 나타나는 것처럼, 그리고 현재도 여전히 '타자의 통제나 침입에 대한 방어'를 무조건적인 권리로

행사할 수 있는 것은 나의 신체이다. 나의 신체는 나의 것이며, 누구에게도 침해받을 수 없다는 현재의 규범에 따르면 사적 소유권의 근거인 이 신체만이 가장 사적인 것이며, 또한 나의 동일성을 담보하는 것이다. 그리고 신체의 통합성이나 자율성을 주장하는 것은 여성에게 대단히 중요하고 놓칠 수 없는 권리요구인 것은 확실하다.

그러나 돌봄관계에서 우리가 만나는 신체의 존재방식은 나의 것이라기보다 오히려 타자의 주시 속에 있다. 사적 소유를 전제로 하는 지금의 사회에서조차도 나의 모든 권리가 발생하는 근간인 나의 신체는 당연하게도 타자의 시선, 신체, 때로는 폭력에 노출되는 것을 피할 수가 없다. 따라서 노딩스가 논했던 돌봄의 윤리가 목표로 하는 것, 즉 '위해의 방지'는 먼저 신체에 적용된다.

돌봄관계에서 신체를 제일 중요하게 돌보는 것은 그것이 나의 것이라서가 **아니다**. 돌봄관계에서 신체는 '당신이 거기에 있다'고 말을 걸고, 접촉하고, 때로는 감싸 안으려는 나에게 있어 객체(客体)이기 때문이다. 그 신체는 나에게 무방비로 노출되어 있기 때문에 무력하며, 나의 감수성 여하에 따라서는 생존이 어려울 정도로 상처받기 쉽다. 그 무력함이 돌보는 자에게 절대적인 책임을 지우는 것이다.

이러한 신체의 무방비 때문에 자신의 신체를 나의 것이라고 타자에게 주장할 수 있는 것, 신체에 대한 나의 자율을 보장받는 것은 특히 여성에게 있어서 지속적으로 중요한 권리요구였다. 그러나 그 일은 '소유'나 '방어'에만 머물지 않는 타자와의 관계성 속에서 신체와 나의 관계도 또한 엮여 있다는 사실을 부정하는 것과 일치하지 않는다. 버틀러가 말한 것처럼 "변하지 않는 신체의 한 국면은, (그것이) 공적이라는 점이다"(Butler, 2004a: 21). 그것은 나의 것인 동시에 나의 것이 아니다.

> 애당초 처음부터 타자의 세계에 맡겨져 타자의 흔적을 짊어지고 도가니 같은 사회생활 속에서 형성된 신체에 대하여, **나중이 돼서야 겨우**, 부정확함을 지울 수는 없지만, 나는 그것이 자기 자신이라고 주장한다.(Butler, 2004a, 강조는 인용자)

자율적 개인임을 상정하는 것은 '나중이 돼서야 겨우'다.[7] 그 시점부터 있어야 할 나와 타자와의 관계성을 구상하는 것은 시간적인 존재이자 항상 변화하는 신체와 함께 살고 있는 나와 외계(外界)의 관계성에서 너무나 많은 것을 사상해버리고 만다. 그리고 이 절에서 벤저민의 말을 빌려 이야기한 것처럼 그 사상은 사실 여러 가지 관계성 속에 있는 많은 사람을 공적인 배려의 바깥으로 내쫓아왔다.

나의 신체에 씻어내기 힘들게 각인되어 있는, 본 적도 만난 적도 없는 타자와의 연결이나 사회성은 우리가 자율적 주체라는 상정(想定)에 의해 모든 개인에게 인정되는 권리, 의무관계와 다른 관계성에 열려 있음을 의미하는 것은 아닐까. 우리 신체의 존재 방식은 자기와 타자, 사적인 것과 공적인 것, 자율과 의존 같은 서로 대립하고 전혀 별개인 것처럼 생각되어왔던 개념을 다른 관점으로 다시 생각하게 하는 계기를 만들어주고 있다.

---

7) 넬 노딩스도 자유주의에 대한 비판으로서 제일 먼저 거론한 것이 그 이론의 잘못된 출발점이다. "성숙하고 합리적인 존재, 즉 자기 자신의 욕구를 충족시키기 위하여 선택을 하는 자들의 사고나 행위에 사회이론의 근거를 두는 것은 인간 삶의 현실을 무시하는 것이다"(Noddings, 2002: 77).

수선의 페미니즘으로

돌봄의 윤리는 사적 영역의 농밀하고 비대칭적인 관계성을 요청받기 때문에 공적 도덕이 될 수는 없는 여성성을 과도하게 강조한다. 또한 여성성을 강조한 돌봄의 윤리는 타자에게 열려 있지 않다는 등의 의문을 받아왔다. 하지만 우리가 지금까지 확인해온 것처럼 그러한 의문이 왜 생겼는가? 첫째, 모든 개인이 자유롭고 평등한 자로 존중받기 위한 사회를 구상할 때 상정하는 '자율적 주체'는 돌봄의 윤리의 공적 가치를 전혀 인정하지 않기 때문이다. 더욱 중요한 점은 '자율적 주체'는 돌봄관계로부터 해방되어 '나중이 돼서야 겨우' 탄생하는 자기(自己)일 뿐이다. 즉, '자율적 주체'를 전제하면서 구상된 사회에서 객관적인 사실로서 존재하는 사람들 사이의 '의존관계'는 예외적인 관계이거나 공적 배려의 가치가 없는 주변적인 관계로만 취급되어왔다. 그 때문에 타자에 의한 배려의 첫 대상이 되는 신체가 얼마나 공적인 존재인가조차도 정치적 사고 속에서 잊혀왔다.

이 글을 마치며 돌봄의 윤리에서 새롭게 확대될 정치적 함의에 대하여 생각해보고자 한다. 엘리자베스 스펠만(Elizabeth Spelman)은 그의 저서 『수선: 부서지기 쉬운 세계에서 회복의 욕구(Repair: The Impulse to Restore in a Fragile World)』를 다음과 같은 말로 시작한다.

> 인간이란 수선하는 동물(repairing animal)이다. 수선은 도처에 존재한다. 그것은 매일, 그리고 생활의 거의 모든 국면에서 우리가 하고 있는 일이다. 호모사피엔스는 호모리페어런스이기도 하다.(Spelman, 2002: 1)

그녀에 따르면 수선이라는 행위는 우리가 자연을 활용하고, 도구를 이용하며, 자신의 몸을 돌보면서 사람들과 함께 살고 생활하며, 사회의 규칙을 정하고 여러 가지 역할을 소화하는, 이 세상에 살아 있는 한 누구도 피할 수가 없는 행위라고 한다. 수선이라는 행위는 그 전제로서 "우리들이 함께 사는 이 세상에서 필요한 것은 덧없고 불완전하며 더구나 연약하다는 잔혹한 현실"에 대한 직시를 우리에게 요구한다(Spelman, 2002: 23, 강조점은 인용자). 여기서 말하는 수선의 대상에는 우리의 신체나 마음, 타자와 맺은 관계성도 포함되어 있다. 또한 수선이라는 행위로부터 세상이 더 이상은 수선하기 어려운 상처, 파괴에 노출되어 있다는 것도 배우게 된다.

돌봄의 윤리에 주목한 많은 페미니스트들은 자유주의의 '위해원리(危害原理)'가 자기의 신체에 자기가 가한 위해에는 적용되지 않는다는 결점이 있다(Noddings, 2002: 32; Tronto, 1995: 106)고 비판한다. 자유주의 관점에서 보면 자기야말로 자기 이익을 가장 잘 이해하고 있으며, 설사 그렇지 않다 하더라도 자기의 사는 방식과 크게 관련되는 자기와 신체의 관계에 대해 타자가 개입하는 것은 자유주의에서 가장 부정되어야 할 온정주의다. 그러나 여기에도 자유주의가 얼마나 자율적 주체의 대등한 관계만을 전제로 하여 사회를 구상하려 하고 있는지가 잘 드러난다. 또한 몇 번이나 본론에서 강조한 것처럼 나의 신체는 나의 것이 아닌 측면을 항상 지니고 있다는 점을 간과하는 것이다.

이상하게도 자신에 대해서는 언급하지 않으면서 "타자에 대한 위해를 방지하는 것은 돌봄에 대한 배려를 줄여버린다"(Noddings, 2002: 91). 돌봄의 윤리에 대한 비판이 자기/타자의 무비판적인 이원론에 근거하고 있다는 것은 이미 확인한 대로이다. 사람은 사회 속에서 여러 가지

역할을 담당하며 살아가야 한다. 사람은 항상 살기 위해서 피로와 고통, 상처로부터 회복되어야 하는데, 무엇을 하기 위하여 어떻게 회복하는지가 중요하다(Spelman, 2002: 36). 사람은 자동차를 수리하는 것처럼 자기를 회복할 수 없다. 이미 논했듯, 자기는 스스로의 의지로 통제될 수 있는 것이 아니기 때문이다. 그런 의미에서 버틀러는 "자기 형성에 대하여 사색하는 것"이 "권리침해에 대한 비폭력적인 응답의 기초란 무엇인가를 이해하는 데, 그리고 가장 중요한 집합적 책임(集合的責任)의 이론에서 빼놓을 수 없다"고 말한다(Butler, 2004b: 44).

사람들의 새로운 관계성 구축이 아닌 관계성의 수선에 눈을 돌린 스펠만 역시 "수선이란 정의의 핵심에 위치한다"고 함으로써 수선을 수복적 정의(修復的正義, restorative justice)로 연결하고자 한다(Spelman, 2002: 51).

가해행위를 법체계와 그 권위에 대한 공격이라고 생각하는 응보적 정의관은 "범죄가 끼친 피해와 그 피해가 필요로 하는 보상의 본질을 인식하는 방법에 있어서 어딘가 왜곡되어 있다"(Spelman, 2002: 53~54). 어떠한 침해행위는 단순히 하나의 신체나 소유물에 대해서만 이루어지지 않는다. 피해자는 한 번 받은 상처 때문에 항상 불안이나 공포를 느끼고, 또한 강간 등의 경우는 피해자가 사회에 의해 낙인찍히는 경우도 많다. 수복적 정의는 그러한 하나의 침해가 영향을 주는 맥락이나 개인에 따른 상이한 피해의 확산을 돌보는 것을 사회정의로서 요구하는 것이다.

이와 같이 자기를 돌보는 것에서부터 집단적 책임 또는 수복적 정의라는 사회구상에 관한 전개를 가능케 하는 것은 자기를 주시함에 따라 돌봄의 윤리가 "자기는 어떠한 관계성에도 우선하며, 타자에게 위임되어 있다"는 사실을 중요하게 인식하고자 하기 때문이다(Butler, 2004a: 149).

스펠만이 말한 것처럼 우리의 생활은 세세한 물리적 물건부터 자신의 신체나 인간관계를 포함해 수선이라는 행위로 넘친다. 이 글을 마무리하면서 주목하고 싶은 것은 "다양한 목적을 달성할 수선 전문 장(場)으로서의 가족(household)"이라는 스펠만의 수선의 장에 대한 정의다(Spelman, 2002: 40). 스펠만에 따르면, 세상의 사물과 현상뿐 아니라 그 속에 던져진 우리는 너무나 약하다. 그러나 상처받은 무언가를 수선하는 장은 정치적인 가치를 거의 인정받지 못했던 가족이라고 그녀는 말한다.

가족 밖에서 학습하고 직업이 되기도 하는 물리적인 물건에 대한 수선과 비교하여 인격·인간관계를 둘러싼 수선의 가치는 사회적으로 거의 평가받지 못했다. 또 가족 내의 성별역할분업 때문에 전자는 주로 남성에게, 후자는 주로 여성에게 할당되어오는 바람에 가족 내에서조차 인격이나 인간관계가 얼마나 상처받기 쉽고 무엇을 해서는 안 되는지, 어디까지 수선이 가능한지를 가르치는 것의 능력과 가치에 대해 합당한 평가가 이루어지지 못했다고 스펠만은 지적한다.

> 가정 내에서 여성다움의 중심에 있는 것이 인격과 관계성에 대한 수선이며, 그러한 수선을 가르치고 전하는 일이다. 그 같은 수선에는 이렇다 할 훈련이 존재하지 않는다. 그리고 가족 바깥의 세계는 언제부턴가 그런 종류의 수선에 상처를 주고 있는지도 모른다.(Spelman, 2002: 41~42)

가정(家政, household)에는 특별한 훈련이 존재하지 않는다. 돌봄은 경험을 통해 학습된다. 우리가 사는 세상의 연약함에 대한 응답으로서 돌봄의 윤리가 존재하지만, 가정(家庭)은 신체나 자신의 약함에 응답하기 위한 거점이다. 앞서 본 바와 같이 돌봄을 사적 영역에 가두고 공적으로 배려하지 않는 현실은 지속적으로 비판받아야 한다. 그와 동시에 우리는 자신의 소유물에 둘러싸이고, 추억으로 채워지고, 심신을 치유해주는 공간이 필요하다고도 주장해야 한다. "가사에 종사하는 사람이 가사를 통해 보존하고자 하는 것은 그곳에 있는 특정한 사람들의 삶 속에 어떤 것이 갖고 있는 특정한 의미다"(Young, 1997: 154).

일상적인 일이기 때문에, 혹은 내구적(耐久的)인 물건을 만들지 않는다고 해서 가사는 인간의 활동 중에서도 폄하되는 활동으로 이해되기 일쑤였다. 가사는 끝이 없고 같은 일을 반복하기 때문에 시시포스의 운명에 비견될 정도로 억압적으로 묘사되기도 한다(Young, 1997: 147).

하지만 우리는 같은 장소로 돌아감으로써, 같은 물건에 둘러싸임으로써 자기를 확인하고, 때로는 원시의 기억 저 편에 있는 '당신은 거기에 있다'는 목소리에 안기기도 한다. 어제와 똑같은 것, 똑같은 일을 되풀이하는 것은 과거의 재현인 동시에 내일 또한 '나는 여기에 있다'는 미래의 자기 존재를 확증하는 일이기도 하다.

우리는 가정 내에서 자신이 하는 행위의 의미에 대해 거의 반성하지 않는 것은 아닐까. 가사 따위는 전혀 하지 않는 사람도 물론 있다. 여기서 가정에 주목하는 것은 기존의 가정이 훌륭하다고 말하려 함은 아니다. 다만 모든 사람에게 끊임없이 돌봄을 받고 사람들을 돌보는 행위 속에서 자신을 성장시킬 장소는 보장되어야 한다고 주장하고 싶은 것이다. 돌봄의 윤리에 대해서만이 아니라 가정(home)이라는 개념에 대한 페미니스트 내부의 비판과 달리, 그러한 장은 타자에 대한 배려나 책임감까지도 기를 기회를 제공할 것이다. 내가 돌보아질 만하다고 인정하는 것은 타자 또한 돌볼 가치가 있음을 승인하는 것과 마찬가지이기 때문이다.

우리 각자는 타자의 보살핌에서 이익을 얻어온 한 인간이며, 성인으로 성장할 때 튼튼하게 자라기 위해서는 물론이거니와 그저 생존하기 위해서라도 그러한 보살핌과 배려를 받을 만한 사람으로서 여겨져 왔다. 만약 각자가 보살필 가치가 있다면 보살펴주는 사람 역시 그녀가 필요로 할 때에는 보살펴질 가치가 있을 것이다. 또한 내가 다른 사람을 돌보고 있는 때의 나 역시 보살펴질 가치가 있다. 이것은 1대 1 관계에서의 공정이나 호혜관계와는 다른 사고방식이며, 적어도 제3자를 끌어들인 공정과 호혜의 사고방식이다. 정확하게 말하면 그 생각은 우리의 과거를 주워 올리고 다음 세대에 투영될 무한한 관계까지를 염두에 두고 있다(Kittay, 2001: 536).

[참고문헌]

Arent, Hannah. 1958. *Human Conditions*. Chicago: The University of Chicago Press. 志水速雄 訳.『人間の条件』. ちくま学芸文庫. 1994.

Benjamin, Jessica. 1988. The Bonds of Love: *Psychoanalysis, Feminism, and the Problem of Domination*. NY: Pantheon Books. 寺沢みずほ 訳.『愛の拘束』. 青土社. 1996.

_____. 1998. *Shadow of other: Intersubjectivity and gender in Psychoanalysis*. NY and London: Routedge.

Butler, Judith. 1995. "Contingent Foundations: Feminism and the Question of 'Postmodernism'." in Seyla Benhabib, Judith Butler, Drucilla Cornell and Nancy Fraser. *Feminist Contentions: A Philosophical Exchange*. NY: Routledge.

_____. 2004a. *Undoing Gender*. NY: Routledge.

_____. 2004b. *Precarious Life: the Power of Mourning and Violence*. NY, London: Verso.

Cornell, Drucilla. 1999. *Beyond Accommodation: Ethical Feminism, Deconstruction, and Law*. NY: Rowman & Littlefield Publishers INC.

Dietz, Mary. 1998. "Citizenship with a Feminist Face: The problem with Maternal Thinking" in Joan Landes(ed.). *Feminism, the Public and the Private*. Oxford: Oxford University Press.

Hirschmann, Nancy J. 2002. *The Subject of Liberty: Toward a Feminist Theory of Freedom*. Princeton: Princeton University Press.

カント, イマニュエル. 2000. 北尾 訳.「理論と実践」. ≪カント全集14≫. 岩波書店.

Kittay, Eva F. 1999. *Love' Labor: Essays on Women, Equality, and Depedency.* NY: Routedge.

_____. 2001. "A Feminist Public Ethics of Care Meets the New Communitarian Family." *Ethics*, Vol. 111, No. 3(April).

Mackinonn, Catharine. 1985. "Feminist Discourse, Moral Values, and the Law: A Conversation". *Buffalo Law Review*, Vol. 34, No. 1(Winter).

Noddings, Nel. 1984. *Caring: A Feminine Approach to Ethics and Moral Education.* Berkeley: University of California Press.

_____. 2002. *Starting at home: Caring and Social Policy. Berkeley and* L.A.: University of California Press.

Okin, Susan, M. 1989. *Justice, Gender, and the Family.* NY: Basic Books.

岡野八代. 2003.「境界のフェミニズム」. ≪現代思想≫, 第31巻 第1号.

_____. 2004.「法 = 権力の世界とフェミニズムにおける「主体」」. 和田阿部 編.『法社会学の可能性』. 法律文化社.

Rawls, Jhon. 1980. "Kant in Constructivism in Moral Theory: The Dewey Lectures". *The Journal of Philosophy*, LXXVII(September).

Rich, Adrienne. 1976. *Of Woman Born.* New York: Norton. 高橋 訳.『女から生まれる』. 晶文社. 1990.

Spelman, Elizabeth V. 2002. *Repair: The Impulse to Restore in Fragile World.* Boston: Beacon Press.

Tronto, Joan C. 1995. "Women and Caring". *Repair: The Impulse to Restore in Fragile World.* Boston: Beacon Press

Young, Iris M. 1997. *Intersecting Voices: Dilemmas of Gender, Political Philosoohy, and Policy.* Princeton: Princeton University Press.

▸▸▸ 찾아보기

[ㅇ]

정진주

캐나다 토론토대학 사회학과에서 박사학위를 받았으며, 현재 사회건강연구소 소장으로 활동 중이다. 저서로 『보건의료사회학 강좌: 한국사회와 국민건강』(공저), 『국가·젠더·예산』(공저), 역서로 『무엇이 여성을 병들게 하는가?』(공역), 『일, 그 야누스적 얼굴: 직무스트레스 이해하기』(공역)가 있다. 논문으로 「유럽 각국의 낙태 접근과 여성건강: 한국 낙태논쟁에 대한 함의」, 「보건의료분야에서의 질적연구 적용」, 「보건분야 국가연구개발사업의 성인지성 향상을 위한 외국정책 고찰: 미국과 유럽연합의 사례」 등이 있다.

문현아

한국학중앙연구원 한국학대학원에서 정치학으로 박사학위를 받았다. 현재 서울대학교 국제대학원에서 젠더, 이주 관련 주제로 강의를 하고 있으며, 건강과 대안 연구위원으로도 활동하고 있다. 저서로 『박정희시대연구』(공저), 『성·노·동(sex work)』(공저)이 있으며, 역서로 『경계 없는 페미니즘』, 『두 개의 미국』, 『세계화의 하인들』 등이 있다. 논문으로는 「성과 인권의 시각에서 바라보는 에이즈」, 「신자유주의시대 노동과 가족의 재구조화」 등이 있다.

김은정

미국 텍사스 주립대학(오스틴)에서 사회복지학 박사학위를 받았다. 현재 계명대학교 사회복지학과 부교수로 재직 중이며, 사회복지정책 분야를 주로 강의하고 있다. 저서로 『사회복지개론』(공저), 『사회복지 서비스의 특성과 이용자 재정지원』(공저), 『사회복지 서비스 재정지원방식』(공저) 등이 있으며, 역서로 『한부모어머니들의 취업과 복지』(공역), 『복지의 종말』이 있다. 논문으로는 「주요 국가의 사회적 돌봄서비스 정책현황과 특성: 재택 아동돌봄서비스 정책을 중심으로」, 「노인의 가족유형별 돌봄서비스 이용의향에 관한 연구」 등이 있다.

이상윤

서울대학교 대학원 의학과에서 박사학위를 수료하였다. 현재 연구공동체 건강과 대안 책임연구원, 노동건강연대 정책국장으로 활동하고 있다. 논문으로 「우리나라 건강권 보장 실태」가 있다.

정최경희

울산대학교 의과대학 예방의학교실에서 박사학위를 받았으며, 현재 이화여자대학교 의학전문대학원 조교수로 재직 중이다. 역서로 『노동자 건강의 정치경제학』(공역)이 있다. 논문으로 "Socioeconomic differentials in cause-specific mortality among 1.4 million South Korean public servants and their dependents", "Contribution of different causes of death to socioeconomic mortality inequality in Korean children aged 1-9", "Changes in Contribution of Causes of Death to Socioeconomic Mortality Inequalities in Korean Adults" 등이 있다.

김유미

한양대학교 의과대학에서 예방의학박사를 취득하고, 현재 동아대학교 의과대학 예방의학교실 조교수로 재직 중이다. 만성질환역학, 사회역학에 관심을 갖고 연구하고 있다. 관련 분야 연구와 관련된 역서로 『건강 불평등을 어떻게 해결할까?』(공역)가 있고, 논문으로 「한국 건강불평등의 현황과 문제점」 등이 있다.

김인아

한양대학교 의과대학에서 박사학위를 받았으며, 현재 연세대학교 보건대학원 연구교수로 재직 중이다. 직업환경의학전문의로서 인천근로자건강센터를 통해 소규모 사업장 보건관리에 집중하고 있다. 역서로 『노동자 건강의 정치경제학』(공역)이 있다. 논문으로는 「작업관련성 근골격계 질환과 사회심리적 요인」, 「일부 은행업 종사자에서 감정노동과 우울증상의 관련성」, "Work-Related Injuries and Fatalities Among Farmers in South Korea" 등이 있다.

박홍주

이화여자대학교 여성학과에서 박사학위를 받았으며, 현재 서강대학교와 동덕여자대학교에서 여성학을 강의하고 있다. 저서로 『노동과 페미니즘』(공저), 『위기의 노동』(공저), 『여성학: 여성주의 시각에서 바라본 또 다른 세상』(공저), 『A4 두 장으로 한국사회 읽기』(공저), 『2030세대, 행복의 조건』(공저) 등이 있다.

박선영

오사카시립대학 법학연구과에서 법학박사 학위를 취득했고, 현재 한국여성정책연구원 인권안전센터장으로 재직 중이다. 주요 연구분야는 여성과 노동 관련 법률정책과 섹슈얼리티의 법률학, 차별시정정책 등이다. 주요 논문과 저서로 「남녀고용평등법의 실효성 고찰: 시행 20년의 법적용 현황과 발전방향을 중심으로」, 「계속되는 군가산점제 부활안의 쟁점: 김성회의원안을 중심으로」, 『헌법상의 여성관련조항 개정방안』, 『고용상 차별 관련 정책의 효율성 제고방안』 등이 있다.

오카노 야요(岡野八代)

정치학 박사로 현재 도시샤대학(同志社大學) 교수이다. 일본을 대표하는 현대정치사상, 페미니즘 이론가로 최근에는 돌봄의 윤리학 연구에 매진하고 있다. 저서로 『법의 정치학: 법과 정의와 페미니즘』, 『시티즌십의 정치학: 국민국가주의 비판』, 『자유에의 물음 7 가족: 새로운 친밀함을 추구하며』 등이 있다.

한울아카데미 1421
돌봄노동자는 누가 돌봐주나?
건강한 돌봄노동을 위하여

지은이 • 정진주, 문현아, 김은정, 이상윤, 정최경희, 김유미, 김인아, 박홍주, 박선영, 오카노 야요
펴낸이 • 김종수
펴낸곳 • 도서출판 한울
편집 • 염정원

초판 1쇄 인쇄 • 2012년 2월 10일
초판 1쇄 발행 • 2012년 3월 15일

주소(본사) • 413-756 파주시 교하읍 문발리 535-7 302
주소(서울사무소) • 121-801 서울시 마포구 공덕동 105-90 서울빌딩 1층
전화 • 영업 02-326-0095, 편집 031-955-0606 (02-336-6183/서울)
팩스 • 02-333-7543
홈페이지 • www.hanulbooks.co.kr
등록번호 • 제406-2003-000051호

Printed in Korea.
ISBN (양장) 978-89-460-5421-9 93330
(반양장) 978-89-460-4560-6 93330

* 책값은 겉표지에 표시되어 있습니다.
* 이 도서는 강의를 위한 학생판 교재를 따로 준비하였습니다.
강의 교재로 사용하실 때에는 본사로 연락해주십시오.